U0726539

《四大检察文库》编委会

主　任：童建明

副主任：潘毅琴

委　员：（按姓氏笔画排列）

万　春　马怀德　王　轶　王利明　卞建林

龙宗智　朱孝清　刘仁文　汤维建　孙　谦

苏德良　杨春雷　张守文　张志杰　张雪樵

陈兴良　陈国庆　宫　鸣　韩大元

四大检察文库

新时代检察制度发展研究

○ 朱孝清 谢鹏程 邓思清／著

中国法学会2019年度部级法学研究重点委托课题『国家监察体制改革后检察制度发展研究』课题编号ＣＬＳ（２０１９）ＺＤＷＴ１０

中国检察出版社

图书在版编目（CIP）数据

新时代检察制度发展研究／朱孝清，谢鹏程，
邓思清著 . —北京：中国检察出版社，2022.3
ISBN 978 - 7 - 5102 - 2709 - 7

Ⅰ.①新… Ⅱ.①朱… ②谢… ③邓… Ⅲ.①检察机
关 - 司法制度 - 研究 - 中国 Ⅳ.①D926.3

中国版本图书馆 CIP 数据核字（2022）第 021769 号

新时代检察制度发展研究

朱孝清 谢鹏程 邓思清 著

责任编辑：俞 骊
技术编辑：王英英
美术编辑：曹 晓

出版发行：中国检察出版社
社 址：北京市石景山区香山南路 109 号（100144）
网 址：中国检察出版社（www. zgjccbs. com）
编辑电话：（010）86423751
发行电话：（010）86423726 86423727 86423728
 （010）86423730 86423732
经 销：新华书店
印 刷：保定市中画美凯印刷有限公司
开 本：710 mm×960 mm 16 开
印 张：16.75 插页 4
字 数：268 千字
版 次：2022 年 3 月第一版 2022 年 3 月第一次印刷
书 号：ISBN 978 - 7 - 5102 - 2709 - 7
定 价：58.00 元

检察版图书，版权所有，侵权必究
如遇图书印装质量问题本社负责调换

作者简介

◇ 朱孝清，1950 年 7 月生，浙江义乌人，研究生学历，最高人民检察院咨询委员会主任，中国法学会学术委员会副主任。曾任最高人民检察院党组成员、副检察长，二级大检察官。研究领域为刑事法学、刑事诉讼法学、司法制度（检察制度）、职务犯罪侦查学。出版《职务犯罪侦查教程》《论检察》《论司法体制改革》等个人专著 6 部，与他人合著、主编、参编作品 7 部。在《中国法学》《法学研究》《求是》等刊物发表法学论文 100 多篇。

◇ 谢鹏程，1962 年 10 月生，湖北省随州市人，法学博士，研究员，享受国务院特殊津贴的专家，现任最高人民检察院检察理论研究所所长、中国法学会法理学研究会副会长、《中国刑事法杂志》主编、中国检察官协会秘书长、第十二届民盟中央法制委员会主任。曾在《中国社会科学》《法学研究》《中国法学》《求是》《人民日报》等期刊和报纸上发表论文、文章 270 多篇。

◇ 邓思清，1966 年 4 月生，河南罗山人，法学博士，研究员，现任最高人民检察院检察理论研究所副所长、《中国刑事法杂志》副主编。主要研究领域为刑事诉讼法学、检察学、司法制度。出版《检察权研究》《侦查程序诉讼化研究》等个人专著 4 部。在《法学研究》《中国法学》等刊物发表法学论文 80 多篇。

《四大检察文库》出版说明

在第二个百年奋斗目标新征程中，面对社会主要矛盾转化，面对人民群众在民主、法治、公平、正义、安全、环境等方面更高层次、更丰富内涵的需求，检察机关要以更加强有力的履职，推进"四大检察""十大业务"全面协调充分发展，进而以自身高质量发展服务保障经济社会高质量发展。在这艰巨而复杂的过程中，一系列重大命题等待实践者去探索、去破解，一系列重大理论问题等待研究者去总结、去回应。可以说，党绝对领导下的检察事业90年辉煌历程中，从来没有像今天这样对理论武装需求如此迫切！

为深入贯彻落实《中共中央关于加强新时代检察机关法律监督工作的意见》，切实肩负起加强新时代检察理论研究的重任，助推检察工作高质量发展，经高检院党组批准，我们设立专项资金支持检察著作出版，推出《四大检察文库》系列丛书。《四大检察文库》旨在深入研究四大检察中丰富的实践和理论问题，特别是其中的新思想、新理念、新问题、新举措、新成效。基本要求是：

一是坚持以习近平新时代中国特色社会主义思想、习近平法治思想武装头脑、指导研究。坚持用马克思主义立场、观点、方法分析和解决检察工作发展中的问题，以创新发展的检察理论，发出新时代检察最强音，推动、引领中国特色社会主义法治道路自信、理论自信、制度自信、文化自信。

二是聚焦四大检察实践中的前沿、重大、复杂问题。围绕检察实践中的基础性、全局性、重大性、复杂性问题，反映四大检察重大实践创新成果，力求在解决重大理论问题和现实问题、推进检察理论和检察实践发展中具有重大指导意义。

三是理论联系实际。坚持以人民为中心的研究方向，着眼于人民群众关心关注的检察实践问题，回应人民群众的普遍关注问题，解决检察人员、司法人员的困惑、难处，推理严密，论证充分，文字畅达，具有较强的原创性、理论性和实用性。

高检院对《四大检察文库》系列丛书的出版高度重视，专门成立编辑委员会，常务副检察长童建明担任编辑委员会主任，政治部主任潘毅琴担任编辑委员会副主任，其他院领导、检委会专职委员和专家学者担任委员，对作品质量予以把关。

《四大检察文库》的出版得到了理论界与实务界的广泛关注和大力支持，得到了全国广大检察人员的积极参与。我们对社会各界给予的关注和厚爱表示衷心感谢。希望《四大检察文库》能够成为荟萃优秀作品的开放平台，慧聚更多名家大腕、实务精英，共同推动检察理论研究深入发展，推进中国特色社会主义检察事业不断走向新境界，为服务保障第二个百年目标实现作出应有的贡献！

中国检察出版社

2022 年 1 月

总序

以习近平法治思想指引检察理论研究
为检察工作高质量发展提供理论支撑

　　近年来，全国检察机关坚持以习近平新时代中国特色社会主义思想为指导，深入学习贯彻党的十九大和十九届历次全会精神，认真学习贯彻习近平法治思想，紧紧围绕党中央关于全面依法治国重大决策部署，紧盯事关检察事业长远发展的主要矛盾和突出问题，不断加强和深化检察理论研究，研究的广度深度不断拓展、成果不断丰富、力量不断壮大，为新时代检察工作创新发展提供了有力理论支持。问题是工作的导向。对照以检察工作自身高质量发展服务保障经济社会高质量发展的目标要求，检察理论研究总体还是跟不上，理论供给与实践需求不适应，理论研究工作发展不平衡。做好新发展阶段的检察理论研究工作，根本要在习近平法治思想指引下，以高度的政治自觉、法治自觉、检察自觉，持续深化、更新理念，锚定正确研究方向，围绕服务高质量发展的目标，切实找准理论研究的着力点和切入点，更加积极主动担当作为，服务、引领与时代同步蓬勃发展的检察实践。

　　一、检察工作身处"变局"之中，检察理论研究必须跟上、适应进而走向引领

　　习近平总书记深刻指出，实践没有止境，理论创新也没有止境。当前，我国正值全面建设社会主义现代化国家开局起步之时，又逢百年变局和世纪疫情交织叠加，经济社会发展内部条件和外部环境都在发生深刻复杂变化。尤其是进入新发展阶段，面对高质量发展对高水平法治保障的要求，面对人民群众在民主、法治、公平、正义、安全、环境等方面更趋多元多样的需求，法治产品、检察产品"好不好"的问题更鲜明、更突出摆在我们面前。

理论是实践的先导、行动的指南。习近平总书记强调："要坚持实践第一的观点，不断推进实践基础上的理论创新。"形势、环境、任务、要求的变化，使得检察工作比以往任何时候都更需要理论上的支持，以引领、助力检察人准确识变、科学应变、主动求变。越是实践中急需解决的问题，越要在理论上作出回答。必须看到，近些年来，在习近平法治思想指引下，司法检察工作快速发展，步幅更大、影响深远。相应的理论总结、阐释、研究远未跟上！比如，适应国家治理体系和治理能力现代化要求，深化认罪认罚从宽制度检察适用、公益诉讼检察、行政争议实质性化解等工作；针对网络犯罪持续攀升，最高检专设惩治网络犯罪指导组，促进网络综合治理；组建知识产权检察办公室，开展知识产权刑事、民事、行政三位一体综合司法保护试点；依法有序推进涉案企业刑事合规试点，促进"严管"制度化，不让"厚爱"被滥用；改版检察指导性案例，既指导办案又向社会释法；推行"案-件比"质效评价标准，完善检察人员"全员、全面、全时"考核机制，促进监督办案求极致，等等。所有这些，作为检察新实践、新举措，社会广泛认同、效果良好。怎样理解这些工作创新是时代大背景下的"应运而生"？怎样做到持续、深化发展？迫切需要从理论上去总结、阐释、论证。

检察理论研究工作存在的不足，根本还是认识问题、观念问题，没有认清检察理论研究肩负的责任，没有认清理论滞后与实践创新之间的脱节，是更深层、更实质的"跟不上""不适应"！问题表现在面上，根子在思想、头脑里。一定要正视问题所在、认清责任所在，关键就在"关键少数"！"关键少数"的认识跟不上，因此组织、推动理论研究工作跟不上。《最高人民检察院关于加强和改进新时代检察理论研究工作的意见》强调，"要鼓励研究能力强的同志积极参加年会、培训、申报课题和案例分析研讨。对于高层次检察理论研究人才，可以采取推荐研修、支持在检察学研究会任职、参加科研成果评奖等方式，为其提供锻炼机会和展示平台。在干部选拔任用、考核中，要把是否有研究能力作为选任领导干部、遴选检察官、择优晋升检察官等级的重要参考，把检察理论研究成果作为衡量检察人员绩效的一个重要方面"。这些要求在落实中还有许多不足，营造更好的检察理论研究氛围还远远不够！各级检察院领导都应当以习近平法治思想为指引，进一步增强深化检察理论建设的政治自觉、法治自觉、检察自觉，组织广大检察人与专家学者们携手，高度重视、积极开展检察理论研究，进而引导检察实践产出更优法治产品、检察产品，更好地为全面建设社会主义现代化国家提供更有力服务、保障。

二、深入学习贯彻习近平法治思想，深刻把握新时代检察理论研究的正确方向

习近平法治思想是做好检察工作的根本遵循，是检察理论研究的根本指引。要坚持以习近平法治思想为指引，让检察理论研究始终沿着正确道路前行、发展！

深刻把握检察理论研究的政治性。检察工作是政治性极强的业务工作，也是业务性极强的政治工作。检察理论研究是检察工作的重要组成部分，必须旗帜鲜明讲政治，深入学习领会"两个确立"的决定性意义，不断增强"四个意识"、坚定"四个自信"、做到"两个维护"，从理论上深刻领悟为什么必须坚持党对检察工作绝对领导、怎样更好地捍卫党的领导。抓检察理论建设，首先必须把握根本、认清本质，坚定中国特色社会主义道路自信、理论自信、制度自信、文化自信，坚定不移走中国特色社会主义法治道路。要不断提高政治判断力、政治领悟力、政治执行力，坚持正确政治方向，始终自觉用习近平法治思想指引检察理论研究，始终自觉围绕中国特色社会主义法治体系建设认识、研究、解决重大检察理论和实践问题，形成独具特色、符合中国特色社会主义法治规律的检察理论体系。对鼓吹西方所谓"宪政""三权鼎立""司法独立"等错误思潮和言论，要敏于辨识其本质、要害所在，旗帜鲜明抵制、有力有效批驳，坚决维护理论研究领域意识形态安全。

深刻把握检察理论研究的人民性。坚持以人民为中心，是贯穿习近平法治思想的根本政治立场。人民检察为人民，必须把以人民为中心贯穿检察工作包括检察理论研究全过程。经济社会发展、人民群众根本利益对检察工作的需求，就是检察理论研究的着力点、动力源。比如，杭州"取快递女士被造谣出轨案"。网络时代侮辱诽谤的危害、对名誉权的保护能和几封信、小字报、口口相传的过去一样吗？新时代、新发展阶段，老百姓维权门槛那么高、违法犯罪成本那么低，人民群众何以感受公平正义？检察机关推动自诉转公诉，不少法学专家撰文予以理论上的阐释，这就是对检察工作直接、强有力的支持，更是对中国特色社会主义法治、司法的促进！检察人更应该自觉、深入从理论上加以探讨、研究！经此一案，产生一批理论成果，今后再遇到类似案件，依法公诉不就顺理成章了吗？再比如，最高检将人民群众的诉讼体验、当事人的实际感受纳入案件质量评价指标体系，研究提出"案－件比"质效评价标准，根本是为了满足新时代人民群众对司法公正的更高要求！"案－件比"的实证分析、研究成果已经有不少，学理、法理研究还要跟上，深入阐释"案－件比"的政治、社会、法治意义。

深刻把握检察理论研究的系统性。习近平总书记强调，全面依法治国是一个系统工程，要整体谋划，更加注重系统性、整体性、协同性。加强检察理论研究也要强化系统观念，跳出检察研究检察。要深入思考和研究，在党和国家工作大局中，在国家治理大格局中，在中国特色社会主义法治体系中，检察工作、检察制度处于什么样的位置，应该发挥怎样的作用，践行中还有哪些差距、怎样跟上、进而引领？等等。检察机关办理的每一起案件，都事关人民权益。越是贴近百姓生活的"小案"，越能让老百姓体会到司法的公平正义；越是发生在群众身边的"小案"，越关涉人心向背这个最大的政治。要深入研究检察监督办案与厚植党的执政基础的关系，从理论上探析、深化办案与民生、办案与民心的内在联系，用理论引领、推动检察办案融通法理情，更加自觉助力实现监督办案"三个效果"的统一。随着经济社会关系更趋多元复杂，涉案刑事、民事、行政法律关系往往相互交织，对"四大检察"的理论研究要有系统思维，研究某项业务要系统地考虑关联效果，不能孤立地、局部地看问题；不仅"四大检察"之间要融通，而且应当将司法与行政执法乃至整个法治建设相融通，才能更好地促进检察职能的发展，促进党和国家法治事业的发展。

三、准确把握检察理论研究重点，助推检察工作高质量发展

新发展阶段、新的征程中，要紧扣推动检察工作高质量发展这一目标，紧密结合党和国家工作大局和检察中心、重点工作，坚持理论联系实际，坚持问题导向，切实找准检察理论研究的着力点和切入点，在检察实践中彰显、检验理论的指导作用。

深化对人民检察制度、规律和历史经验的研究。百年发展历程，我们党始终在探索运用马克思主义关于国家与法的理论指导人民民主专政政权建设。人民检察制度发展历史脉络、规律经验的深入研究基础扎实，已形成一批重要成果。但相对于中国特色社会主义国家与法的制度建设，特别是进入新时代新发展阶段，"有法可依"问题总体解决后，"有法必依、执法必严、违法必究"问题对中国特色社会主义司法检察制度提出的新课题、形成的新考验，我们从历史中总结规律、寻找方法还不够。一些时候，有的检察工作是在推着干、干着看的"必然王国"中游历，与时代的发展，与人民群众对民主、法治、公平、正义、安全、环境等更高水平的要求不相适应。比如，随着时代发展，法律监督的内涵、外延应有怎样的发展、深化？人民检察独特的成长背景、制度特征，与其他国家检察制度根本区别在哪里，共性发展规律、可以相互借鉴的有哪些？又比如，法律监督与侦查、审判、监察机关之间相互配合、相互制约的关系该如何认识、正确把握？什么是监督？什么是办案？如何更加自觉、自如地做到在办案中监督、在监督中办案？回答好这样的时代之问、发展之问，对检察机关法律监督的功能和定位，对中国特色社会主义检察制度内涵、本质的认识就更深一层，投身人民检察事业发展、人民检察制度成熟定型的"自由王国"就更进一步。为此，必须紧密结合百年党史和党绝对领导下的90年人民检察史加以研究、把握，在历史演进中寻找发展脉络，系统探究我国检察制度发展规律、检察职权配置规律和检察活动基本规律，以更好地认识、把握中国特色社会主义根本制度和发展规律，为建成富强、民主、文明、和谐、美丽的社会主义现代化国家作出中国特色社会主义检察制度和检察人的贡献。

深化对检察实践创新和发展的研究。实践每向前推进一步，理论支撑就要跟进一步。落实认罪认罚从宽制度，法律有明确规定，实践中取得很好的效果。要深化这个领域的理论研究，通过理论认同进一步形成实践共识。民法典实施赋予检察机关更重责任，特别是民事诉讼范围进一步扩大，相应民事诉讼监督范围也将扩大、难度增加，如何把民法典人格权保障等立法精神贯彻到"四大检察""十大业务"中去，有效保障民法典统一正确实施？最高检提出行政检察"一手托两家"，针对一些行政诉讼程序空转，开展行政争议实质性化解，实践效果很好，这项工作的法理依据该怎样认识？维持形式上并无不当裁判的同时，促进行政机关调整原不当决定，争议化解、讼争平息，相关法律制度当如何完善？党的十九届四中全会对公益诉讼检察工作作出新部署，强调要"拓展案件范围"，实践中获得了充分认可。法律供给还在过程之中，各级检察机关积极、稳妥办理群众反映强烈的公益损害案件，法理上该如何深化规律性认识？所有这些，既是实践发展、创新，当然也应当是理论研究的重点课题。检察理论研究就要着眼于这些新的实践和新的发展，不断拓展深化。同时，要把能够融入、引领检察、司法、法治实践作为检验理论研究成果科学性、合理性的重要标准，避免检察理论研究"自说自话""自我评价"。

深化对检察理念、检察政策的研究。理念、政策是引领检察监督办案的思想和灵魂。伴随经济社会快速发展，司法检察理念、政策都在不断适应调整。比如，改革开放40多年来，刑事犯罪结构发生巨大变化。最高检主动适应国家治理体系和治理能力现代化要求，落实、践行少捕慎诉慎押的刑事司法政策。实践中如何有效落实、正确适用，恰当把握追诉程序宽严适当与实体处理宽严适当的关系？又比如，在正当防卫问题上，检察机关严格依法处理了几个影响性案件、发布"昆山龙哥案"等指导性案例"激活刑法正当防卫条款"后，促进社会观念深刻转变，"法不能向不法让步"日益深入人心。"法不能向不法让步"的内涵是什么？理论上的探讨还需深化，结合办理的一系列正当防卫案件，深研有哪些司法规律应当探索、遵循？"不让步"的把握为什么深得民心？理念的转变、政策的落实不可能一蹴而就，形成共识和自觉更不容易，亟需通过理论的研究、引领去促进、推动、深化。再比如，党的十九大以来，对标新时代人民群众新期待，检察机关不断深化检察改革、优化检察管理，推动落实"案-件比"、业绩考评机制改革，对检察办案产生了哪些深层次影响？促进了检察官哪些方面履职能力的提升？对司法检察事业发展，进而对检察制度、司法制度的建设与发展将产生怎样的影响？脚踏实地着眼国家治理体系和治理能力现代化这一重大课题，检察理论研究无止境！

党绝对领导下的人民检察制度90年辉煌历程告诉我们，检察理论研究始终是推动检察事业不断创新发展的基础性工程。新发展阶段、新的征程，全国检察机关要始终坚持以习近平法治思想为指引，更加奋发有为、砥砺奋进，努力开创检察理论建设新局面，推动新时代检察工作高质量发展！

最高人民检察院

2022 年 1 月

目　录

绪　论*

一、问题的提出

2018 年是检察机关重建 40 周年，也是检察制度面临严峻挑战的一年。"严峻挑战"既来自党的十九大提出的"新时代坚持和发展中国特色社会主义"的新任务，更来自国家监察体制改革所带来的职能调整。国家监察体制改革是事关全局的政治体制改革，对整合反腐败资源力量，加强党对反腐败工作的集中统一领导，构建集中统一、权威高效的中国特色国家监察体制，实现对所有行使公权力的公职人员的监察全覆盖，推动反腐败向纵深发展，具有重大而深远的意义。党的十九大报告指出：要"把党内监督同国家机关监督、民主监督、司法监督、群众监督、舆论监督贯通起来，增强监督合力"。在此情势下，如何处理好国家监察体制改革与加强检察监督的关系，是新时代完善中国特色社会主义监督体系所面临的重大理论和实践课题。国家监察体制改革给检察机关带来的职能调整，主要是职务犯罪侦查职能转隶。这一职能调整虽然仅削减检察机关诸项职能中的一项职能，但给检察制度带来了重大而深

---

* 国家监察体制改革后，检察制度何去何从成为法学界和检察系统高度关注的一个问题。同时，刑事诉讼法、人民检察院组织法修改在即。为了回答理论关切，并为刑事诉讼法、人民检察院组织法修改提出有利于检察制度发展的建议，作者于 2018 年初写了此文。中国法学会对此文高度重视，于 2018 年 4 月 2 日、2018 年 4 月 3 日摘编了两期《要报》，分别以《增强检察机关监督刚性的立法建议》《科学拓展新时代检察机关职能》为题，报中共中央、全国人大常委会、国务院、全国政协的有关部门以及中央政法各部门。《法学研究》2018 年第 4 期刊登了此文。

刻的影响：

一是导致诉讼监督进一步软化和弱化。诉讼监督是检察机关的一项重要职能，根据法律规定，该职能包括刑事诉讼监督、民事诉讼监督和行政诉讼监督，其中刑事诉讼监督包括立案监督、侦查监督、审判监督和刑事执行监督；民事诉讼监督包括提起公益诉讼，对生效裁判的监督、执行活动的监督和审判人员在诉讼中违法行为的监督；行政诉讼监督包括提起公益诉讼，对案件受理、审理、裁判、执行的监督。① 故其监督活动基本贯穿三大诉讼的全过程。诉讼监督的方式，除了对确有错误的裁判提出抗诉这种能够启动诉讼程序的监督方式外，其余的监督方式包括对有关机关在诉讼中的违法行为和错误决定提出纠正意见或建议，对发现的职务犯罪立案侦查。前一种监督方式是柔性的，有关机关接到纠正意见或建议后，是否纠正、如何纠正由其自行决定。因为柔性显得软弱无力，所以有学者称其"患了软骨病"②。后一种监督方式是刚性的，对案件立案后就能实施侦查，包括采取强制措施和强制性侦查行为。以往，由于有职务犯罪侦查权作支撑，提出纠正意见或建议这种方式尚能取得一定的效果，有关机关大多能够做些纠正工作。但是，在职务犯罪侦查职能转隶后，诉讼监督只剩下向有关机关发纠正意见或建议这一种柔性的监督方式，这势必使原本就柔性的监督变得更柔以至软弱无力。据进行国家监察体制改革试点省份的一些检察人员包括检察长反映，检察机关已经遇到诉讼监督中有关机关对调查取证不配合、对纠正违法意见置之不理等问题。

二是导致"国家的法律监督机关"这一中国特色面临严峻挑战。我国的检察制度是中国特色社会主义检察制度，其"中国特色"体现在政

---

① 参见 2017 年《民事诉讼法》第 208 条、第 209 条、第 235 条，《行政诉讼法》第 25 条第 4 款、第 93 条、第 101 条。

② 参见李奋飞：《检察再造论——以职务犯罪侦查权的转隶为基点》，载《政法论坛》2018 第 1 期。

治上主要是党的领导和人大监督；体现在性质上就是"国家的法律监督机关"这一宪法定位。而"国家的法律监督机关"这一"中国特色"体现在职能上，主要是诉讼监督职能。虽然法学界许多专家学者认为，从宪法层面理解，法律赋予检察院的所有职能都属于广义上的法律监督，诉讼监督则属于狭义上的法律监督。① 但最具法律监督性质和中国特色的职能是诉讼监督，因为该职能比较典型地体现了法律监督的内涵，即检察机关根据法律的授权，运用法律规定的手段，对法律的实施情况进行检查督促，以维护国家法治的统一和法律的正确实施。② 且该职能不为多数国家的检察机关所具有或完全具有。而检察机关的其他职能如公诉等职能虽具有一定的监督属性，但为各国所共有，因而不具有中国特色。作为最具中国特色和法律监督内涵的诉讼监督职能的进一步软化和弱化，必然导致检察机关作为"国家的法律监督机关"这一宪法定位有些名不副实，检察制度的中国特色面临严峻挑战。

对职务犯罪侦查职能转隶给检察制度带来的上述重大而深刻的影响，法学界一些专家学者敏锐察觉、高度关注。有的认为，"它带来了检察机关法律监督定位和法律监督方式的全面危机"③；有的认为，"将职务犯罪侦查职能剥离后，检察机关将缺少落实法律监督的重要手段"④；还有的认为，"中国检察制度又一次走到了历史的十字路口"，并提出了"失去职务犯罪侦查权的检察机关该如何实现其法律监督职

---

① 参见陈光中主编：《中国司法制度的基础理论问题研究》，经济科学出版社 2010 年版，第 220 页；卞建林主编：《〈中华人民共和国人民检察院组织法〉修改专家建议稿》，中国检察出版社 2006 年版，第 16 页；魏晓娜：《依法治国语境下检察机关的性质与职权》，载《中国法学》2018 年第 1 期；刘立宪、张智辉等：《检察机关职能研究》，载孙谦、张智辉主编：《检察论丛》，法律出版社 2001 年版，第 83 页以下；朱孝清：《中国检察制度的几个问题》，载《中国法学》2007 年第 2 期。

② 参见朱孝清、张智辉：《检察学》，中国检察出版社 2010 年版，第 184 页。

③ 陈瑞华：《论检察机关的法律职能》，载《政法论坛》2018 年第 1 期。

④ 秦前红：《全面深化改革背景下检察机关的宪法定位》，载《中国法律评论》2017 年第 5 期。

能，处在大变革前夕的中国检察制度将何去何从"这一十分重大而严肃的问题①。

笔者认为，上述挑战确实不可低估，但挑战就是动力，挑战就是机遇。面对严峻形势，应当以习近平新时代中国特色社会主义思想为指导，坚持检察机关的宪法定位，增强检察监督刚性，逐步拓展检察职能，坚定不移地坚持和发展中国特色社会主义检察制度。

二、坚持检察机关的宪法定位

面对职务犯罪侦查职能转隶给"国家的法律监督机关"这一宪法定位带来的影响，是保持战略定力，坚定不移地坚持检察机关的宪法定位，还是改旗易帜，甚至像一些国家那样将检察机关定位为公诉机关？这是首先要回答的问题。不少专家学者认为只能是前者②，因为"国家的法律监督机关"这一具有中国特色的宪法定位，"并非外国法律制度的简单移植，而是植根于我国历史条件和社会时代背景"，"不仅契合我国一元宪制结构，也符合社会主义法治发展的需要"③；"国家监察体制改革并未改变检察机关的法律监督性质"④。但是，质疑"国家的法律监督机关"这一宪法定位的观点一直以来都有，在检察制度遇到挑战的

---

① 魏晓娜：《依法治国语境下检察机关的性质与职权》，载《中国法学》2018 年第 1 期。

② 参见樊崇义：《检察机关深化法律监督发展的四个面向》，载《中国法律评论》2017 年第 5 期；秦前红：《全面深化改革背景下检察机关的宪法定位》，载《中国法律评论》2017 年第 5 期；魏晓娜：《依法治国语境下检察机关的性质与职权》，载《中国法学》2018 年第 1 期；李奋飞：《检察再造论——以职务犯罪侦查权的转隶为基点》，载《政法论坛》2018 第 1 期；王玄玮：《国家监察体制改革和检察机关的发展》，载《人民法治》2017 年第 2 期。

③ 秦前红：《全面深化改革背景下检察机关的宪法定位》，载《中国法律评论》2017 年第 5 期。

④ 金夏莱：《论监察体制改革背景下的监察权与检察权》，载《政治与法律》2017 年第 8 期。

当下，这种观点更不会消失。如有的认为，检察机关应当定位为公诉机关和诉讼监督机关①；有的则认为，国家监察体制改革后，我国权力架构中有两个监督权，这在世界上是少有的，即使本次宪法修正不对检察机关的定位做修改，也并不等于以后就不会改②。

笔者认为，在全面推进依法治国的大背景下，上述问题的回答只能是前者，即保持战略定力，坚持检察机关的宪法定位。如果罔顾我国政治制度、基本国情以及检察机关实施法律监督的状况，仅仅基于对西方国家法律制度的推崇，就主张照搬照抄西方国家的检察制度，这种做法在理论上是错误的，在实践上是有害的。根据党的十九大报告精神，"全面依法治国是国家治理的一场革命"，深化依法治国实践，必须"坚定道路自信、理论自信、制度自信、文化自信"，并在此前提下，"吸收人类文明有益成果，构建系统完备、科学规范、运行有效的制度体系，充分发挥我国社会主义制度优越性"。

（一）我国的政治制度和基本国情决定需要法律监督

我国宪法将检察机关定位为国家的法律监督机关，主要是基于我国的政治制度和基本国情。如今，当初作出这一宪法定位的依据并未发生根本变化，故检察机关作为国家的法律监督机关的定位也不应改变。

第一，我国的政治制度决定了要设立法律监督机关，以维护国家法治的统一和法律的正确实施。"一切有权力的人都容易滥用权力，这是万古不易的一条经验。"③ 因而任何国家无论采取何种政体，都要采取一定的方式对权力进行监督制约。采"三权分立"政体的国家，一般采取分权制衡的方式；采"一元分立"政体的国家，一般采取设立专门监

---

① 胡勇：《监察体制改革背景下检察机关的再定位与职能调整》，载《法治研究》2017 年第 3 期。

② 这是一位学者在一次研讨会上发言时所说的观点。

③ ［法］孟德斯鸠：《论法的精神》（上册），张雁深译，商务印书馆 1961 年版，第 154 页。

督机构的方式。这里需要说明的是，在三权分立国家，除三权之间相互制衡外，一般还在议会下面设立专门的监督机构，如美国的监察长制度①，瑞典、芬兰、丹麦、挪威、英国、新西兰等近 60 个国家的监察专员制度等②，用以监督政府各部、法院及其公职人员。因此，三权分立国家并非没有专门的监督机构，只不过该监督机构不与三权相并列而已。

我国实行的是共产党领导下的人民代表大会制度，采"一元分立"政体，需要采取设立专门监督机构的方式对权力进行监督③，即由人民代表大会产生"一府两院"，由检察院负责对权力行使的合法性进行监督，以维护国家法治的统一和法律的正确实施。如今，增设了国家监察委员会，形成了人民代表大会下"一府一委两院"的权力架构。在这一权力架构下，监察委员会负责监督公职人员行使权力的廉洁性和勤勉性（下文详述），人民检察院仍负责法律监督。

第二，我国的基本国情决定了应坚持检察机关是国家的法律监督机关的宪法定位。这是因为我国有两千多年封建社会的历史，存在诸多影响法治统一和法律正确实施的因素，需要一个专司法律监督的机关来维护法治的统一和法律的正确实施。

首先，封建思想观念残余影响法治统一和法律正确实施。我国有两千多年封建社会的历史，封建社会是人治社会、人情社会，重权轻法、重情轻法、重关系轻法的思想广泛存在，规则意识淡薄，讲究"变通"之风盛行。新中国成立至今虽然已近 70 年，但上述思想观念和风气仍有广泛且深刻的影响。党的十八大以来，加强了思想政治建设、党风廉

---

① 参见唐晓、王为、王春英：《当代西方政治制度》，世界知识出版社 2005 年版，第 213 页。

② 参见［瑞典］本特·维斯兰德尔：《瑞典的议会监察专员》，程洁译，清华大学出版社 2001 年版，第 3 页。

③ 有关三权分立政体与一元分立政体下权力制约监督的阐述，详见朱孝清：《中国检察制度的几个问题》，载《中国法学》2007 年第 2 期。

政建设和反腐败斗争，全面推进依法治国，深入推进司法体制改革，还制定下发了《领导干部干预司法活动、插手具体案件处理的记录、通报和责任追究规定》和《司法机关内部人员过问案件的记录和责任追究规定》等规范性文件，严格执法、公正司法的外部环境有了明显好转，但上述封建思想观念和社会风气仍严重影响法治统一和法律正确实施。

其次，片面的政绩观和地方利益影响法治统一和法律正确实施。"从理论上说，政府也应代表国家利益和社会公共利益，但从现实的角度看，政府通常代表的是较为短期、局部的利益，而经常与国家的长期性利益、全局性利益发生冲突"①，加上片面政绩观的引导和地方利益诉求的刚性压力，使得一些地方对破坏环境资源、侵犯知识产权、"黄赌毒"、假冒伪劣等违法犯罪采取放任态度，行政执法中有法不依、执法不严、违法不究、有案不送、以罚代刑的现象屡禁不止；至于以邻为壑、互设藩篱、贸易壁垒、画地为牢、"上有政策、下有对策"等现象则更是司空见惯。

最后，发展不平衡影响法治统一和法律正确实施。我国地域辽阔，自然资源禀赋差异巨大，不同区域之间、城乡之间发展很不平衡。中国特色社会主义进入新时代，我国社会的主要矛盾已经转化为人民日益增长的美好生活需要和不平衡不充分的发展之间的矛盾，这种不平衡，不仅表现在经济、文化等方面，还表现在民主、法治、公平、正义、安全、环境等方面。这些不平衡特别是法治发展的不平衡，必然导致法律实施的不平衡，进而影响法治的统一和法律的正确实施。

总之，我国脱胎于封建社会和将长期处于社会主义初级阶段的实际，决定了法治发展具有明显的社会主义初级阶段的特征，在这一阶段，必然存在影响法治统一和法律正确实施的诸多因素，需要有一个专司法律监督的机关来保证法治的统一和法律的正确实施。

---

① 　陈瑞华：《检察机关的法律职能》，载《政法论坛》2018 年第 1 期。

（二）国家赋予检察监督的职责任务不断加重的态势说明要坚持法律监督

1978 年，我国在总结"文化大革命"的教训后，"鉴于同各种违法乱纪作斗争的极大重要性"①，决定重建人民检察院。检察机关重建以来，随着国家法治建设的深入推进和人民群众对法治需要的不断增强，党中央和国家法律赋予检察机关越来越多的监督职能和任务。如在刑事诉讼领域，1996 年刑事诉讼法给检察机关新增了立案监督的职能（第 87 条）。2012 年刑事诉讼法又给检察机关增加了 10 项监督职能：（1）对阻碍辩护人、诉讼代理人依法行使诉讼权利的监督（第 47 条）；（2）对侦查人员非法收集证据的监督（第 55 条、第 171 条）；（3）对指定居所监视居住的决定和执行的监督（第 73 条）；（4）对继续羁押必要性的审查（第 93 条）；（5）对强制措施和强制性侦查行为等的监督（第 115 条）；（6）对死刑复核的监督（第 240 条）；（7）对暂予监外执行的同步监督（第 255 条、第 256 条）；（8）对减刑、假释的同步监督（第 262 条、第 263 条）；（9）对没收违法所得裁定的监督（第 282 条）；（10）对强制医疗决定和执行的监督（第 289 条）。

在民事诉讼和行政诉讼领域，分别制定于 1991 年和 1989 年的民事诉讼法和行政诉讼法虽都规定了检察监督方面的内容，但相关条文很少②，可操作性不强。民事诉讼法经 2007 年、2012 年、2017 年 3 次修改后，涉及检察监督的条文从原先的 1 条增加到 9 条③，监督对象由原先的"审判活动"扩大为"民事诉讼"，监督内容除了对民事判决裁定、民事调解书、民事执行活动、审判人员的违法行为的监督，还增加

---

① 这是叶剑英同志在五届人大一次会议上作《关于修改宪法的报告》时，对为什么要重新设置人民检察院作说明时说的一句话。

② 民事诉讼法涉及检察监督的条文仅 1 条，行政诉讼法涉及检察监督的条文仅 2 条。

③ 2017 年《民事诉讼法》第 14 条、第 55 条、第 208—213 条、第 235 条。

了提起民事公益诉讼的职能。行政诉讼法经过 2014 年、2017 年两次修改，涉及检察监督的条文从 2 条增加到 4 条①，不仅规定了提起抗诉、纠正审判人员违法行为等职能，还赋予提起行政公益诉讼的权力，且行政诉讼监督的对象除法院审判权外，还拓展到了诉讼所涉的行政权，这是因为检察机关提起行政公益诉讼及其诉前程序，所监督的对象已不是审判权而是行政权，提起行政公益诉讼，就是通过检察监督，纠正行政机关违法行使职权或者不作为。

党的十八届四中全会通过的《中共中央关于全面推进依法治国若干重大问题的决定》（以下简称十八届四中全会《决定》），要求强化检察机关的法律监督，以便在全面推进依法治国中发挥更大作用。根据十八届四中全会《决定》，检察机关作为法律监督机关，既是中国特色社会主义法治体系中"高效的法治实施体系"的重要组成部分，又是"严密的法治监督体系"的重要组成部分。十八届四中全会《决定》对检察改革规定了一系列任务，明确要求："完善检察机关行使监督权的法律制度，加强对刑事诉讼、民事诉讼、行政诉讼的法律监督"；"完善对涉及公民人身、财产权益的行政强制措施实行司法监督制度。检察机关在履行职责中发现行政机关违法行使职权或者不行使职权的行为，应该督促其纠正。探索建立检察机关提起公益诉讼制度"。

可见，检察机关重建 40 年来，具有典型的"法律监督"性质的诉讼监督职能的任务呈不断加重的态势，监督对象也从原来的侦查权、审判权、执行权，拓展到了行政公益诉讼所涉的行政权。

赋予检察机关诉讼监督的职责任务之所以呈不断加重的态势，是因为随着国家经济社会的发展，人民群众在温饱问题得到解决、逐步进入小康的过程中，对法治的需要包括希望通过法律监督促进严格执法、公正司法，"在每一个司法案件中感受到公平正义"的需要不断增强。党中央和国家法律则是顺应了人民群众的这种需要。因此，在中国特色社

---

① 《行政诉讼法》第 11 条、第 25 条、第 93 条、第 101 条。

会主义新时代，坚持检察机关作为法律监督的宪法定位，符合人民群众对美好生活的需要，也符合法治发展规律。

（三）国家监察机关的监督职能没有也不可能取代检察机关的法律监督

首先，从国家监察体制改革的目标来看，其目标是"整合反腐败的资源力量，加强党对反腐败工作的集中统一领导，构建集中统一、权威高效的中国特色国家监察体制，实现对所有行使公权力的公职人员监察全覆盖"①。这一改革给检察机关带来的直接影响是监督对象的减少（剥离了对公职人员职务犯罪的监督）和监督方式的变化（少了"侦查"这种监督方式），而根本无意改变检察机关作为国家法律监督机关的定位。

其次，从两个机关的监督对象来看，国家监察机关的监督对象主要是公职人员的职务违法和职务犯罪；检察机关的监督除了对涉嫌犯罪的提起公诉外，监督的主要是诉讼所涉侦查机关、审判机关、执行机关以及行政机关的违法行为和错误决定。简言之，国家监察机关监督的是行使公权力的"人"；检察机关监督的是行使国家权力的部分"机关"。同时，检察机关是通过监督这些机关行使国家权力的"事"来实现对机关的监督，因此，检察机关监督的对象又是诉讼所涉的有关机关的"事"。虽然"人"与"机关"或"事"有时较难区分，但大的方面的界限基本上是能够区分的。

最后，从两个机关监督的内容和目的来看，国家监察机关监督的主要是公职人员履行职责的廉洁性和勤勉性，监督的目的是保证公职人员的廉洁和勤勉；检察机关监督的内容是有关机关行使国家权力的合法

① 李建国：《关于〈中华人民共和国监察法（草案）〉的说明——2018 年 3 月 13 日在第十三届全国人民代表大会第一次会议上》，载《法制日报》2018 年 3 月 14 日，第 1 版。

性，监督的目的是维护国家法治的统一和法律的正确实施。有观点认为，国家监察机关"是一个执法监督机关"①。该观点不无道理，因为在全面推进依法治国的大背景下，法治已经渗透到社会生活的各个方面，公职人员履职行为更要接受法律和有关职业规范的约束，公职人员不廉洁、不勤勉的行为，往往同时违反了法律或执业规范。但是，国家监察机关监督的内容还包括检查党的路线方针政策和决议执行情况，监督检查公职人员道德操守等②，而不限于法律所规制范围，故其监督的主要内容还是侧重于履行职务的廉洁性和勤勉性，中共中央办公厅有关文件关于"深化国家监察体制改革的目标，是建立党领导下的反腐败工作机构"的表述③，则为笔者的观点提供了权威依据，因为不廉洁（如贪污受贿）、不勤勉（如失职渎职）是腐败的集中表现。

可见，国家监察机关与检察机关虽然都是监督机关，但在监督对象、内容、目的等方面存在明显的差异；两个机关分别从不同的角度和层面、以不同的方式和方法，分别对公权力行使和法律实施进行监督。故无论从国家监察机关改革的目标，还是从国家监察机关与检察机关在诸多方面存在的明显差异来看，国家监察机关都难以代替检察机关在维护法治统一方面的作用，也不会改变检察机关作为法律监督机关的宪法定位，所改变的仅是法律监督的对象范围和方式。又由于检察机关本就

---

① 马怀德：《〈国家监察法〉的立法思路和立法重点》，载《环球法律评论》2017年2期。

② 中共中央印发的《深化党和国家机构改革方案》规定，国家监察委员会的主要职责是："维护党的章程和其他党内法规，检查党的路线方针政策和决议执行情况，对党员领导干部行使权力进行监督，维护宪法法律，对公职人员依法履职、秉公用权、廉洁从政以及道德操守情况进行检查，对涉嫌职务违法和职务犯罪行为进行调查并作出政务处理决定，对履行职责不力、失职失责的领导人员进行问责，负责协调党风廉政建设和反腐败宣传等。"见《法制日报》2018年3月22日，第1版。

③ 中共中央办公厅印发《关于在北京市、山西省、浙江省开展国家监察体制改革试点方案》，载 http.//www.gov.cn/xinwen/2016－11－07/content－5129781.htm，2018年3月20日访问。

"不是全面监督法律实施的机关，也没有去统揽法律监督"①，而只是对法律授权范围内的法律实施情况进行监督，故法律监督对象范围和方式的改变并不会从根本上改变检察机关作为法律监督的宪法定位。至于本文开头所说的国家监察体制改革对检察制度包括检察机关的宪法定位带来的挑战，正确的办法应当是积极应对挑战，破解所遇问题，使法律监督硬起来、实起来，使之名副其实，而不是去改变检察机关的性质。

（四）修正后的宪法再次确认检察机关是国家的法律监督机关

2018 年 3 月 11 日，第十三届全国人大一次会议通过宪法修正案，修正后的《宪法》第 134 条仍然确认："中华人民共和国人民检察院是国家的法律监督机关。"这是新形势下党的主张和人民意志的共同体现，也为检察制度的发展提供了最高遵循。尊崇宪法、树立宪法权威，就应尊崇和维护宪法对检察机关的定位；坚定中国特色社会主义的道路自信、理论自信、制度自信和文化自信，就应当坚定对宪法再次确认检察机关是"国家的法律监督机关"这一制度定位的自信，而不应有丝毫的怀疑和动摇。

总之，将检察机关定位为国家的法律监督机关，是党和国家根据中国的政治制度和基本国情作出的重要制度安排，是马克思主义权力监督制约理论和法治建设理论与中国实际相结合的产物。在全面推进依法治国战略中，"法律监督是法律运行不可或缺的构成性机制"②，它既是中国特色社会主义法治体系中"高效的法治实施体系"的重要组成部分，又是"严密的法治监督体系"的重要组成部分，具有不可替代的作用。因此，必须保持战略定力，坚定不移地坚持检察机关是"国家的法律监督机关"这一宪法定位。

---

① 韩大元：《坚持检察机关的宪法定位》，载《人民检察》2012 年第 23 期。
② 张文显主编：《法理学》，高等教育出版社 2003 年版，第 287 页。

三、增强检察监督的刚性

在检察制度面临严峻挑战的当下，要坚持检察机关作为法律监督机关的宪法定位，防止这一定位因诉讼监督进一步软化、弱化和名不副实，最重要的是要增强检察监督的刚性。以往，检察监督的刚性本就不足，因有职务犯罪侦查权作支撑，其作用在总体上尚能发挥；在职务犯罪侦查权划转后，解决检察监督刚性不足问题，已经成为坚持法律监督宪法定位、巩固和发展中国特色社会主义检察制度的关键。如不谋求增强监督刚性，而去谋求拓展检察职能，走外延发展之路，那无异于舍本逐末。因为监督刚性不增强，即使履行更多的职能，也难免事倍功半甚至劳而无功。

当前，在立法上，增强检察监督刚性的对策措施主要有以下三个方面：

（一）给检察机关保留在履行职责中发现的职务犯罪侦查权

首先需要说明的是，笔者作为共产党员和老纪检工作者、老司法工作者，坚决拥护、支持国家监察体制改革和职务犯罪侦查职能转隶，但"坚决拥护、支持"并不意味着对职务犯罪侦查职能转隶中的某些具体问题不能进行研究。相反，正视职务犯罪侦查职能转隶中的某些具体问题而不回避矛盾，对这些具体问题加以研究并提出建设性建议，从而使国家监察职能与检察职能作出更科学、合理的划分，并使该两个职能都取得最大的效能，是拥护、支持国家监察体制改革和职务犯罪侦查职能转隶的一种实际行动。有鉴于此，笔者建议，在将职务犯罪侦查职能总体上从检察机关划转给国家监察机关的前提下，给检察机关保留一小部分职务犯罪侦查权，即在履行职责中发现的职务犯罪侦查权。其理由是：

首先，给检察机关保留一小部分职务犯罪侦查权，是适应检察监督权特点的需要。执法、监督与被执法、监督是一对矛盾，有些甚至是尖锐的矛盾，这就要求执法、监督具有刚性。这种刚性首先表现为执法、监督机关一般应当具有对执法、监督对象直接进行处理的权力，否则，执法、监督将难以取得应有的效果。因此，我国的纪律检查机关、国家监察机关、各行政执法机关等，都具有对执法、监督对象直接进行处理的权力。但检察监督却不然，法律并没有赋予检察机关对监督对象直接进行处理的权力，而只赋予向监督对象提出纠正违法行为、错误决定的意见或建议的权力，监督对象接到纠正意见或建议后，是否纠正、如何纠正，由其自行决定。这是检察监督权区别于其他执法、监督权的最大特点。法律之所以这样规定，可能是考虑到检察监督的对象主要是有关国家机关，虽然它也涉及机关内的工作人员，但他们是在代表国家机关履行职责的过程中产生违法行为和错误决定的。要使检察监督取得好的效果，检察机关就必须有一项较有力度的职能或措施，以弥补无权直接处理监督对象的不足，并对检察监督起到支撑作用。正如有关专家所说：职务犯罪侦查权剥离后，"检察机关如欲实现'法律监督机关'之宪法定位和现实权威，还需要从宪法法律中寻找'有力依据'和'有力措施'"①。这项"较有力度的职能或措施"，如果不是职务犯罪侦查权，就应由法律赋予新的职能或措施。而由法律赋予新的职能或措施，则要考虑其匹配性、适当性以及与法律监督性质的协调性，其难度可能较大，故退而求其次，还是给检察机关保留一小部分职务犯罪侦查权比较简便易行。

其次，给检察机关保留一小部分职务犯罪侦查权，既是检察监督的内在要求，又是防止诉讼监督职能进一步软化和弱化、坚持检察机关是国家的法律监督机关这一宪法定位的需要。检察机关的法律监督，理应既监督违法，又监督履行职责中发现的职务犯罪。以诉讼监督为例，诉

---

① 秦前红：《全面深化改革背景下检察机关的宪法定位》，载《中国法律评论》2017 年第 5 期。

讼中的违法与诉讼中的职务犯罪本应都属于诉讼监督的对象。因为诉讼中的违法与职务犯罪虽然有明确的界限，但并无天然的鸿沟。有些案件表面上是违法，但一查发现是犯罪；有些案件开始以为是犯罪，但查后却发现仅是违法。如果将诉讼中本具有紧密联系的违法与职务犯罪强行拆开管辖，即检察机关只监督诉讼中的违法，而不监督诉讼中的职务犯罪，那诉讼监督职能是不完整的。因此，给检察机关保留在履行职责中发现的职务犯罪侦查权，是检察监督的内在要求。检察机关重建 40 年来的历史经验也充分证明，纠正违法行为、错误决定与侦查职务犯罪相辅相成，不可或缺：通过纠正违法行为、错误决定，可以发现一些职务犯罪线索；通过侦查职务犯罪，可以促进纠正意见或建议的落实。诉讼监督如只有监督违法行为、错误决定的权力，而无必要的职务犯罪侦查权作支撑，诉讼监督就会软弱无力。要防止诉讼监督进一步软化和弱化，其途径之一，就是给检察机关保留在履行职责中发现的职务犯罪的侦查权。这样，检察机关纠正违法行为、错误决定权的权力与职务犯罪侦查权相结合，以职务犯罪侦查权作支撑，诉讼监督才能由软变硬，检察机关也才能更好地履行诉讼监督职能。

　　同时，"宪法是国家的根本法，是国家各种制度和法律法规的总依据"，"具有最高的法律地位、法律权威和法律效力"①。修正后的宪法再次确认检察机关是国家的法律监督机关，国家立法就应以实际行动坚持这一定位，认真研究解决因职务犯罪侦查职能转隶导致法律监督弱化和名不副实等问题。而在国家监察体制改革中兼顾检察制度的发展，给后者保留在履行职责中发现的职务犯罪这一小部分侦查权，则是坚持检察机关作为国家的法律监督机关这一宪法定位和职能上的中国特色，并使其名实相副，从而在全面推进依法治国中发挥其不可或缺作用的一个可行思路。

---

　　① 习近平 2018 年 2 月 24 日在中共中央政治局第四次集体学习时的讲话，载《法制日报》2018 年 2 月 26 日，第 1 版。

再次，给检察机关保留一小部分职务犯罪侦查权，有利于优化办案资源配置，进一步提高反腐败整体效能。将职务犯罪侦查职能划转给国家监察机关有利于提高反腐败效能；将职务犯罪侦查职能总体划转的前提下，给检察机关保留这一小部分案件的侦查权，更有利于提高反腐败的整体效能，从而实现帕累托最优。因为检察机关对履行职责中发现的职务犯罪实施侦查，一是在发现线索上具有职能便利。众所周知，普通刑事犯罪一般有直接的被害人，犯罪结果通常会自动暴露。而职务犯罪一般没有直接的被害人，加上犯罪主体有合法的职务作掩护，因而犯罪结果通常不会自动暴露，需要侦查机关想方设法去发现，故发现线索是职务犯罪侦查的重要环节。检察机关对履行职责中发现的职务犯罪实施侦查，可以通过三大诉讼的各个环节，通过审查批捕、审查起诉、执行监督、受理民事、行政申诉和公益诉讼举报等渠道，通过审阅案件材料，讯问犯罪嫌疑人、被告人和罪犯，询问证人、听取当事人及其辩护（代理）律师控告申诉、调查取证等方式，来发现职务犯罪线索，这比国家监察机关发现这些线索要方便许多，特别是发现监管场所等特殊场所的职务犯罪线索，检察机关比国家监察机关具有更为明显的职能便利。二是有利于发现线索与侦查案件这两个环节的紧密衔接，从而提高查处案件的效率。如果对发现线索与侦查案件实行分离，检察机关发现线索后需转国家监察机关，而国家监察机关又可能正忙于查处其他案件，一时无法安排查处，这难免会影响效率。三是符合办案的逻辑。像刑讯逼供、暴力取证、非法拘禁、非法搜查、徇私枉法等犯罪，都是司法人员在办案（有时包括办假案）中实施的犯罪。检察机关在审查"前案"时，对发现的上述犯罪直接实施侦查，有利于较快地对"前案"某些证据是否合法、是否应当认定为非法证据予以排除、"前案"是否构成犯罪等问题作出判断，并正确确定刑事诉讼的走向。

最后，保留这一小部分职务犯罪的侦查权，不仅不会影响国家监察机关对行使公权力的公职人员监察的全覆盖，而且是很好的配合和补

充。应当说明的是，检察机关在履行职责中发现的职务犯罪有严格的限
定：一是犯罪主体的限定，限于涉嫌职务犯罪的少数司法工作人员和行
政机关工作人员；二是犯罪行为方式的限定，限于有关人员利用职权实
施；三是发现渠道的限定，限于检察机关在履行职责中发现，未被检察
机关在履行职责中发现的司法工作人员和行政机关工作人员的职务犯
罪，不在这个范围。因此，检察机关侦查的这类案件，仅是司法工作人
员和行政机关工作人员中职务犯罪的一部分，更是所有职务犯罪案件的
一小部分。除此之外的司法工作人员和行政机关工作人员的职务犯罪以
及其他公职人员的职务犯罪，仍由国家监察机关查处；司法机关和行政
机关的所有公职人员仍然都在国家监察机关的统一监督之下。因而，给
检察机关保留这一小部分职务犯罪侦查权，丝毫不会影响国家监察机关
对行使公权力的公职人员监察的全覆盖。同时，对于检察机关查处履行
职责中发现的职务犯罪，只要将其纳入纪委和国家监察机关反腐败大格
局，自觉接受纪委的组织协调，加强与国家监察机关的沟通联系，特别
是在立案前做好沟通联系工作，就不会与国家监察机关的办案工作发生
"撞车"，也不会打乱纪委和国家监察机关反腐败的整体部署。如果纪委
和国家监察机关认为某线索有必要由其统一组织查处，那么检察机关可
将该线索转给纪委和监察机关；纪委、监察机关有时也可将涉及司法工
作人员的某些线索交检察机关查处或协助查处。因此，检察机关查处履
行职责中发现的职务犯罪，与国家监察机关查处职务犯罪不仅不矛盾，
而且是很好的配合与补充。这样，国家监察机关的监察功能与检察机关
的法律监督功能就都能得到较有效地发挥。

总之，保留给检察机关侦查的职务犯罪，仅是所有职务犯罪中的一
小部分，但这一小部分侦查权的保留，却有利于防止检察机关诉讼监督
职能进一步软化和弱化，有利于坚持和巩固检察机关是国家的法律监督
机关这一宪法定位，有利于激发检察制度活力，而且这一措施切实可
行，因而是当下最优的改革思路。一些专家学者也持类似意见，如有的

认为"监察委员会的调查权不会取代检察院的侦查权"①；还有的主张"鉴于国家监察委员会难以通过派驻等形式深入刑事执行领域尤其是羁押场所，由刑事执行检察主体继续掌管针对监管人员的贪腐、渎职行为的侦办权，反倒具有更大优势"②。

　　2018 年 4 月 25 日，第十三届全国人大常委会第二次会议初审了《刑事诉讼法修正案（草案）》（以下简称刑诉法修正草案），其中给检察机关保留了一小部分职务犯罪侦查权："人民检察院在对诉讼活动实行法律监督中发现司法工作人员利用职权实施的非法拘禁、刑讯逼供、非法搜查等侵犯公民权利、损害司法公正的犯罪，可以由人民检察院立案侦查。"至于给检察机关保留这一小部分案件侦查权的目的和理由，全国人大职能部门负责人在对刑诉法修正草案作说明时未涉及。笔者认为，该侦查范围如果仅是刑诉法修正草案列举的三个罪名，则未免过于狭窄：一是罪名过少。二是侦查权覆盖面过窄，仅涉及侦查人员，而不大会涉及其他司法工作人员。三是案件数量过少。据统计，2016 年，全国检察机关立案侦查的司法工作人员利用职权实施的上述三种罪名的犯罪案件仅 24 件。如此狭小的侦查范围，难以给检察机关的诉讼监督起到支撑作用，也难以帮助检察机关解决"国家的法律监督机关"这一宪法定位名不副实的问题；为了侦查这几十个案件，检察机关还要培养一支常备的侦查队伍，以应不时之需，其制度成本与侦查成效相比，也显得很不相称。

　　刑诉法修正草案规定的侦查范围难以给检察机关的诉讼监督起到支撑作用，是因为在检察机关无权对监督对象作直接处理的法律制度下，要使保留的侦查权给检察监督真正起到支撑作用，就必须遵循一个原

---

① 马怀德：《国家监察体制改革的重要意义和主要任务》，载《国家行政学院学报》2016 年第 6 期。

② 李奋飞：《检察再造论——以职务犯罪侦查权的转隶为基点》，载《政法论坛》2018 年第 1 期。

则：侦查权的覆盖面与检察监督权的覆盖面必须相同。如果前者小于后者，则部分检察监督得不到职务犯罪侦查权的支撑；如果前者大于后者，则保留的职务犯罪侦查权出现过剩，从而对国家监察机关职务犯罪调查权的完整性造成不适当的影响。根据这一原则，就应当把履行检察监督职责中发现的职务犯罪都保留给检察机关侦查。如果立法机关认为这一范围所涉犯罪种类过多，贪污贿赂犯罪的侦查权不能保留给检察机关，那至少也应当把履行职责中发现的渎职、侵权这两类职务犯罪的侦查权保留给检察机关，这类犯罪的主体除了司法工作人员，还应包括少数行政机关工作人员。这是因为行政公益诉讼监督的对象是行政机关工作人员；十八届四中全会《决定》赋予检察机关的"对涉及公民人身、财产权益的行政强制措施的监督"和"在履行职责中发现的行政机关违法行使职权或者不行使职权行为的监督"，其监督对象也是行政机关工作人员。为了支撑对上述行政监督的开展，检察机关应当有权对履行监督职责中发现的行政机关工作人员的职务犯罪立案侦查。

（二）在法律上赋予检察监督硬的约束力

被宪法和法律规定的检察监督之所以要以职务犯罪侦查权作支撑，除了检察机关不能对监督对象直接进行处理这一原因外，与检察监督自身因"软骨病"而立不住有重要关系。因为法律规定的检察机关对有关机关在诉讼中的违法行为、错误决定的监督方式五花八门（后文具体阐述），且大多未对有关机关接到检察监督意见或建议后如何纠正、如何反馈纠正情况、有关机关拒不纠正时如何救济等方面作出规定，更未对作出违法行为、错误决定的有关责任人应否处理、如何处理作出规定，致使有些机关对检察机关提出的纠正违法行为、错误决定的意见或建议置之不理，有的还以"法律没有要求我们落实纠正意见或建议""公权力法无明文规定不得为"等所谓理由来搪塞和对抗。检察监督意义重大且难度很大，"但与其对应的提出检察建议和发布纠正违法通知书却缺少实际强制力"①，这种"说起来很重要、落实起来很空洞""权"与"能"极不匹配、缺乏刚性的立法，是造成检察监督自身立不起来、未能起到应有作用的主要原因。因此，要坚持检察机关作为国家法律监督机关的宪法定位，就必须在立法上赋予检察监督硬的约束力，从而使检察监督自身去除"软骨病"，硬起来和立起来。所谓"硬的约束力"就是法律效力。

赋予检察监督硬的约束力，是因为：首先，检察机关作为宪法和法律规定的专司法律监督的机关，其依据法律、代表国家作出的监督决定应当具有法律效力。其次，监督必须有"牙齿"，没有"牙齿"不成其为监督。② 检察监督与被监督是一对矛盾，有时甚至是很尖锐的矛盾，所体现的是护法与违法的斗争，这种斗争是习近平总书记所说的"伟大斗争"的组成部分，且检察监督的对象都是强势机关，加上我国缺乏民主传统，一些机关接受监督的意识淡薄，对检察机关的监督意见往往有抵触心理，法律如不对其落实监督的义务作出硬性规定，而是凭其觉悟和自觉性，检察监督很容易成为一纸空文。再次，监督与监督对象落实监督意见是监督制度不可或缺的两个方面。检察监督目的的最终实现，必须以监督对象落实监督意见为条件，这与合同中一方权利的实现必须以另一方履行义务为条件同属一理。这就决定了法律应当对检察监督权与监督对象落实监督意见的义务这两个方面一并作出规定。最后，党风廉政建设需要变"宽松软"为"严硬实"，监督司法活动中的违法行为、错误决定，维护法治统一，也要变"宽松软"为"严硬实"，否则就难有成效。而"严硬实"首先要体现在立法上。

在法律上赋予检察监督硬的约束力，建议从以下三个方面入手：

其一，法律规定的检察监督的方式要规范，并体现约束力。现行诉

---

① 秦前红：《全面深化改革背景下检察机关的宪法定位》，载《中国法律评论》2017 年第 5 期。

② 这里的"监督"是指作为权力的监督，而非作为权利的监督。

讼法和检察院组织法规定的检察监督的方式主要有以下几种：（1）对法院确有错误的裁判，规定"提出抗诉"和"提出检察建议"的方式①；（2）对有关机关在诉讼中作出的错误决定，有的规定"建议纠正"的方式，有的规定"通知纠正"的方式②；（3）对诉讼中的违法行为，有的规定"通知纠正"的方式，有的规定"提出纠正意见"的方式，有的规定"提出检察建议"的方式，还有的则仅笼统地规定"实施监督"或"予以监督纠正"③，可谓五花八门。在同一类检察监督如纠正违法中，为什么有的用"建议"、有的用"意见"、有的用"通知"，其原因不明。

为此，建议在立法上对检察监督方式作如下规范：（1）对法院确有错误的裁判，用"抗诉"方式进行监督；在民事诉讼中，对同级法院确有错误的生效裁判，则用"意见"即"再审意见书"的方式进行监督。（2）对有关机关在诉讼中作出的错误决定（不包括裁判），用"纠正意见"的方式进行监督。（3）对诉讼中的违法行为，用"通知纠正"的方式进行监督。

这里需要指出的是，无论是哪类检察监督，都不宜用"建议"的方

---

①　在刑事诉讼中，检察机关对确有错误的裁判的监督方式都用"抗诉"。在民事诉讼中，上级检察院对下级法院的生效裁判用"抗诉"，对同级法院的生效裁判用"检察建议"，参见 2017 年《民事诉讼法》第 208 条。

②　规定"建议"方式的如《刑事诉讼法》第 93 条：犯罪嫌疑人、被告人被逮捕后，人民检察院仍应当对羁押必要性进行审查。对不需要继续羁押的，"应当建议予以释放或者变更强制措施"。规定"通知"方式的如《刑事诉讼法》第 115 条：对与案件无关的财物采取查封、扣押、冻结措施的，人民检察院对申诉进行审查后，认为情况属实的，"通知有关机关纠正"。

③　规定"通知纠正"方式的如《刑事诉讼法》第 47 条：对阻碍辩护人、诉讼代理人依法行使诉讼权利的，"通知有关机关予以纠正"。规定"提出纠正意见"的如《刑事诉讼法》第 203 条：对人民法院审理案件违反法律规定程序的，"有权向人民法院提出纠正意见"。规定"提出检察建议"方式的如《行政诉讼法》第 93 条：对审判程序中审判人员的违法行为，"有权向人民法院提出检察建议"。仅笼统规定的如《刑事诉讼法》第 73 条："人民检察院对指定居所监视居住的决定和执行是否合法实行监督。"

式。因为"建议"不具有约束力，与检察监督应当具有法律效力的特征不符。在上世纪的法律中，检察监督是不用"建议"这种方式的，"建议"仅用于检察机关结合办案所开展的社会治安综合治理和预防腐败工作，即通过办案发现有关单位在管理、制度等方面存在的漏洞，提出整改堵漏、完善制度、加强管理、预防犯罪的建议，它属于"办案的后半篇文章"，而不是办案本身。在后来的立法中，混淆了"建议"与"意见""通知"的界限。故必须予以正本清源。

其二，法律要规定"一案双查"。对有关机关的违法行为和错误决定，应当要求有关机关既要纠正违法行为、错误决定，又要落地查人，对负有责任且应当追责的严肃追究责任。以往的检察监督只对事不对人，尽管违法行为和错误决定被纠正了，有关责任人却无关痛痒，更无切肤之痛，难以对其产生应有的警示和震慑，更不足以促使其吸取教训，致使恶习难改，继续源源不断地产生出违法行为和错误决定来。违法行为和错误决定是人实施或作出的，人是源头，只有既纠事，又落地查人，检察监督才有硬的约束力，并取得应有的警示效果。当然，落地查人既要"严硬实"，又要实事求是。

其三，法律要规定有关机关落实检察监督的义务、反馈的期限、异议的程序以及拒不纠正违法行为、错误决定的责任。有关机关接到检察监督意见（通知）后，对违法行为或错误决定要及时加以纠正，对责任人也要立即启动调查，并在一定期限内反馈结果。具体可实行两次反馈制度，即对"事"的纠正应在一个月内反馈，其中时间性很强的，如纠正超期羁押、纠正阻碍律师会见在押犯罪嫌疑人等，应在 7 日内反馈；对人的处理一般应在两个月内反馈，认为不需要追究责任，也应反馈情况并说明理由。有关机关对检察监督意见（通知）有异议的，可以提出复议、复核。复议、复核后检察机关仍坚持原监督意见（通知）的，有关机关应当落实。对监督意见（通知）置之不理、无正当理由拒不纠正的，应移送纪委和国家监察机关依纪依法严肃问责。

除了在法律上赋予检察监督硬的约束力之外，检察机关也要完善监督工作。这是使检察监督具有硬的约束力的基础。一要更新理念，着眼于监督方与被监督方共赢。二要精准监督，确保质量。所涉事实要查准，性质判断要精准，所提意见（通知）要精准，切实防止片面追求监督数量。三要跟踪问效。对提出的监督意见（通知），要扭住不放，跟踪督促，务使落到实处。要从一开始就形成规矩，一个案件一个案件地抓到底，使被监督对象不敢马虎、不敢随便应付，并逐步形成习惯。四要争取和依靠有关方面的支持配合。维护法治统一和法律正确实施是一项系统工程，决非检察一家所能实现。除了依靠党委领导、人大监督，还要依靠政府、纪委、监察委以及其他有关方面的支持配合，必要时，可把纠正意见（通知）报告有关方面。五要发挥检察一体的体制优势。要加强上级检察机关对下级检察机关履行职能遇有阻力时的支持，在全系统形成同违法行为、错误决定作斗争的强大力量。六要个案监督与综合监督相结合。要综合分析有关机关一个时期作出违法行为、错误决定的情况，分析原因，提出改正意见，加强与有关机关沟通联系，建议有关机关健全制度、加强管理、强化预警，以便从源头上预防和减少违法行为、错误决定的发生。

（三）赋予检察机关调查核实权及必要的措施

赋予检察机关调查核实权及必要的措施，是法律监督的题中应有之义。因为检察机关在履行法律监督职责特别是诉讼监督等职能时，往往需要先对发现的违法行为、错误决定的线索、民事行政公益诉讼线索等进行调查核实，发现确有违法行为、错误决定或者确应提起公益诉讼的，才能对有关机关提出"纠正意见（通知）"或提起公益诉讼，而不能仅凭线索就得出结论。同时，调查中如遇到调查对象拒不配合的情况，也需要采取必要的措施，而不能任其拒不配合甚至对抗。否则，就与"监督必须有牙齿"的原理相悖。因此，为了保证法律监督的顺利进行和精准，法律应当赋予检察机关调查核实权及必要的措施。

但是，人民检察院组织法及其修订草案对此均未规定；2012 年刑事诉讼法及其修正草案也都付之阙如；民事诉讼法和行政诉讼法则只规定了调查权，而未规定必要的措施①。法律对法律监督中的调查核实权及其必要的措施没有作出规定或者规定不全，这在职务犯罪侦查权归属于检察机关时问题不大，但在职务犯罪侦查权转隶后，问题马上就突出起来，一旦监督对象对检察机关的调查不配合甚至对抗，如推三阻四、一问三不知、躲避调查、玩弄拖延战术、拒不提供有关材料及证据、抗拒调取证据等，检察机关往往无可奈何。因此，应当赋予检察机关调查核实权及必要的措施。

借鉴有关行政执法的立法，相应的调查措施应主要包括：要求说明情况，通知谈话，传唤，调取证据，查阅有关会议记录、文件、案卷材料，责令提供相关证据、材料，检查，鉴定等；必要时，还应当有权直接采取强制性措施，如强制传唤，查封，扣押，冻结，发出禁止令，责令立即停止侵害公益行为等。② 从而为检察机关的调查核实活动提供必要的法律依据，进而夯实法律监督的事实基础。

四、逐步拓展检察职能

职务犯罪侦查职能转隶后，检察机关仍有不少职能。检察机关应当走内涵式发展之路，认真履行好这些职能。同时也要看到，现行的检察

---

① 2017 年《民事诉讼法》第 210 条规定："人民检察院因履行法律监督职责提出检察建议或者抗诉的需要，可以向当事人或者案外人调查核实有关情况。"行政诉讼法未对检察机关的调查权直接作出规定，但第 101 条规定："人民法院审理行政案件，关于期间、送达、财产保全、开庭审理、调解、中止诉讼、终结诉讼、简易程序、执行等，以及人民检察院对行政案件受理、审理、裁判、执行的监督，本法没有规定的，适用《中华人民共和国民事诉讼法》的相关规定。"

② 参见汤维建：《检察机关提起公益诉讼的制度优化》，载《人民检察》2018 年第 11 期。

职能主要限于诉讼领域，且诉讼领域也还存在一些法律监督的空白地带，与检察机关作为法律监督机关的宪法定位不尽相符。在中国特色社会主义新时代，检察机关要紧跟形势发展，顺应人民日益增长的美好生活需要，围绕监督公权行使、保障公民权利、维护法治统一、维护公平正义的职能使命，在履行好现有职责的基础上，进一步强化诉讼监督，并逐步将监督职能拓展到诉讼领域之外，为全面推进依法治国作出新的贡献。

当前一段时间，检察职能可从以下三个方面拓展：

（一）提请合宪性审查，维护宪法权威

十八届四中全会《决定》指出："完善全国人大及其常委会宪法监督制度，健全宪法解释程序机制。加强备案审查制度和能力建设，把所有规范性文件纳入备案审查范围，依法撤销和纠正违宪违法的规范性文件。"党的十九大报告又进一步强调："加强宪法实施和监督，推进合宪性审查工作，维护宪法权威。"这是党中央为维护宪法权威和法治统一作出的重大决策部署。因为在现实生活中，地方性法规、条例、规章同宪法、法律相抵触的并不鲜见，且随着地方立法权主体的扩大（设区的市都有立法权），地方立法违宪、违法的情况还会增多。

《立法法》第99条第1款规定："国务院、中央军事委员会、最高人民法院、最高人民检察院和各省、自治区、直辖市的人民代表大会常务委员会认为行政法规、地方性法规、自治条例和单行条例同宪法或者法律相抵触的，可以向全国人民代表大会常务委员会书面提出进行审查的要求，由常务委员会工作机构分送有关的专门委员会进行审查，提出意见。"但实践中检察机关对该工作未有开展。检察机关作为国家的法律监督机关，维护宪法权威和国家法治统一是其职责使命，应当责无旁贷地履行提请全国人大合宪性、合法性审查的职责，认为行政法规、地方性法规、自治条例和单行条例同宪法、法律相抵触的，应提请全国人

大常委会审查。为此，检察机关要明确承担此项职责的机构，落实专门人员、建立相关制度、机制，尽快启动此项工作。

（二）拓展司法审查，维护公民权利

为了防止侦查机关滥用强制措施和强制性侦查行为损害公民权利，一些国家对于强制措施和强制性侦查行为都实行"决定权与执行权相分离"原则，事先提请司法官司法审查，取得司法官发布的司法令状后，侦查机关才能实施，以体现司法权对侦查权的控制。联合国《保护所有遭受任何形式拘留或监禁的人的原则》第 4 条规定："任何形式的拘留或监禁以及影响到在任何形式拘留或监禁下的人的人权的一切措施，均应由司法当局或其他当局以命令为之，或受其有效控制。"联合国《公民权利和政治权利国际公约》第 9 条第 3 款规定："任何因刑事指控被逮捕或者拘禁的人，应当被迅速带见审判官或者其他经法律授权行使司法权力的官员，并有权在合理的时间内受审判或者释放。"

需经司法审查的强制措施和强制性侦查行为主要分三类：一是对人的强制，即限制人身自由的拘留、逮捕等措施；二是对物的强制，如搜查、查封、扣押、冻结①；三是对公民信息和隐私的强制，如监听等技术侦查措施。在我国，只有逮捕需事先提请检察机关批准，其他强制措施和强制性侦查行为都由侦查机关自行决定和执行。侦查机关采取的强制措施或强制性侦查行为如有不当，除了"对与案件无关的财物采取查封、扣押、冻结"可以向有关机关申诉、控告外②，其余的均无救济渠道。这种状况与强调"国家尊重和保障人权""全面推进依法治国"的当今形势很不相适应，不仅有可能使侦查权随意扩张，侵犯公民合法权

---

① 搜查除对财产的强制外，还涉及公民的人身权利和住宅安宁，这里是就主要方面来说的。

② 《刑事诉讼法》第 115 条。

益，而且会巩固"侦查中心主义"的诉讼构造①，从而与"以审判为中心"的诉讼制度改革相悖。法学界要求对此改革的呼声强烈。② 十八届四中全会《决定》也明确要求"完善对限制人身自由司法措施和侦查手段的司法监督"，"规范查封、扣押、冻结、处理涉案财物的司法程序"。为此，建议立法机关分步骤完善立法，逐步实现对侦查中强制措施和强制性侦查行为的司法审查。按照先重后轻的原则，第一步，宜对会严重损害公民人身自由权、财产权、居住安宁权和隐私权的拘留、指定居所监视居住、搜查、监听这四种措施实行司法审查，待总结经验后再逐步扩大司法审查的范围。对于情况紧急、来不及事先提请批准、需要立即拘留、搜查的，也要在事后立即提请批准。

　　至于负责司法审查的机关，根据中国的实际，应当是检察机关。因为：第一，检察机关是法律监督机关，一直以来承担审查批捕和侦查监督职能，将以上强制措施和强制性侦查行为交给检察机关审查，符合我国司法机关一贯的职能分工。第二，外国负责司法审查的法官是独立于审判法官的预审法官、侦查法官或治安法官，而我国的法官都是审判法院，没有独立于审判法院的预审法官、侦查法官或治安法官制度。如把司法审查权交给法院，不利于审判权对司法审查权的制约；如果司法审查搞错了，也不利于审判环节对错误的司法审查决定的纠正，加上国家刑事赔偿的决定机构设在法院，纠正错误的司法审查决定会更加困难。虽然检察机关在刑事诉讼中并不是完全中立的机关，由其负责司法审查并不尽善尽美，但同交给法院司法审查相比，具有相对合理性，因为检察院如果司法审查错误，还可以通过审判加以纠正。有关专家也认为：

---

　　①　陈瑞华：《论检察机关的法律职能》，载《政法论坛》2018 年第 1 期。

　　②　参见樊崇义：《检察机关深化法律监督发展的四个面向》，载《中国法律评论》2017 年第 5 期；陈瑞华：《论检察机关的法律职能》，载《政法论坛》2018 年第 1 期；李奋飞：《检察再造论——以职务犯罪侦查权转隶为基点》，载《政法论坛》2018 年第 1 期；魏晓娜：《依法治国语境下检察机关的性质和职权》，载《中国法学》2018 年第 1 期。

在可以预见的未来，检察机关审查批捕的职能很难被移交给法院，那种要求按照西方经验赋予法院司法审查权的改革建议，很难在短期内有现实的可能性。[①] 第三，联合国上述文件规定的行使司法审查权的主体，除法官外，还包括"其他当局"或"其他经法律授权行使司法权力的官员"。我国检察机关是司法机关，且依法独立行使职权，法律赋予其行使司法审查权，并不违反联合国有关文件的规定。此外，检察机关一直在进行的审查逮捕适度诉讼化改革，也为授予检察机关司法审查权提供了更多的合理性根据。当然，负责司法审查的职能部门应当尽可能超脱、中立，以最大限度地维护司法审查程序的正当性。

（三）拓展行政检察，促进依法行政

检察机关提起行政公益诉讼的职能被规定在行政诉讼法中，因而属于行政诉讼监督的范畴，但其监督的对象是行政权，而与对法院确有错误的行政裁判提出抗诉、对诉讼中的违法行为提出监督意见所监督的是审判权，形成明显区别。行政公益诉讼开启了检察机关对行政权进行监督的先河，这在检察制度发展史上具有重要意义。以后，行政检察应逐步进行有限度的拓展，这是因为：第一，行政权在诸权力中是最强大的权力。各级政府手中都握有大量权力和资源，特别是我国曾长期实行高度集中的计划经济体制，政府无所不管。经过40年的改革开放，政府的权力虽有明显约减，但仍然掌握着大量重要的权力和资源，因而存在较多的发生违法问题的条件。第二，在诸权力中，行政权要积极主动地行使，并强调效率；而立法具有半被动性，强调民主；司法具有被动性，强调公正。行政权主动行使、强调效率的特点，决定了其比其他权力更容易产生滥权渎职等问题。特别是在重大工程拍板、国企改革、土地使用权出让、征地拆迁、生态环境和资源保护、食品药品安全管理、行政执法等领域，行政工作人员有法不依、执法不严、不作为、乱作为

---

① 参见陈瑞华：《论检察机关的法律职能》，载《政法论坛》2018 年第 1 期。

的问题尤为突出，前些年一些地方的部分群体性事件和上访往往与此有关。第三，一些地方政府在片面政绩观的引导和地方利益的刚性压力下，出现了许多有法不依、执法不严、违法不究、怂恿庇护违法犯罪、影响法治统一和法律正确实施的问题。第四，在诸权力中，立法和司法大多有法可依且较为完备，如立法有立法法，司法有三大诉讼法，而行政权的行使在有些方面法治化程度不高，工作人员自由裁量权有时过大。第五，由于有关体制改革尚未完全到位，行政诉讼作为司法权制约行政权的一种机制，其作用尚未得到充分发挥。总之，在法律实施方面，行政领域是存在问题较多的一个领域。

当然，这并不是说看不到这些年来依法行政取得的巨大成绩，也不意味着检察权可以随意介入行政领域。因为行政领域自有其管理监督机制，如行政管理、行政复议、行政监察、行政诉讼等，刚颁布的国家监察法把调查处理所有行使公权力的公职人员的职务违法和职务犯罪作为监察机关的基本职能，且监察机关独立于政府，因而有利于强化对行政权的监督。

检察机关拓展行政检察的原则和策略，一是要紧扣法律监督定位，以现有的职能为基点向外延伸。二是要正确处理行政检察与行政领域已有的管理监督机制的关系，只有在行政领域已有的管理监督机制缺位或履职不到位的情况下，检察权才能适度介入，以发挥拾遗补阙的作用。① 三是要稳扎稳打，注重质量、效果。据此，在做好提起行政公益诉讼的同时，可主要从以下三个方面拓展行政检察：

其一，对履行职责中发现的行政机关不作为乱作为，特别是违法采取行政强制措施侵犯公民人身、财产权利行为进行监督。十八届四中全会《决定》要求："完善对涉及公民人身、财产权益的行政强制措施实行司法监督制度。检察机关在履行职责中发现行政机关违法行使职权或

_____

① 参见魏晓娜：《依法治国语境下检察机关的性质和职权》，载《中国法学》2018 年第 1 期。

者不行使职权的行为，应当督促其纠正。"有人对上述任务在国家监察体制改革后是否仍应由检察机关承担提出了疑问。笔者认为，如前所述，国家监察机关负责对行使公权力的"人"进行监督，检察机关则负责对有关机关的监督。十八届四中全会《决定》所规定的是"行政机关"违法行使职权或不行使职权，故该事项应由检察机关管辖。检察机关应当履行好十八届四中全会《决定》赋予的职责，重点对行政执法如治安管理、不负刑事责任的精神病人强制医疗、强制戒毒以及其他行政执法中存在的野蛮粗暴执法、违法限制人身自由、该救助而不救助、违法扣押冻结财物等侵犯公民人身、财产权益和擅权失职等问题开展监督。

其二，以立案监督为基点，通过"两法衔接"机制监督行政机关有案不移、以罚代刑。我国实行的是行政执法与刑事司法并行的双轨执法体制，对政府管理的治安、工商、税务、食品药品卫生、产品质量检验、知识产权等领域的违法行为，由行政执法机关查处，涉嫌犯罪的，移送公安司法机关追究刑事责任。由于地方和部门保护主义、庸懒执法、变通执法、人情干扰、行政处罚与刑事处罚证据标准有差异等，在以往一些地方的行政执法中，有法不依、执法不严、违法不究、有案不移、有案难移、以罚代刑的情况非常突出。一些地方一方面假冒伪劣商品充斥，黄赌毒泛滥，偷税、侵犯知识产权活动猖獗；另一方面被司法机关起诉、判刑的此类犯罪案件却寥寥无几。为此，近十几年来，全国检察机关在建议和促进建立行政执法与刑事司法衔接机制方面做了大量工作，取得了明显成效，不仅发现了一大批刑事案件，推动了立案监督工作的开展，更重要的是初步建立了"两法衔接"机制，促进了行政执法的规范化和廉洁化。但是，也有一些地方的行政主管部门对此积极性不高、采取的措施不力，影响了"两法衔接"机制的建立和完善。为此，十八届四中全会《决定》要求："健全行政执法和刑事司法衔接机制。完善案件移送标准和程序，建立行政执法机关、公安机关、检察机关、审判机关信息共享、案情通报、案件移送制度，坚决克服有案不移、有案难移、以罚代刑现象，实现行政处罚和刑事处罚无缝对接。"检察机关应认真贯彻落实上述要求，会同有关部门着力做好建立信息共享平台、健全案件移送机制、促进执法、司法规范化廉洁化等工作，切实解决执法不严、有案不移、有案难移、以罚代刑等问题。

其三，逐步拓宽提起行政公益诉讼的范围。2017 年修改后的《行政诉讼法》第 25 条第 4 款对检察机关提起行政公益诉讼作出了规定。① 细读该规定，有两点值得注意：一是检察机关在履行职责中发现法定情形，就"应当"向行政机关提出检察建议，督促其依法履行职责；行政机关不依法履行职责的，依法向人民法院提起诉讼。而根据相关法律规定，对于民事公益诉讼，检察机关只是"可以"向人民法院提起诉讼。这说明，法律对提起行政公益诉讼赋予了检察机关"必为"的义务，也就是说，对于发现的法定情形，督促行政机关依法履行职责，并在行政机关不依法履行职责情况下向法院提起诉讼，不仅是检察机关的权力，更是检察机关的职责和义务。二是法律采取列举并加"等"字的方式规定提起公益诉讼的范围，这为日后逐步拓宽行政公益诉讼范围预留了空间。现在，应认真做好法律规定的生态环境和资源保护、食品药品安全、国有财产保护、国有土地使用权出让这四个领域的行政公益诉讼工作，待积累和总结经验后，可根据形势发展的需要，报经全国人大职能部门同意，由"两高"对法律规定中的"等"字作司法解释，逐步拓宽提起行政公益诉讼的范围。

---

① 该款规定："人民检察院在履行职责中发现生态环境和资源保护、食品药品安全、国有财产保护、国有土地使用权出让等领域负有监督管理职责的行政机关违法行使职权或者不作为，致使国家利益或者社会公共利益受到侵害的，应当向行政机关提出检察建议，督促其依法履行职责。行政机关不依法履行职责的，人民检察院依法向人民法院提起诉讼。"

五、挑战与机遇

国家监察体制改革给检察机关带来的直接影响主要是职务犯罪侦查职能转隶。由于该职能对检察机关的其他职能特别是诉讼监督职能有支撑作用，故该职能的转隶会导致诉讼监督职能进一步软化和弱化，从而使检察机关作为法律监督机关的宪法定位有名不副实之虞。但是，我国的政治制度和基本国情决定了需要法律监督。职务犯罪侦查职能转隶给检察机关的宪法定位所带来的影响，并非国家监察体制改革的初衷；修改后的宪法也再次确认检察机关是国家的法律监督机关。在中国特色社会主义新时代，在全面推进依法治国的进程中，检察机关的法律监督既不可或缺，也不可替代。因此，必须保持战略定力，尊崇和维护宪法权威，坚定不移地坚持检察机关是"国家的法律监督机关"这一宪法定位，增强对中国特色社会主义检察制度的制度自信。

针对检察机关无权对监督对象直接进行处理的制度特点，要坚持检察机关作为法律监督机关的宪法定位，就必须增强法律监督的刚性。为此，国家立法一要在职务犯罪侦查职能总体划转的前提下，给检察机关保留其在履行职责中发现的职务犯罪的侦查权，以便为法律监督提供必要的支撑，激发检察制度的活力。而且，检察机关查处这部分案件具有职能便利，有利于提高反腐败整体效能；它与国家监察机关对所有行使公权力的公职人员的监察全覆盖不仅不矛盾，而且是很好的配合和补充。二要赋予检察监督硬的约束力。立法上要规范检察监督的方式，实行"一案双查"，规定有关机关落实检察监督的义务、反馈期限、提出异议的程序以及拒不纠正违法行为、错误决定应负的责任。三要赋予检察监督调查核实权及必要的措施，以保障检察监督顺利进行，并为提出精准的检察意见奠定坚实的事实基础。

在增强监督刚性的同时，还要在切实履行好现有职能的前提下，顺应人民在新时代日益增长的美好生活需要，紧紧围绕法律监督性质，以既有的职能为基点，逐步拓展职能。检察机关应履行法律赋予的职责，提请合宪性审查，维护宪法权威；拓展对侦查机关强制措施和强制性侦查行为的司法审查，维护公民权利；通过对履行职责中发现的行政机关不作为、乱作为，特别是行政强制措施侵犯公民合法权益等情况的监督，对"两法衔接"中行政执法机关有案不移、以罚代刑等现象的监督，以及逐步拓展行政公益诉讼的范围，来拓展行政检察。

总之，国家监察体制改革后，失去了职务犯罪职能的检察机关和检察制度面临严峻的挑战。但挑战就是动力，挑战就是机遇。只要坚持宪法定位，增强监督刚性，逐步拓展职能，做好做优工作，中国特色社会主义检察制度就一定能不断发展并永葆青春活力，从而为全面推进依法治国作出应有的贡献。

第一章　新时代检察制度发展面临的主要问题

时代是思想之母，实践是理论之源。党的十八大以来，在以习近平同志为核心的党中央的正确领导下，全面深化改革取得重大突破。党的十九大宣告，中国特色社会主义进入新时代，我国社会主要矛盾已经转化为人民日益增长的美好生活需要和不平衡不充分的发展之间的矛盾。我们要正确认识新发展阶段，全面贯彻新发展理念，积极构建新发展格局。随着国家监察体制改革和认罪认罚从宽制度的实行以及以审判为中心的诉讼制度改革的推进，检察职能发生了重大变化，检察制度发展中的一些问题进一步显现。我们应当厘清新时代检察制度发展面临的主要问题，并以问题为导向，遵循《"十四五"时期检察工作发展规划》，研究落实《中共中央关于加强新时代检察机关法律监督工作的意见》的策略和措施，推动中国特色社会主义检察制度的科学发展。

第一节　检察职能的重大调整

在我国，检察职能的调整属于国家立法事权范围，也属于中共中央政治体制改革规划的范围。中共中央的政治改革规划具有先导性、权威性，也是改革探索的基本依据。党的十八届三中全会决定和四中全会决定以及2016年中共中央《关于在全国各地推开国家监察体制改革试点方案》等都对检察职能的调整产生了重大影响。国家立法是实行改革的现实性、权威性依据。2017 年全国人大常委会关于修改民事诉讼法和行政诉讼法的决定、2018 年全国人大通过的监察法、全国人大常委会关于修订的人民检察院组织法和刑事诉讼法的决定都是检察职能调整的直接法律依据。

一、职务犯罪侦查权的调整

2016 年 12 月 25 日第十二届全国人民代表大会常务委员会第二十五次会议通过的《全国人民代表大会常务委员会关于在北京市、山西省、浙江省开展国家监察体制改革试点工作的决定》第 1 条规定："人民检察院查处贪污贿赂、失职渎职以及预防职务犯罪等部门的相关职能整合至监察委员会。"这就是检察机关反贪的职能、机构和人员的转隶。2018 年修改的宪法、人民检察院组织法和刑事诉讼法及制定的监察法对此予以确认。

2018 年《刑事诉讼法》第 19 条第 2 款规定："人民检察院在对诉讼活动实行法律监督中发现的司法工作人员利用职权实施的非法拘禁、刑讯逼供、非法搜查等侵犯公民权利、损害司法公正的犯罪，可以由人民检察院立案侦查。"这意味着检察机关保留了一部分职务犯罪（14 个罪名①）的侦查权，但是，这部分职务犯罪侦查权的性质和功能已经发

---

① 2018 年《关于人民检察院立案侦查司法工作人员相关职务犯罪案件若干问题的规定》规定："人民检察院在对诉讼活动实行法律监督中，发现司法工作人员涉嫌利用职权实施的下列侵犯公民权利、损害司法公正的犯罪案件，可以立案侦查：1. 非法拘禁罪（刑法第二百三十八条）（非司法工作人员除外）；2. 非法搜查罪（刑法第二百四十五条）（非司法工作人员除外）；3. 刑讯逼供罪（刑法第二百四十七条）；4. 暴力取证罪（刑法第二百四十七条）；5. 虐待被监管人罪（刑法第二百四十八条）；6. 滥用职权罪（刑法第三百九十七条）（非司法工作人员滥用职权侵犯公民权利、损害司法公正的情形除外）；7. 玩忽职守罪（刑法第三百九十七条）（非司法工作人员玩忽职守侵犯公民权利、损害司法公正的情形除外）；8. 徇私枉法罪（刑法第三百九十九条第一款）；9. 民事、行政枉法裁判罪（刑法第三百九十九条第二款）；10. 执行判决、裁定失职罪（刑法第三百九十九条第三款）；11. 执行判决、裁定滥用职权罪（刑法第三百九十九条第三款）；12. 私放在押人员罪（刑法第四百条第一款）；13. 失职致使在押人员脱逃罪（刑法第四百条第二款）；14. 徇私舞弊减刑、假释、暂予监外执行罪（刑法第四百零一条）。"

生了重大变化。首先，它局限于检察机关在诉讼监督中发现的司法工作人员的职务犯罪，而不是所有公职人员的职务犯罪。职务犯罪的主体限于司法工作人员，职务犯罪发生的领域限于诉讼活动。其次，它的主要目的是防止司法工作人员侵犯公民权利和损害司法公正，而不是反腐败。换言之，它是检察机关保障人权和维护司法公正的手段。最后，它的主要功能是保障法律监督的实现，而不是对一般公权力运行的合法性和廉洁性的监督。换句话说，它主要是保障法律监督的手段。

1978年检察机关恢复重建以后，随着改革开放和反腐败斗争的深入开展，职务犯罪侦查职能在检察职能中的地位日益突出。1979年，最高人民检察院设立经济检察厅，地方各级检察院也陆续设置经济检察机构，开展对贪污贿赂以及偷税抗税、假冒商标等经济犯罪的检察工作。1982年，全国人大常委会作出《关于严惩严重破坏经济的罪犯的决定》后，各级人民检察院把打击严重经济犯罪活动作为一项重大任务。1988年，全国人大常委会通过了《关于惩治贪污罪贿赂罪的补充规定》，最高人民检察院根据中央关于反腐败的精神，把打击贪污贿赂犯罪列为工作重点，建立侦查与批捕、起诉分开的内部制约等制度。从1989年广东省检察院成立中国第一个反贪局，到1995年最高人民检察院反贪总局正式挂牌，再到2015初中央批准组建新反贪总局。检察机关反贪部门从无到有，一步步发展壮大，职务犯罪侦查职能从隐性权力到显性权力，在国家政治生活特别是反腐败斗争中发挥了重要作用。因此，人们认为，"职务犯罪侦查权是检察权中最具威力的一项职权"，是检察机关的"拳头产品"。①

在检察理论上，职务犯罪侦查职能一直被视为法律监督的重要职能，甚至被视为检察机关一般监督权的最低限度的保留。职务犯罪侦查权不仅直接影响检察机关监督公权力的范围和力度，而且在一定程度上影响检察机关在国家政治生活中的地位和作用。检察机关对职务犯罪的

---

① 朱孝清：《职务犯罪侦查学》，中国检察出版社2004年版，第23—24页。

侦查，具有依法对国家机关和国家工作人员行使权力进行监督的性质，与公安机关对一般刑事案件所进行的侦查具有本质区别。彭真同志曾指出："检察院对于国家机关和国家工作人员的监督，只限于违反刑法，需要追究刑事责任的案件，至于一般违反党纪、政纪的案件，概由党的纪律检查部门和政府机关去处理。"[①] 这说明，当时之所以规定由检察机关行使对国家工作人员职务犯罪的侦查权，也是考虑到这项工作具有监督执法的性质，才交由检察机关承担。王汉斌同志在回忆1982年修宪过程时，也谈到了当时把职务犯罪侦查权交由检察机关行使的原因。他说："修改宪法后期，有位领导同志提出为精简机构，检察机关可以同司法部合并，不要再设立独立于行政部门之外的人民检察院，像美国、日本一样，检察机关属于司法部，司法部长就是总检察长。……我们国家检察制度是采取前苏联列宁的主张，用设立检察院以保证法制的统一。……我国建国以来，一直是检察机关独立于行政部门之外。这么多年的实践表明并没有什么大问题和不可行的地方。检察机关要监督行政机关的违法和渎职行为，检察机关对行政部门的违法、渎职行为进行侦查起诉。独立于行政部门之外，就更容易处理这类案件。像公安机关刑讯逼供犯人的案件，检察机关独立于行政部门之外就能使办案超脱一些，有利于保证司法公正。为此，张友渔同志和我写了个意见，建议保留最高人民检察院。彭真同志审阅修改后，报小平同志审核，小平同志批准了。"[②]

因此，检察机关职务犯罪侦查权的调整是改革开放以来政治体制改革和司法改革中对检察机关和检察制度影响最大的一项改革。特别是在2017年和2018年这两年里，检察机关在国家政治体制中如何定位和检察工作如何开展都成为人们热议的话题。[③]

---

① 《彭真文选（1941—1990年）》，人民出版社1991年版，第378页。

② 参见《中国人大》2002年第23期。

③ 参见陈瑞华：《论检察机关的法律职能》，载《政法论坛》2018年第1期。

二、公益诉讼检察权的确立

2012 年修订的民事诉讼法增设了民事公益诉讼条款，即："对污染环境、侵害众多消费者合法权益等损害社会公共利益的行为，法律规定的机关和有关组织可以向人民法院提起诉讼。"（第 55 条）但是，当时的权威人士解释说，这里的"法律规定的机关"不包括检察机关。也就是说，当时民事公益诉讼制度初步建立了，但检察公益诉讼制度还没有得到确认。

2014 年 10 月十八届四中全会《决定》提出："探索建立检察机关提起公益诉讼制度。"随后，中央政法委在司法改革分工方案中把建立检察公益诉讼制度的改革任务交给了最高人民法院、最高人民检察院、国务院法制办等部门共同负责。

2015 年 5 月中央全面深化改革领导小组审议通过了《检察机关提起公益诉讼试点方案》。最高人民检察院向全国人大常委会提交授权申请，2015 年 7 月 1 日经全国人大常委会审议决定授权在 13 个试点省、自治区、直辖市开展检察机关提起公益诉讼试点工作。根据"严格审慎推进，严格限定试点地区，严格落实诉前程序，严格审批制度"① 的要求，试点检察院确定为 13 个试点省范围内的 87 个设区市级的检察院、759 个基层检察院。2017 年 5 月 23 日，中央全面深化改革领导小组第三十五次会议审议通过了《关于检察机关提起公益诉讼试点情况和下一步工作建议的报告》并指出，正式建立检察机关提起公益诉讼制度的时机已经成熟，要在总结试点工作的基础上，为检察机关提起公益诉讼提供法律保障。随后，最高人民检察院向全国人大常委会提交民事诉讼法和行政诉讼法修改的申请与建议草案，全国人大常委会经审议决定修改民

---

① 曹建明：《以习近平总书记系列重要讲话精神为指导 在"四个全面"战略布局中谋划推进检察工作》，载《检察日报》2015 年 7 月 8 日，第 1 版。

事诉讼法和行政诉讼法。

2017 年 6 月 27 日第十二届全国人民代表大会常务委员会第二十八次会议通过了《全国人民代表大会常务委员会关于修改〈中华人民共和国民事诉讼法〉和〈中华人民共和国行政诉讼法〉的决定》。该决定规定，检察机关在生态环境和资源保护、食品药品消费者权益保护这两大领域有权提起民事公益诉讼，在生态环境和资源保护、食品药品安全、国有财产保护、国有土地使用权出让等四大领域有权提起行政公益诉讼。在民事公益诉讼中，人民检察院只能在没有前述规定的机关和组织或者前述规定的机关和组织不提起诉讼的情况下，可以向人民法院提起诉讼；在有其他机关或者组织提起诉讼的情况下，可以支持起诉。在行政公益诉讼中，人民检察院应当先向行政机关提出检察建议，督促其依法履行职责。行政机关不依法履行职责的，人民检察院才能向人民法院提起诉讼。虽然附有不少限制条件，但是检察公益诉讼制度正式建立起来了，检察公益诉讼权依法确立了。

2017 年 7 月至 2019 年 9 月，全国检察机关共立案公益诉讼案件 214740 件，办理诉前程序案件 187565 件、提起诉讼 6353 件。其中，检察机关向行政机关发出检察建议 182802 件，共提起行政公益诉讼 995 件。① 检察机关推进检察公益诉讼工作的实践表明，检察公益诉讼制度不仅是可行的，而且是卓有成效、十分必要的。

2019 年 10 月党的十九届四中全会通过的《中共中央关于坚持和完善中国特色社会主义制度　推进国家治理体系和治理能力现代化若干重大问题的决定》提出了"拓展公益诉讼案件范围"的要求。这不仅是对检察公益诉讼制度及其实施情况的充分肯定，而且为检察公益诉讼制度的发展指明了方向、提出了要求。

---

① 参见张军：《最高人民检察院关于开展公益诉讼检察工作情况的报告（摘要）——2019 年 10 月 23 日在第十三届全国人民代表大会常务委员会第十四次会议上》，载《检察日报》2019 年 10 月 25 日，第 2 版。

从立法本意上说，检察民事公益诉讼是作为一种公益救济的诉讼代理机制建立起来的，而检察行政公益诉讼是作为一种客观诉讼机制建立起来的。① 显然，检察公益诉讼是作为一种后备性、辅助性公益诉讼机制建立的，而且有意设置了一些限制性条款，甚至在试点中最高人民检察院还增设了一些程序性限制，譬如，起诉需报经最高人民检察院审批②。"青山遮不住，毕竟东流去。"一项具有内在生命力的司法制度一旦建立和实行，就会焕发出极大的活力，冲破一切不合理的限制，逐步回归到它的本位。检察公益诉讼还处于初创或者发展的早期，有许多理论、实践和立法问题值得进一步研究。

检察公益诉讼权的确立，对检察制度的发展和完善具有重要意义。首先，它是检察机关公诉权缺失的弥补。公诉本来应当包括刑事公诉、民事公诉和行政公诉三大公诉，但是长期以来，检察机关只有刑事公诉职能，而民事公诉和行政公诉一直缺失。民事公诉权和行政公诉权的确立使检察机关获得了完整的公诉权，尽管在称谓上打了折扣。其次，它是检察机关法律监督职能向行政执法领域的拓展。行政公诉实质上以维护国家利益和社会公共利益的名义对行政机关有失管理职责的情况进行法律监督，督促行政机关更好地履行管理职责。这就打破了20世纪50年代以来形成的检察机关不得监督行政执法即一般监督的禁区。最后，它是检察机关参与社会治理的重要途径。检察机关要发挥好职能作用，保证"三个效果"的有机统一，必须深度参与社会治理，在社会治理中更全面地、更准确地、更有效地发挥职能作用。譬如，把民事公诉与合规管理结合起来，更好地发挥对企业法人治理的积极促进作用。

总之，检察公益诉讼制度的建立是检察职能的重要拓展，不仅使公

---

① 参见刘艺：《论国家治理体系下的检察公益诉讼》，载《中国法学》2020年第2期。

② 2015年12月16日最高人民检察院第十二届检察委员会第四十五次会议通过的《人民检察院提起公益诉讼试点工作实施办法》（已失效）第53条规定："地方各级人民检察院拟决定向人民法院提起公益诉讼的，应当层报最高人民检察院审查批准。"

诉权实现了自身的完整性，而且使检察机关法律监督的触角延伸到了行政执法和社会治理。

三、行政执法检察监督的建构

十八届四中全会《决定》从全面推进依法治国的战略高度对检察机关的行政检察工作提出了新要求新任务："完善对涉及公民人身、财产权益的行政强制措施实行司法监督制度。检察机关在履行职责中发现行政机关违法行使职权或者不行使职权的行为，应该督促其纠正。探索建立检察机关提起公益诉讼制度。"这三句话分别为构建三项行政检察制度提供了政策依据：一是行政强制措施检察监督制度；二是行政处罚检察监督制度；三是行政公益诉讼检察制度。

如前所述，行政公益诉讼制度的建立，不仅标志着第三项要求基本实现，而且通过行政公益诉讼及其诉前程序对行政执法已经实行了法律监督。如果说行政公益诉讼是检察机关为维护公益对行政执法进行的一种司法监督，那么行政强制措施检察监督则是检察机关为保障人权对行政执法进行的一种司法监督。在这个意义上说，检察机关对行政权运行的监督主要是为维护公益而进行的行政公益诉讼和为保障人权而进行的行政强制措施检察监督。① 行政公益诉讼制度已建立，那么有待研究和建立的就是行政强制措施检察监督制度。

自从国家监察体制改革以后，检察机关对行政执法的监督范围和监督方式的确定就不仅仅是检察机关与行政机关的关系了，还涉及与监察机关的分工。换言之，现在研究确定检察机关监督行政执法的范围和方式，必须考虑检察机关、监察机关和行政机关三者之间的关系。首先是检察机关与监察机关之间如何分工，然后才是检察机关应当如何监督行政执法。关于检察与监察的分工，是关系到国家政治体制的重大理论问

---

① 当然，检察机关对行政诉讼的监督间接地包含了对行政执法的监督。

题，敏感而复杂，目前还缺乏充分的研究。大致而言，监察机关负责查处公职人员的违纪违法犯罪行为，作出党纪政纪处理或者移送检察机关审查起诉；而检察机关负责查处行政机关的违法行为，提出检察建议后行政机关不依法履行职责的，再提起公益诉讼，对职务犯罪案件进行审查起诉，人民检察院经审查，认为需要补充核实的，应当退回监察机关补充调查，必要时可以自行补充侦查。从上述分工来看，检察与监察至少有两个方面的职能存在一定的交叉：一是对职务犯罪的调查，主要由监察机关负责，除了14个罪名的司法人员职务犯罪案件由检察机关侦查外，必要时检察机关也可以进行补充侦查。二是行政违法行为的查处，监察机关查处的是公职人员的违法责任，而检察机关查处的行政机关的管理失职责任。监察机关侧重于对公职人员的监督，检察机关侧重于对行政机关违法行为的监督。这种分工是相对的，监察机关查处公职人员的违纪违法和犯罪行为，必然要查清这些违纪违法和犯罪行为及其造成的公益损害或者人权侵犯，不然无法追究公职人员的责任。但是，监察机关工作的重点在于查人而不是纠正行为，检察机关应当跟进，通过制发检察建议、纠正违法意见甚至提起公益诉讼等方式督促行政机关纠正。当然，如果监察机关在处分公职人员后，行政机关纠正了违法行为，检察机关就没有督促其纠正的必要了。反过来说，检察机关发现行政机关损害公益或者侵犯人权并采取了提出检察建议、提起公益诉讼之后，必要时，监察机关就应跟进调查相关责任人的违纪违法犯罪行为并作出相应的处理。监察监督与检察监督是相互衔接、相互配合、相互制约的关系。只有保持信息交流畅通，两个方面的监督才能相辅相成、并行不悖。

关于行政强制措施检察监督的范围和方式，虽然有十八届四中全会《决定》作为政策依据，但研究成果和理论共识较少，改革探索困难重重。行政强制措施作为一种重要的执法手段，在国家行政管理中起着重要的作用。它是一种既具有法定性和程序性，又具有惩戒性和严厉性的行政制裁。行政处罚行为不仅直接关系到公共利益和社会秩序，而且直接关系到公民、法人或者其他组织的合法权益。这种体现行政机关单方意志的行政执法行为，如果缺乏相应的制约和监督机制，就可能产生权力的滥用甚至腐败现象。行政强制措施是行政权的一个重要方面，不仅具有行政权的典型特征，与公民、法人的人身权利和财产权利密切相关，而且是行政违法易发多发的领域，影响国家法治的统一、尊严和权威。无论从保障人权还是从保障法治统一的检察职责来看，检察机关都应当承担起对行政强制措施的法律监督职责。从实践的可行性上看，行政强制措施的适用相对其他行政管理行为来说，其频率和规模较小，检察机关基本可以担负起这方面的监督责任。因此，探索建立行政强制措施检察监督的制度，不仅有利于促使依法行政，加强人权保障，维护国家法律的统一正确实施，而且有利于中国特色社会主义检察制度的发展和完善。适度恢复一般监督职能，解决检察机关对行政执法的法律监督手段过于单一的问题，检察机关的职权配置与其宪法定位的协调一致。然而，对行政强制措施的检察监督是采取事中审查制还是采取事后审查制，必须认真对待。一般来说，检察机关适合在诉前或者在相对人应当起诉而没有起诉的情况下才能发挥监督作用。监督的方式主要有两种：一是提出检察建议，督促行政机关纠正违法；二是对一定范围（如 5 天以上的拘留，10 万元以上财物的扣押、冻结等）进行审查。检察机关能否对事后审查的行政强制措施提起诉讼，这种针对私益保护的案件超越了现行法律关于公益诉讼的规定。当然，相对维护国家利益或者社会公共利益的公益诉讼来说，这实质上是一种保障人权的公益诉讼。从目前检察机关的行政执法监督能力来看，承担对行政强制措施的事中司法审查任务，确实有困难，但是可以逐步从事后审查着手，探索推进。如果止步于做事后司法审查，因为有行政诉讼制度，相对人可以直接向法院起诉①，检察监督就难以有所作为了。

关于行政处罚检察监督的范围和方式，目前主要有行政执法与刑事司法的衔接机制，而对行政处罚如何开展法律监督，研究得比较少。② 近年来，在党中央和国务院的推动下，"两法衔接"机制建设取得了一定的进展。近年来，"两法衔接"机制的核心问题是解决"以罚代刑"问题，主要措施就是建立健全检察机关对行政强制措施违法、行政处罚违法中应当移送司法追究刑责而仅作行政处罚情形的监督机制。最高人民检察院陆续与多部门联合制定颁布《食品药品行政执法与刑事司法衔接工作办法》《环境保护行政执法与刑事司法衔接工作办法》《安全生产行政执法与刑事司法衔接工作办法》等文件，在多个执法领域推动完善"两法衔接"长效机制。该机制主要明确了检察机关对执法部门移送案件活动和公安机关立案活动的法律监督职能，并规定了线索通报、案件移送、资源共享和信息发布等工作。在"两法衔接"机制的实践中，检察机关一般通过执法部门提请立案监督、"两法衔接"信息共享平台、案情通报、群众举报等渠道获知违法问题线索，对执法部门不移送案件行为不当的可以提出检察建议，对公安机关不予立案决定不当的有权实施立案监督措施。此外，检察机关还通过联合督办机制对重大案件执法活动进行监督，并与执法部门、公安机关定期召开联席会议协调衔接工作。上述工作的开展对于"以罚代刑"的监督确实发挥了积极作用，但总体上说检察监督难以深入、监督范围狭窄、监督力度有限。从未来制度建构的角度来看，行政执法（主要包括强制措施和行政处罚）检察监督要立足于"两法衔接"机制，但不能局限于"两法衔接"机制，必须从法律上确立检察机关对限制公民人身、财产权益的行政行为进行司

---

① 《行政诉讼法》第2条规定，公民、法人或者其他组织认为行政机关和行政机关工作人员的行政行为侵犯其合法权益，有权依照本法向人民法院提起诉讼。

② 参见谢鹏程：《行政处罚法律监督制度简论》，载《人民检察》2013年第15期。

法审查的权力。

第二节　检察角色的重大变化

国家监察体制改革、以审判为中心的刑事诉讼制度改革和认罪认罚从宽制度的实行，不仅使检察机关职能发生了重大调整，而且使检察机关的角色发生了重大变化。

一、在反腐败斗争中检察角色的变化

国家监察体制改革后，检察机关只保留了对司法人员职务犯罪的侦查权。其范围仅限于"人民检察院在对诉讼活动实行法律监督中发现的司法工作人员利用职权实施的非法拘禁、刑讯逼供、非法搜查等侵犯公民权利、损害司法公正的犯罪"（《刑事诉讼法》第 19 条第 2 款），侦查的职务犯罪由 52 个罪名减少到 14 个；而且"被调查人既涉嫌严重职务违法或者职务犯罪，又涉嫌其他违法犯罪的，一般应当由监察机关为主调查，其他机关予以协助"（《监察法》第 34 条第 2 款）；关联案件原则上要交监察机关并案侦查。2019 年全国检察机关尽了很大的努力，立案侦查司法人员侵犯公民权利、损害司法公正犯罪 872 人，仅相当于监察体制改革前每年查办职务犯罪人数的 2%；2020 年全国检察机关立案侦查司法工作人员职务犯罪 1400 余人，同比上升 63.1%，同年全国检察机关依法办理职务犯罪案件，起诉职务犯罪 1.6 万余人。2021 年随着政法队伍教育整顿的深化，司法人员职务犯罪案件数量还会大幅增加，但是随后将会大幅降低，而起诉的职务犯罪案件的数量会随着监察机关查办工作的深化，还有较大的上升空间。总体上说，检察机关侦查的职务犯罪案件会逐渐减少，而起诉的职务犯罪案件数量会逐渐增加。这一事实和趋势说明：一是检察机关在反腐败斗争中的侦查角色已经发生了重大变化，不再是职务犯罪的主要侦查机关了。二是检察机关在反腐败斗争中的审查起诉角色日益突显，主要成为职务犯罪的审查起诉机关。三是检察机关与监察机关在刑事诉讼中的关系主要是职务犯罪案件的侦查分工关系、调查与起诉关系。

《刑事诉讼法》第170条规定："人民检察院对于监察机关移送起诉的案件，依照本法和监察法的有关规定进行审查。人民检察院经审查，认为需要补充核实的，应当退回监察机关补充调查，必要时可以自行补充侦查。"检察机关负责对监察机关调查终结的职务犯罪案件审查起诉，不仅所有腐败犯罪案件都要经手，而且必要时可以自行补充侦查。在反腐败斗争中，检察机关不再是一线的主要侦查部门了，已经成为起诉为主、侦查和监督为辅的公诉机关（法律监督的一种实现方式）了。

检察机关依然是反腐败的职能部门，因为它不仅承担着所有腐败犯罪的审查起诉职责，而且承担少量职务犯罪的侦查和补充侦查职责。但是，检察机关现在承担的职务犯罪侦查职能在性质和功能上已经发生了很大变化，主要是作为法律监督的手段或者后盾来配置的，其主要目的是保障人权和维护司法公正，而不是反腐败。虽然也可以说检察机关保留的职务犯罪侦查职能依然是国家反腐败职能的组成部分，属于反司法腐败斗争，但是实际上，反司法腐败的职能主要由监察机关承担，检察机关只是对在诉讼监督中发现的部分职务犯罪进行侦查，而且有些关联案件要转由监察机关并案调查。

检察官要逐步适应检察机关在反腐败斗争中的角色转变。一要从昔日反腐败斗争一线的角色中走出来，不要试图再次做强、做大法律保留的职务犯罪侦查职能，而要主动适应法律赋予的新角色、新职责；二要客观全面地认识职务犯罪侦查职能在"四大检察""十大业务"中的地位和作用，不要从检察机关自身需要出发片面拔高司法人员职务犯罪侦查职能的地位，而要服从、服务党和国家反腐败工作大局，依法履行好职责。

二、检察机关的证明责任进一步加重

2014 年十八届四中全会《决定》提出："推进以审判为中心的诉讼制度改革，确保侦查、审查起诉的案件事实证据经得起法律的检验。"2016 年 10 月"两高三部"联合发布《关于推进以审判为中心的刑事诉讼制度改革的意见》。2017 年 2 月最高人民法院制定《关于全面推进以审判为中心的刑事诉讼制度改革的实施意见》。同年 6 月"两高三部"又联合发布《关于办理刑事案件严格排除非法证据若干问题的规定》等文件。同年 12 月最高人民法院出台"三项规程"（《人民法院办理刑事案件庭前会议规程（试行）》《人民法院办理刑事案件排除非法证据规程（试行）》和《人民法院办理刑事案件第一审普通程序法庭调查规程（试行)》），全面深入推进以审判为中心的刑事诉讼制度改革。

以审判为中心的诉讼制度改革是一场刑事诉讼结构性重塑的重大改革。但是目前来看，进展不及预期，主要表现在两个方面："一是主体上，虽然在中央层面，《关于推进以审判为中心的刑事诉讼制度改革的意见》由深改组审议通过、'两高三部'联合发布，在地方层面，各省政法委也牵头起草了涉及法院、检察院、公安厅、司法厅等部门的具体实施方案，但改革的实际设计者和实施者实际上主要局限于法院系统。二是在内容上，本轮改革的规范性文件多是对现行刑事诉讼法和司法解释内容的重述或者技术性改进，殊少制度性推进和结构性变革。"① 根本原因在于相关改革文件都没有对案卷的移送和使用施加明确的限制。案卷依然是法官心证形成的主导性因素，庭审在一定程度上沦为案卷信息的正式核实和确认程序。

以审判为中心的核心要求是保证庭审在查明事实、认定证据、保护

---

① 魏晓娜：《以审判为中心的诉讼制度改革：实效、瓶颈与出路》，载《政治论坛》2020 年第 2 期。

诉权、公正裁判中发挥决定性作用。这意味着，除了法律明确规定的情形外，法官据以形成判决基础的信息应当全部来源于庭审。为此，庭审应当贯彻直接、言词、集中原则，形成"法官—庭审证据—案件事实"的基本认知结构，排斥庭审以外的任何可能对判决产生实质性影响的正式、非正式信息交流。它还意味着调整判决权威结构，必须以直接原则所要求的司法"亲历性"为核心，这不仅涉及人民法院与外部的党政机关、人民检察院、监察委员会的关系的调整与重塑，也涉及上下级人民法院之间，以及人民法院内部员额法官与院庭长之间、合议庭与审判委员会之间关系的调整与重塑。① 这是一场审判结构的革命，推进不易，但是大势所趋。

以审判为中心的诉讼制度改革要改革的是裁判的认知结构和权威结构，受其影响最大的是检察机关。在庭审实质化之下，更严格的非法证据排除规则，最终会经由证明责任，将负担传递给公诉人，对公诉人的举证、质证提出更高的要求。一方面，负责收集证据的公安机关和监察机关都是相对强势机关，检察机关在审前程序的主导作用难以发挥，证据都是由公安机关或者监察机关收集的，但是，向法庭提供证据不确实、不充分的，却要由检察机关承担起诉失败的后果。另一方面，如果被告人在审判中提出排除非法证据的申请，根据刑事诉讼法的规定，需要由人民检察院对证据收集的合法性加以证明，而对于检察机关来说，这是一个几乎不可能完成的任务，因为检察机关不仅不是收集证据的主体，而且不能指挥其他机关（公安机关或者监察机关）收集证据。从以审判为中心诉讼制度改革对公诉人提出的高标准、严要求来看，检察机关必须加强对侦查和调查行为的指导和控制，而这在可以预见的将来是检察机关难以做到的。检察机关所能做的主要是加强内部力量的整合，实行"捕诉一体化"改革，推进内设机构的专业化改革。

---

① 参见魏晓娜：《以审判为中心的诉讼制度改革：实效、瓶颈与出路》，载《政治论坛》2020 年第 2 期。

三、检察机关在刑事诉讼中的主导作用突显

从理论上说，刑事司法制度的发展大致经历了三个历史阶段。第一阶段是压制型司法，实行侦捕诉审一体化，当事人在刑事诉讼中处于客体地位；第二阶段是权力型司法，当事人的诉讼地位得到了一定的确立，侦捕诉审等职权实行分权制约，司法机关在裁判形成过程中仍然是单方面决策；第三阶段是协商型司法，当事人的诉讼地位进一步上升，有权利在一定程度上参与司法裁决的决策过程，犯罪嫌疑人、被告人可以通过刑事和解和认罪认罚等方式与检察机关就定罪及量刑进行协商并达成协议。

协商型司法实际上是在犯罪数量大幅上升的压力下形成的。20世纪中叶，西方国家犯罪数量成倍增加。例如，美国从1960年到1976年间，刑事犯罪案件数由338万起增加到1125万多起。英国从1938年到1954年犯罪案件数由9万8千多起增加到143万多起，到1977年犯罪案件已超过240多万起，比1954年又将近翻一番。在联邦德国从1954年到1974年20年间，犯罪案件数增长151.6%。原来的权力型司法和单一诉讼程序已经不能适应犯罪高发的形势，美国出现了辩诉交易（在1970年通过最高法院的判例得以合法化），欧洲大陆国家先后通过立法确认了控辩协商制度和赋予检察官采取刑事处罚令的权力。西方两大法系刑事司法制度和程序的变迁有一个共同的特点，那就是刑事司法的重心转向检察机关，检察官在刑事司法中发挥着主导作用，乃至形成了一句法谚："检察官是刑事诉讼程序的主人。"古尔蒂斯·里恩在比较研究欧美检察制度后说："检察官有权决定刑事案件走向，是刑事诉讼程序事实上的核心。检察官常扮演着刑事案件中'独特'的裁判者角色，在刑事司法的中的作用不断强化，美国的辩诉交易和欧洲的刑事处罚令制度正是最好的例证。美国检察官的辩诉提案很少被法官否决，欧洲检察官的刑事处罚决定同样鲜被驳回。瑞士的刑事处罚令，便是检察官具有事实

裁判权力的典型。"① 他还说："事实上，检察官常作以往法官负责的关键决定，有时甚至是结案决定。他们的工作对刑事诉讼运行至关重要，这反过来又会影响刑事司法原则。"②

在我国刑事司法中，随着司法责任制改革的深化和认罪认罚从宽制度的实行，检察机关在刑事诉讼中的主导作用日益显现。检察机关在刑事诉讼中的主导作用，是指检察机关在刑事诉讼中的一些环节和方面包括引导取证、审查逮捕、审查起诉、支持公诉等以及认罪认罚从宽制度中具有重要的、决定性的或者影响诉讼进程的作用。这种主导作用体现在许多诉讼环节，但不是所有环节；同时，对事实认定或者法律适用在一定范围内具有决定性的影响，但不是终极性的决定作用。因此，不能绝对地、片面地理解主导作用，把检察机关凌驾于其他机关之上，而应当把它作为检察机关主动适应刑事诉讼程序发展特别是认罪认罚从宽制度的需要而必须承担的责任和应有的担当。

我国检察机关在刑事诉讼中的主导作用，不仅来自刑事犯罪高发多发和司法机关案多人少矛盾突出的形势以及实行司法责任制改革和认罪认罚从宽制度的现实需要，而且来自检察机关在刑事诉讼中承担的法定诉讼职能。这种主导作用主要表现在认罪认罚从宽制度和普通诉讼程序两个方面。

认罪认罚从宽制度是党的十八届四中全会部署的重大司法改革举措，是以审判为中心的刑事诉讼制度改革的一项配套改革。经过两年试点后，2018 年全国人大常委会通过的关于修改刑事诉讼法的决定将这一改革举措转化为法律制度。认罪认罚从宽制度贯穿侦查、起诉、审判乃至执行等诉讼过程或工作环节，需要审判机关、检察机关、公安机关、

---

① ［瑞士］古尔蒂斯·里恩：《美国和欧洲的检察官——瑞士、法国和德国的比较分析》，王新玥、陈涛等译，法律出版社 2019 年版，原版前言与致谢。
② ［瑞士］古尔蒂斯·里恩：《美国和欧洲的检察官——瑞士、法国和德国的比较分析》，王新玥、陈涛等译，法律出版社 2019 年版，第 1 页。

国家安全机关、司法行政机关等多个部门积极参与和大力配合。相比其他机关而言，检察机关在其中承担着更大的责任和更多的任务，发挥着主导作用：

第一，检察机关是程序选择的主导者。认罪认罚从宽制度的主要目的就是对案件进行过滤，合理控制并类型化进入审判。简言之，它的主要目的是实行程序分流。根据宽严相济的刑事政策，认罪认罚案件基本上通过刑事和解、酌定不起诉、速裁程序、简易程序或普通程序简化审等进行了程序分流，而这些程序都由检察机关决定启动或者建议适用。

第二，检察机关是量刑建议的主导者。我国的检察官负有客观义务并承担法律监督职能，由其主导认罪认罚协商是比较适宜的。相比而言，法官是秉持中立被动的立场，不承担刑事追诉职能，不宜直接参与协商，因此，在适用认罪认罚从宽制度的案件中，法官在审判阶段只对达成的认罪认罚协议进行事后的审查。量刑建议精准化是发展趋势，也是检察机关在量刑建议上的主导作用的体现。检察机关主导作用的理念和恢复性司法的理念是正确理解和贯彻执行认罪认罚从宽制度两大思想支柱。不树立检察机关主导作用理念，检察官就缺乏担当，法官就缺乏认同，认罪认罚从宽制度就难以有效实施。

第三，检察机关是指控选择的主导者。指控选择权在美国是一项司空见惯的检察官权力，但是在我国它是2018年修订后的《刑事诉讼法》第182条赋予的新权力，对于有重大立功或者涉及国家重大利益的案件，经最高人民检察院核准，对数罪的一项或多项，可以撤案或者不起诉。目前，它只是一项适用范围十分有限的特别不起诉权。

在普通程序中，检察机关有没有或者应否发挥主导作用，目前在刑事诉讼法学界还存在不同认识。我们认为，在普通程序中检察机关的主导作用主要表现在三个方面。

其一，检察机关是刑事诉讼各环节、全过程的监督者。《刑事诉讼法》第 8 条规定:"人民检察院依法对刑事诉讼实行法律监督。"从侦查到执行的各个诉讼环节,检察机关都有提出检察建议、提起抗诉等监督纠正违法行为,以维护司法公正和保障人权的责任。检察机关还是诉讼参与人诉讼权利的救济者。第 49 条规定:"辩护人、诉讼代理人认为公安机关、人民检察院、人民法院及其工作人员阻碍其依法行使诉讼权利的,有权向同级或者上一级人民检察院申诉或者控告。人民检察院对申诉或者控告应当及时进行审查,情况属实的,通知有关机关予以纠正。"

其二,检察机关是审前程序的主导者。随着我国司法制度和诉讼程序改革特别是以审判为中心的刑事诉讼制度改革的推进,在刑事公诉案件中检察机关作为审前程序主导者的理念越来越被学者和司法实务界所接受。在侦查阶段,检察机关的主要职责是监督立案和侦查活动的合法性以及重大复杂案件提前介入侦查、引导取证。倡导检察机关提前介入引导侦查,正是为加强侦查监督、防止违法取证、防范冤假错案的重要举措。侦查是为起诉服务的,检察机关主导侦查的程度决定了或者反映了以审判为中心的刑事诉讼制度改革实现的程度。在审查逮捕和审查起诉阶段,检察机关是办案主体,其主导作用是不言而喻的。

其三,检察机关是审判程序中的指控者。检察机关在审判中的主导作用是指控犯罪和证明犯罪,这是支持公诉、保障庭审顺利进行所必需的。正如樊崇义教授所言:"庭审实质化是为了解决庭审虚化、质证虚化现象,不要虚,要做实,提倡质证、对证人证言的调查、对鉴定意见的调查不要走形式。庭审实质化中很重要的一方就是控方,法官居中听审、兼听则明,检察机关来'指'、辩护方来'辩'。庭审需要在控方、辩方双方的努力下,在审判长的统一指挥下把举证环节、质证环节、辩论环节做实、做好。自从近年提出以审判为中心的诉讼制度改革,检察官质证、展示证据、负证明责任,都要'真刀真枪、来真格的'。检察官担负的责任就更大了，要求当然更高了、更严了。"①

检察机关在刑事诉讼中的主导作用与以审判为中心的诉讼制度改革在方向上是一致的，在运作上是相辅相成的。表面看来，检察机关的主导作用与以审判为中心是相互冲突的，但是实质上如果没有检察机关的主导作用，就难以实行以审判为中心。首先，只有实行繁简分流，简化处理大量认罪案件，才能保证审判机关把有限的司法资源用于审理疑难案件，使这部分案件的庭审实质化。检察机关在认罪认罚从宽制度和审前程序分流中发挥主导作用，一方面分担了审判机关的任务，另一方面保留了审判机关对定罪量刑的最后决定权。其次，只有检察机关充分发挥指控犯罪的作用，积极做好举证、质证等工作，才能保证审判机关采信证据的合理性和可靠性，保证有罪的人受到法律的惩罚。在一定意义上说，检察机关主导作用的发挥是深入推进以审判为中心诉讼制度改革的一个重要环节和必要条件。

检察机关的主导作用与公检法三机关在刑事诉讼中"分工负责、互相制约、互相配合"的宪法原则是一致的。首先，"分工负责、互相制约、互相配合"原则是检察机关发挥主导作用的制度基础。检察机关的主导作用是检察机关在刑事司法体制和诉讼程序中负责审查逮捕和审查起诉这一承前启后分工关系的体现，是实现互相制约和配合的前提条件。其次，检察机关发挥主导作用是贯彻"分工负责、互相制约、互相配合"原则的必要补充。检察机关既是与审判机关和公安机关分工负责、互相制约、互相配合的司法机关，也是对审判机关和公安机关负有监督职责的法律监督机关。除了分工、配合和制约外，检察机关还要加强侦查监督和审判监督。

检察机关的主导作用是一种现代刑事司法理念和普遍的司法实践，是贯彻落实好认罪认罚从宽制度的思想基础，是我国刑事司法体系和司

---

① 龚云飞：《检察机关在刑事诉讼中的主导责任——访中国政法大学教授樊崇义》，载《检察日报》2019年10月28日，第3版。

法能力现代化的观念先导，是检察机关积极服务国家治理现代化的政治责任和法治使命。

第三节　检察工作发展的不平衡

在传统的司法体制和司法观念中，检察机关主要是一个刑事司法机关。1978 年检察机关恢复重建以来，检察机关的职务犯罪侦查职能在反腐败斗争中作用突显，作为检察机关内设机构的反贪局的声望几乎盖过了检察机关。这在客观上导致了检察机关特别是基层检察机关的力量配置和工作重心向侦查部门倾斜。从 2018 年全国实行反贪转隶后，检察工作发展的不平衡进一步暴露出来，主要表现在三个方面：一是刑事检察与民事检察、行政检察、公益诉讼检察工作发展不平衡；二刑事检察中公诉部门的工作与侦查监督部门、刑事执行检察部门的工作发展不平衡；三是最高人民检察院、省级检察院的领导指导能力与市、县检察院办案工作的实际需求不适应、不平衡。

一、刑事检察一家独大

2018 年检察机关推行内设机构改革以后，"四大检察""十大业务"的工作格局逐步形成。在"四大检察"中，刑事检察占据一方，但是在"十大业务"中却占据了半壁江山，在人员配备和办案数量上更是一家独大。

从恢复重建到这次内设机构改革，民事检察和行政检察两大检察一般是作为一个内设部门办公的。这说明它不仅案少人少力弱，而且在检察院内或者在各项检察业务中地位和作用不彰。2018 年内设机构改革后，民事行政检察部门一分为三，在干部配备上显著加强了，为其充分发展提供了平台和机会，但是在人才结构上长期存在的"刑强民弱"的局面不可能在短期内改变。公益诉讼检察是在 2016 年以后开始探索形成的新业务，2019 年共办理诉前程序公益诉讼案件 10 万余件，提起公益诉讼 4700 余件。从近两年的办案情况来看，刑事检察办案量主要包括每年提起刑事公诉 150 万人左右、批准逮捕 80 万人左右和提起刑事抗诉 3000 件左右，民事检察办案量主要包括民事抗诉 4000 件左右，行政检察办案量主要包括行政抗诉 100 件左右，公益诉讼检察办案主要包括诉前程序 10 万件左右和起诉 3000 件左右。在办案量上，刑事检察是其他三大检察总和的 20 余倍。

办案是检察机关的中心工作。办案量是业务力量、社会影响力及其在检察工作格局中的地位和作用的综合反映。"四大检察"工作格局的确立，既突显了刑事检察与其他三大检察发展不平衡的现实，也为其他三大检察发展指明了方向。

二、检察业务分工与专业化方向调整

检察人员大部分是专门从事刑事司法工作的，应当在刑事法理论和实务上具有显著的优势，但是事实上聊胜于公安干警，与从事刑事审判的法官相比，总体上还有很大的差距。譬如，当前在认罪认罚从宽制度实行过程中检察官所提量刑建议的精准度不高，与法定职责要求不适应的问题比较突出。为什么检察官的业务素质总体上不如法官？这与检察业务主要处于审前阶段、有后续的审判把关有关，与监督者主要进行事后审查、重在发现明显错误而不直接面对化解矛盾纠纷的紧迫任务有关，也与检察机关长期以来在业务管理上对办案质量要求不高有关。这些都与检察工作在司法中的职能分工有关，有些是难以改变或者不可能改变的，但是有一点是可以通过检察机关自身的努力来改变的，那就是加强检察业务的分工，促进其朝着专业化的方向发展。

分工是将组织中的任务切割成较小的部分以完成组织工作。分工是劳动专业化的前提和基础。经过分工以后，工作的完成是经过片段的组合，每位员工不需要完成整个工作的全部步骤，只需要从事专精的小部分，不必每样工作都精通，如此每位员工均从事其最专业的部分，有助于提升工作效率。一般来讲，分工程度越高，专业化程度就越高。分工大致可以分为纵向分工和横向分工两种。

在检察工作中，纵向分工主要是按照办案流程中的前后环节以及管理权限的等级进行，这是一种职权型分工方式；横向分工则是按照案件的类型以及检察院内人力物力资源进行，这是一种功能型分工方式。纵向分工的优点是对权力运行的有效控制，防止滥用权力，也有利于各个环节的业务专业化和精细化，但是它的缺点是不利于检察官综合业务素质的提升，满足于某个环节的专业知识，譬如，批捕标准的把握。这次推行"捕诉一体化"改革就暴露出侦查监督环节的一些检察官一时难以胜任审查起诉工作。

横向分工的优点是与法学学科的专业分类相对应，譬如，刑法、民法和行政法等专业与刑事检察、民事检察和行政检察相对应，所学即所用，学用相长，有利于法学专业造诣的提升，有助于把握立法和法律实施的全部意义，塑造专家型检察官，比较适应司法责任制；但是也有缺点，那就是权力控制弱化，更依赖于检察官的职业道德素质。

直到2018年检察业务重构和内设机构改革，检察业务分工主要是纵向分工，这次内设机构改革将其调整为横向分工为主、纵向分工为辅。虽然现在看来，它暴露出检察业务分工的缺陷和专业化选择的方向性错误，但它是在强调内部监督制约的特定历史条件下形成的，有其历史的必然性和合理性。它带来的教训和启示帮助我们找到了一条正确的、适应新时代检察专业化发展要求的道路，也坚定了内设机构改革和业务格局重构的信心。

三、上级检察机关对下领导力有待加强

依照宪法和人民检察院组织法，检察机关上下级之间是领导关系，

最高人民检察院领导地方各级人民检察院和专门人民检察院的工作，上级人民检察院领导下级人民检察院的工作。这是检察一体原则的重要内容和要求。同时，各级人民检察院受本级地方党委领导，由本级人民代表大会产生，对其负责，向其报告工作，接受其监督。有人把这种体制概括为"双重领导"，即上级领导和党委领导。

长期以来，由于在干部管理上，以地方党委为主，以上级检察院为辅；在经费上主要由本级财政承担；在业务上，检察机关制约和监督公安机关的立案和侦查活动以及法院的审判和执行活动，除了管辖和抗诉外，与上级的业务联系比较弱。有关事实认定或者法律适用问题，宁愿与同级法院沟通和协商，而不愿意向上级检察院请示。总之，下级检察院需要上级检察院解决的问题以及上级检察院能给下级检察院解决的问题都比较少，因而导致上级领导的弱化和领导能力的退化。

近年来，随着人财物省级统管、公益诉讼制度、认罪认罚从宽制度等司法改革的落实，上级检察院对下级检察院领导有所加强，但是，由于检察官遴选机制对最高人民检察院和省级检察院检察官队伍的结构性影响还很小，最高人民检察院和省级检察院检察官的业务素质和能力优势比较有限，办案经验甚至不如基层检察官丰富，这些因素也制约了上级检察院对下级检察院的领导质量和领导能力。

加强上级检察院对下级检察院的领导，不仅涉及上级检察院领导能力的提升，而且涉及检察一体的体制和机制建设。一要进一步加强上级检察院的类案研究和司法政策研究工作，提高领导能力和政策水平。二要进一步加大检察官遴选工作力度，逐步实现上级检察院的检察官从下级检察院遴选。三要进一步完善上级检察院领导下级检察院的体制机制，增强检察工作的一体化和检察职能的统一性。

第二章 检察制度发展的目标和任务

新时代中国特色社会主义检察事业的发展既面临重大挑战，包括职能调整、角色变化和发展不平衡等，也面临重大历史机遇，包括党中央坚强领导、实行全面依法治国和国家治理体系现代化等。根据《"十四五"时期检察工作发展规划》，中国特色社会主义检察制度的发展目标就是：法律监督体系、检察组织体系、检察理论体系更加成熟定型，检察领导体制、职权配置和运行机制更加科学。

第一节 检察制度发展的目标

检察制度是中国特色社会主义制度的组成部分，是党和人民在长期实践探索中形成的科学制度，在创造世所罕见的经济快速发展奇迹和社会长期稳定奇迹中发挥了重要的司法保障作用。实践证明，中国特色社会主义检察制度是以马克思主义为指导、植根中国大地、具有深厚中华文化根基、深得人民拥护的制度，是具有强大生命力和巨大优越性的制度，是能够适应全面依法治国、实现国家治理体系和治理能力现代化需要的制度。

一、总体目标和总体要求

检察制度发展的总体目标是，实现法律监督体系和法律监督能力的现代化，使中国特色社会主义检察制度更加完善、更加科学、优越性充分展现。这个"现代化",既不是西化,更不是资本主义化,而是科学、完善和优越性的充分显现,是要让检察制度更加成熟、更加定型,让检察工作更好适应和服务经济社会高质量发展,让检察队伍的政治素质、业务素质和职业道德素质得到显著提升,让检察机关的司法办案更加公正、规范、高效和透明,让人民群众在每一起案件中感受到公平正义。

检察制度发展的总体要求是,坚持以习近平新时代中国特色社会主义思想为指导,坚持党的领导、人民当家做主、依法治国有机统一,坚持守正创新,着力固根基、扬优势、补短板、强弱项,构建系统完备、科学规范、运行有效的检察制度体系,提高法律监督能力,把检察制度优势更好地转化为治理效能,为实现国家治理体系和治理能力现代化贡献检察力量。

检察工作发展的总体要求是,讲政治、顾大局、谋发展、重自强。检察工作是检察制度的运行和展开,也是检察理论和检察制度的实践。它既是检验检察制度的标准,也是丰富和发展检察制度的动力和源泉。在这个实践的维度上,它的总体要求也有所不同。"讲政治、顾大局、谋发展、重自强"是最高人民检察院党组提出的总体要求。讲政治、顾大局是政治意识和大局意识的体现,就是要主动融入党和国家工作大局,服从和服务大局;谋发展、重自强是使命意识和责任担当的体现,就是要自觉推动检察制度的完善和发展,而且要立足中国特色社会主义检察制度的宪法定位和法律监督性质,全面有效履行检察职能,把发展的重心放在加强自身队伍建设、业务建设和保障建设上,而不是把重心放在扩权或者扩大影响力上。

法律监督体系和法律监督能力现代化进程是国家治理体系和治理能力现代化的组成部分,总体上要与十九届四中全会的部署保持步调一致,协同推进。因此,法律监督体系和法律监督能力现代化要分三步走。

二、第一步目标

第一步目标是，到我们党成立100年时，检察制度在各方面的探索和发展取得明显成效，初步形成新局面。

在时间节点上，这实际上是新时代检察制度发展的新起点。党的十八大以来特别是十九大以来，检察制度已经进入转型发展的新时代，最高人民检察院党组顺应时代要求，科学谋篇布局，对检察机关内设机构进行了重构性改革，形成了检察工作新格局，"四大检察""十大业务"正在蓬勃兴起，为第二步目标的实现开辟了道路，奠定了良好的基础，特别是2018年人民检察院组织法和检察官以及三大诉讼法的修订，新时代的检察制度，相比以往的探索和发展而言，已经开启了一个新模式，进入了一个新阶段。

检察制度在各方面的探索和发展取得明显成效，初步形成新局面。其中包括三个目标和任务。一是各方面检察制度，而不是某一方面的检察制度。这是一项普遍性的要求。当然，完成的过程中，不同的时间可以有不同的重点，但是总体上和各个方面都要有探索和发展。二是取得明显成效。这是一个弹性指标，而且具有一定的主观色彩。成效是否明显，由谁来评价？当然是党和人民群众。三是初步打开局面。这也是一个相对的指标，与以往的检察制度相比，只要在开新局上有进展、有创新就符合要求。实际上，最高人民检察院党组在新的检察理念引领下，对内司法管理，推行以"案－件比"为核心的业绩考核体系；对外检察业务，推行企业合规改革试点，新局面及其蕴含的新图景已经初步展现在世人面前了。

三、第二步目标

到2035年，检察制度各方面更加完善，基本实现法律监督体系和法律监督能力现代化。

　　人民检察院组织法是检察制度的主要法律载体。2018 年全国人大常委会对 1979 年人民检察院组织法的修订是第三次修订，也是一次全面的重述性修订①。这次修订总结了近年来司法体制改革取得的成果，反映了检察机关司法办案和队伍建设实践的需要，也为未来 15 年的发展和完善奠定了基础，预留了空间。

　　人民检察院内设机构改革取得了阶段性成果。《人民检察院组织法》第 18 条规定："人民检察院根据检察工作需要，设必要的业务机构。检察官员额较少的设区的市级人民检察院和基层人民检察院，可以设综合业务机构。"这条规定基本上是开放性的，几乎没有约束性的规定。目前，最高人民检察院的内设机构基本成型，省级检察院的内设机构还有认识分歧和设置差异，设区的市级检察院的内设机构差异较大，县级检察院的内设机构更是五彩缤纷。主要原因是各项业务发展的不平衡，这种不平衡不仅表现在检察院内的部门之间，而且表现在不同地方的检察院之间，对各项业务发展的客观需要与可能，各地有不同的认识也是正常现象，但是这个问题在未来 15 年内必须解决。

　　办案组织建设与内设机构改革相关，但也有很大的不同。它是司法责任制改革的配套措施，也是司法责任制落实程度的标志。《人民检察院组织法》第 28 条规定："人民检察院办理案件，根据案件情况可以由一名检察官独任办理，也可以由两名以上检察官组成办案组办理。由检察官办案组办理的，检察长应当指定一名检察官担任主办检察官，组织、指挥办案组办理案件。"法律虽然规定了两种办案组织，但是它们的定位、结构、功能、适用范围和责任分配等都有待进一步研究和明确。现在对办案组织的认识还不深入、不统一。在某种意义上说，办案组织是撒在传统的内设机构中的一颗变革的种子，它的发展可能改变整

———————————

　　①　从体例结构到具体条款都有较大幅度的修订，但是修订仍然是补充性、完善性的，人民检察院的性质、地位、职权、基本组织体系、基本活动准则都没有改变。参见童建明主编：《〈人民检察院组织法〉学习读本》，中国检察出版社 2019 年版，第 22 页。

个内设机构的样态。

检察职能和角色调整后，有些职能需要延伸，如刑事公诉和民事公益诉讼与企业合规管理，有些职能需要拓展，如拓展公益诉讼案件范围，探索行政执法检察监督的范围和方式，除了行政公益诉讼外，还要探索对行政强制措施和行政处罚的检察监督。上述两个方面的发展空间都很大，可以说都没有定型。

四、第三步目标

到新中国成立 100 年时，全面实现法律监督体系和法律监督能力现代化，使中国特色社会主义检察制度更加巩固、优越性充分展现。在未来 30 年内，实现中国特色社会主义检察制度的完善，这是一项宏伟的目标，是与实现中华民族伟大复兴紧密联系在一起的。

党的十九届四中全会通过的《中共中央关于坚持和完善中国特色社会主义制度　推进国家治理体系和治理能力现代化若干重大问题的决定》第四部分第四项规定："加强对法律实施的监督。保证行政权、监察权、审判权、检察权得到依法正确行使，保证公民、法人和其他组织合法权益得到切实保障，坚决排除对执法司法活动的干预。拓展公益诉讼案件范围。加大对严重违法行为处罚力度，实行惩罚性赔偿制度，严格刑事责任追究。加大全民普法工作力度，增强全民法治观念，完善公共法律服务体系，夯实依法治国群众基础。各级党和国家机关以及领导干部要带头尊法学法守法用法，提高运用法治思维和法治方式深化改革、推动发展、化解矛盾、维护稳定、应对风险的能力。"其中既有对检察制度的发展要求，也有对其他制度发展的要求，但主要是强调了检察机关的责任：一是保证执法权依法正确行使；二是保证公民、法人和其他组织的合法权益得到切实保障；三是加大对严重违法行为的惩罚力度。总体上说，法律监督体系和法律监督能力的现代化，必须有效地监督公权力，保障私权利，惩治违法犯罪。

中国特色社会主义检察制度的完善和优越性充分展现，不仅体现在检察机关自身建设上，更主要的是体现在服务和保障中国特色社会主义事业的顺利发展，实现中华民族伟大复兴的中国梦。

第二节　检察制度发展的基本原则

习近平总书记强调："我们全面深化改革，不是因为中国特色社会主义制度不好，而是要使它更好；我们说坚定制度自信，不是要故步自封，而是要不断革除体制机制弊端，让我们的制度成熟而持久。"① 我们要把思想和行动统一到党的十九届四中全会精神上来，在党中央统一领导下，科学谋划、精心组织，远近结合、整体推进，一要坚持和巩固，二要完善和发展，三要遵守和执行，把检察制度优势更好转化为法律监督效能，确保全面实现法律监督体系和法律监督能力的现代化。把坚定制度自信和不断改革创新统一起来，努力做到在守正中创新、在创新中守正，就一定能推动中国特色社会主义制度不断自我完善和发展、永葆生机活力。

一、坚定制度自信与不断改革创新相结合

中国特色社会主义检察制度是具有显著优越性和强大生命力的制度。把检察制度和法律监督体系的显著优势更加充分地发挥出来，是新时代坚持和完善中国特色社会主义检察制度、推进法律监督体系和法律监督能力现代化的努力方向。党的十九届四中全会通过的《中共中央关于坚持和完善中国特色社会主义制度　推进国家治理体系和治理能力现代化若干重大问题的决定》，全面回答了在我国国家制度和国家治理体

---

① 《习近平关于全面深化改革论述摘编》，中央文献出版社 2014 年版，第 22 页。

系上应该"坚持和巩固什么、完善和发展什么"这个重大政治问题,为坚持和完善中国特色社会主义检察制度,推进法律监督体系和法律监督能力现代化指明了努力方向,为推动各方面检察制度更加成熟更加定型明确了时间表、路线图。

中国特色社会主义检察制度是符合中国实际的科学的制度体系,起四梁八柱作用的是法律监督定位、坚持党的领导与依法独立行使职权的统一、"四大检察""十大业务"工作格局,其中具有统领地位的是党的领导制度。我们推进各方面制度建设、推动各项事业发展、加强和改进各方面工作,都必须坚持党的领导,自觉贯彻党总揽全局、协调各方的根本要求。中国特色社会主义检察机关的性质、地位、职权、组织体系和活动原则都是对党和国家对检察事业作出的制度安排。无论是编制发展规划、推进法治建设、制定政策措施,还是部署各项工作,都要遵照这些制度,不能有任何偏差。涉及方向性问题,必须以这些制度为准星。涉及制度层面的大是大非问题,必须旗帜鲜明、立场坚定,不能有丝毫含糊。

推进法律监督体系和法律监督能力现代化,要顺应时代潮流,适应我国社会主要矛盾变化,不断满足人民对美好生活新期待和对公平正义新要求,必须在坚持和完善中国特色社会主义基本检察制度的基础上,推动法律监督体系和法律监督能力不断改革创新,坚持保持定力和改革创新的统一。

不断改革创新是使我国检察制度和法律监督体系多方面的显著优势更加充分地发挥出来的重要途径。这就要求我们,既要保持中国特色社会主义检察制度和法律监督体系的稳定性和延续性,又要抓紧制定适应法律监督体系和法律监督能力现代化需要的检察制度、满足人民群众对美好生活新期待必备的检察制度。这体现的正是守正与创新的辩证统一。

与时俱进,完善和发展中国特色社会主义检察制度和法律监督体系是适应新时代经济、政治、社会和文化发展需要的必然选择。检察制度和法律监督体系建设的目标既是确定的，也是动态的。我们必须随着检察实践发展而与时俱进，既不能过于理想化、急于求成，也不能盲目自满、故步自封。

二、坚持"固根基、扬优势"与"补短板、强弱项"相结合

党的十九届四中全会提出的目标和任务，很多都是我国国家制度和国家治理体系建设中的空白点和薄弱点，具有鲜明的问题导向。谋划和推进检察制度的发展，必须贯彻落实全会精神，必须着力固根基、扬优势、补短板、强弱项。这一方法论贯穿于"13个坚持和完善"的部署中，也是检察制度发展的方法论。

推动检察制度发展，要有强烈的问题意识。法律监督体系是在党领导下在长期的司法实践中形成的制度体系，包括队伍建设、业务建设和保障建设等各领域体制机制、法律法规安排，更包括组织体系建设的制度安排，是一整套紧密相连、相互协调的检察制度。长期以来，我们已经习惯了这个体制机制制度，甚至有可能感觉麻木，难以发现和正视其短板和弱项。因此，要固根基、扬优势，首先要找准问题，摸清短板，明确弱项。譬如，有的人认为，刑事检察一家独大的现象是理所当然的，检察院本来就是一个刑事司法机关。这就看不到中国特色社会主义检察制度的特点，更不理解新时代党和人民对检察工作的新要求新期待。

法律监督能力主要是运用检察职能进行司法办案的能力。法律监督体系和法律监督能力是一个有机整体，相辅相成。有了好的法律监督体系才能提高法律监督能力，提高法律监督能力才能充分发挥国家治理体系的效能，才能充分体现中国特色社会主义检察制度的优越性。因此，我们必须尽快补齐检察制度中的短板，弥补法律监督能力方面的弱项，

构建系统完备、科学规范、运行有效的检察制度体系和法律监督体系。

三、坚持党的领导与主动担当作为相结合

检察改革已经进入深水区，更多面对的是深层次体制机制问题，对改革顶层设计的要求更高，对改革的系统性、整体性、协同性要求更强，相应地建章立制、构建体系的任务更重。因此，要谋划好、推进好检察改革，一刻也离不开党的领导，只有在党中央的统一领导下，才能做好顶层设计，才能克服推进改革中遇到和各种困难。

无论在检察工作中还是在检察制度发展上，我们都要坚持党的领导，紧密结合党中央部署的各项改革任务，形成一体推动、一体落实的有效工作机制，从而顺利实现法律监督体系的现代化。最高人民检察院必须在党中央统一领导下，紧密结合检察工作和检察改革实际，推进检察制度创新和法律监督能力建设，抓紧就适应法律监督体系和法律监督能力现代化需要的制度、满足人民对美好生活新期待必备的制度进行研究和部署。把检察制度建设和法律监督能力建设摆到更加突出的位置，继续深化检察工作各方面体制机制改革，推动各方面制度更加成熟，推进法律监督体系和法律监督能力现代化。

法律监督体系和法律监督能力方面还有许多不足和亟待改进的地方。我们要顺应时代潮流，适应我国社会主要矛盾变化，正视现实，勇于担当，敢于创新，找准问题，筹划良策，争取党的领导和支持。只有把坚持党的领导与主动担当作为结合起来，检察改革才能取得实质性的进展。

第三节　检察制度发展的主要任务

2018 年 7 月 25 日张军检察长在大检察官研讨班上指出："转机就在

创新发展中，就在新时代新形势新任务的新要求中！我们提出解决三个不平衡问题，努力实现检察工作平衡、充分、全面发展，与党和国家解决新时代经济社会发展不平衡不充分的要求高度一致、完全吻合。"①新时代经济社会发展对检察工作平衡、充分、全面发展有需求，人民群众对检察工作平衡、充分、全面发展有诉求，履行宪法法律赋予职责对检察工作平衡、充分、全面发展有要求。

《"十四五"时期检察工作发展规划》确立了近期检察工作的三大目标：一是服务高质量发展更加精准。检察工作深度融入党和国家工作大局，检察产品引领法治进步、促进社会治理、服务经济发展作用凸显，检察公信力明显提升。二是检察工作自身高质量发展。各项法律监督职能全面协调充分履行，检察办案质量、效率、效果显著提升。三是中国特色社会主义检察制度发展完善。法律监督体系、检察组织体系、检察理论体系更加成熟定型，检察领导体制、职权配置和运行机制更加科学。该规划由形势任务和总体要求、以有力履职服务经济社会高质量发展、完善检察机关法律监督体系、加强过硬检察队伍建设、推进检察管理现代化、夯实新时代检察工作发展根基、发展和完善中国特色社会主义检察制度等七个部分组成，共部署了 48 个方面的具体任务。其中，从推进更高水平的平安中国建设、保障创新驱动发展、营造法治化营商环境、促进提升国家治理效能、在反腐败斗争中有效发挥检察职能作用等五个方面对"以有力履职服务经济社会高质量发展"作出明确部署；从做优刑事检察、做强民事检察、做实行政检察、做好公益诉讼检察、创新未成年人检察等方面对"完善检察机关法律监督体系"作出具体谋划。

---

① 张伯晋：《反贪转隶后，检察机关怎么干？听听这位副国级怎么说》，载《检察日报》2018 年 7 月 26 日。

一、以队伍建设为导向的制度建设

队伍建设在检察事业发展中居于基础性、战略性地位，既是检察制度发展的组织保障，也是检察制度运行的人才保障。不加强队伍建设，制度建设都是空中楼阁。同时，没有促进职业素质提升的制度，队伍建设也会劳而无功。

如何加强队伍建设？长期以来，我们在职业培训、专题教育、思想政治工作方面下了许多功夫，也取得了一定的成效，但是并没有达到预期的效果。主要原因是培训、教育和思想工作在一定程度上与业务工作脱节，与工作机制脱节，提升综合素质和业务能力的需要没有转化为检察官内在的动力。这本身就是体制和机制问题，我们要改革的就是不能激发提升素质和能力的自觉性和动力的体制机制。譬如，检察官办案责任制就是比"三级审批制"更能激发检察官钻研业务的积极性。

检察机关的组织人事制度是队伍建设的重要保障。要坚持把人才工作摆在优先发展战略位置，以法律专业人才为主体、其他专业人才为补充，加快建设专业齐备、结构合理、数量充足、素质优良的检察人才队伍。

全面开展专业化、实战化教育培训，大力推进检察官、检察辅助人员、司法行政人员素能培训，建立预备检察官训练制度，推行青年干警培养导师制。构建现代化、科学化检察教育培训体系，推进教学实践示范基地、特色培训基地、实践教研基地、双语培训基地建设，制定检察教育培训课程和教材建设指导意见，建设门类齐全、质量一流的课程和教材资源库。

全面推进铸才、聚才、育才、扶才、优才、引才工程。加强高层次专门人才培养选拔，完善基层聚才倾斜政策，健全激励人才向基层流动机制。改进边远贫困地区招录制度，深入开展东西部检察机关互派干部挂职锻炼。制定急需紧缺人才建设规划，完善特殊职位招录政策。完善初任检察官由省级检察院统一招录机制，打通特需人才引进的绿色通道。探索建立重品德重能力重业绩的人才评价机制、尊重和实现人才价值的人才激励机制、与检察事业发展深入融合的人才保障机制，探索专门人才特别待遇、特殊保障政策。

完善检察队伍管理体系。推进检察人员分类管理改革，完善检察官、检察辅助人员、司法行政人员分类管理办法、单独职务序列和工资制度，合理确定各层级各类检察人员比例。实行检察官逐级遴选、从符合条件的律师和法学专家中招录检察官制度，完善检察官职业回避和管理考核制度，健全以履职情况、办案数量、办案质效等为主要内容的检察官业绩评价体系，建立员额检察官退出机制。完善聘用制检察辅助人员管理和保障规定。完善未入额检察官使用管理办法，探索建立东西部地区检察官交流使用机制。健全人员编制省级统管和动态调整机制，管住、盘活、用好各类编制。

完善检察职业保障体系。完善薪酬待遇体系，加快建立与检察官单独职务序列相配套的薪酬制度，建立检察官助理等职务序列，推动适当提高检察辅助人员和司法行政人员待遇。建立检察官按期晋升和择优晋升相结合的等级晋升制度。健全检察人员依法履职保护机制，完善保障人格尊严和人身安全的制度措施，探索建立依法履职免责制度，健全履行职务受到侵害保障救济机制。推动完善因公伤残殉职干警抚恤优待政策，建立因公负伤保险、人身意外伤害保险制度和紧急救治绿色通道，建立牺牲伤残特困干警救助制度。完善检察人员带薪休假、定期体检以及心理咨询、疏导和危机干预机制。

二、以检察职能拓展为目标的改革探索

检察职能拓展实质上是开辟新的检察业务，推动创设新的检察权力。但是，我们开辟新业务、创设新权力不是为了争权夺利，更不是为了树立部门权威，而是为了弥补国家监督制度的漏洞或者空白，推动中

国特色社会主义检察制度的发展和完善。因此，有关检察职能拓展的探索必须坚持以下三项原则：

一是弥补制度漏洞。自近代以来，检察制度一直处在发展变化之中，有人称检察机关为"一个尚未完成的机关"①。特别是在我国社会主义初级阶段，检察制度的发展历经多次波折，甚至一度被取消。时至今日，检察职能仍然处于调整之中。譬如，世界多数国家的检察机关都有刑事公诉、民事公诉和行政公诉这三大公诉职能，在我国虽然有民事公益诉讼和行政公益诉讼，但是还没有完整意义上的民事公诉和行政公诉。在社会主义国家，检察机关通常具有对行政执法的法律监督权，在我国目前只能通过行政公益诉讼及其诉前程序发挥一定的行政执法监督作用。这些都是有待弥补的检察制度漏洞。什么是检察制度漏洞？那就是该检察机关干的事，没有干或者没有干好，需要探索建立健全相关检察制度。这是检察职能拓展的前提条件。坚持这个前提条件，才能防止检察职能拓展工作跑偏，避免"种了别人的田、荒了自己的地"。

二是服从党和国家工作大局。检察制度漏洞要不要和在什么时候弥补，在很大程度上取决于党和国家工作大局，而不是检察机关的部门利益和需要。检察改革必须融入司法改革乃至政治体制改革的大盘子。脱离了改革的大盘子，改革就没有必要，也改不动。换言之，改什么和怎么改不是取决于检察工作和检察制度发展的需要，而是取决于党和国家工作大局的需要。相比而言，检察制度自身完善的需要只是改革的契机或者可能，政治体制改革的需要才是决定因素。因此，我们谋划检察职能拓展，必须立足于检察制度的完善，着眼于政治体制改革。

三是满足人民需要。人民满意不满意、高兴不高兴、答应不答应是改革的根本标准。这是坚持以人民为中心的发展思想的必然要求，也是社会主义的本质要求。改不改、如何改都要看人民的意愿，既要以人民

---

① 万毅：《一个尚未完成的机关：底限正义视野下的检察制度》，中国检察出版社 2008 年版。

满意为出发点，又要以人民满意为终极归宿。

三、以检察职能延伸为目标的改革探索

监督特别是事后监督，其着眼点都不限于特定的被监督对象，往往具有类案的指引作用和一般的预防作用。所谓的监督到位，往往意味着以此案为警钟，防止类似案件的再次发生，包括特殊预防和一般预防。这实质上就是检察职能从维护司法公正延伸到了参与社会治理。

检察职能可以延伸的领域很多、空间也很大。譬如，对侦查活动的监督如何延伸到公安派出所刑事侦查活动、延伸到公安机关执法办案管理中心，引导侦查取证，监督搜查、查封、扣押、冻结等强制性侦查措施和技术侦查措施，等等。当前，意义特别大、空间也特别大的是检察机关通过刑事公诉推动企业合规管理。这不仅是一块有待探索的处女地，而且是为企业发展提供最佳司法保护的重要途径。

在美国，"暂缓起诉协议"制度最初只适用于少年犯罪。1991 年颁行的《联邦量刑指南》首次将企业合规作为量刑情节引入刑事司法，但并未就起诉企业的方案制定统一的标准。在 1993 年美国《联邦量刑指南》实施的初期，"暂缓起诉协议"制度开始被适用于企业刑事案件，检察官不再从起诉和撤诉之间二选一，取而代之的是在对企业刑事案件不定罪的情况下与企业签订协议。这些协议或是对企业不予指控，即不起诉协议，或是延缓对企业的指控，即暂缓起诉协议。企业刑事案件中第一次达成暂缓起诉协议是 1993 年洛杉矶联邦检察官办公室与违反出口管制的美国阿穆尔（Armour of America）公司达成的。在安达信事件爆发之后，为避免刑事调查和刑事追诉对企业造成永久损害，助理总检察长拉里·汤普森于 2003 年 1 月发布了汤普森备忘录（即 2003 年《联邦起诉商业组织原则》），更新了对企业的诉讼策略和起诉企业时应当考

量的因素。① 汤普森备忘录中明确提出，要加强对企业合作调查真实性以及企业治理与合规管理体系两方面的关注。同时，汤普森备忘录提供了一项促进政府与企业合作的选择性替代方案，即建议检察官使用审前分流协议（包括暂缓起诉协议或者不起诉协议）。至此，暂缓起诉协议正式成为美国司法部审理企业刑事案件的诉讼方案。

暂缓起诉协议的适用，意味着检察官将具有更大的自由裁量权和执法灵活性。检察官在追究企业刑事责任、保障刑事法律预防犯罪功能实现的同时，监督涉案企业建立行之有效的合规守则。同时，涉案企业获得"戴罪立功"的机会，避免了刑事调查和刑事追诉可能对企业造成的永久影响，并且能够更快识别自身问题和完善合规管理体系，改善内部治理与风险防控，确保企业及其员工遵守刑法规定，规避企业的刑事责任风险。

随着中兴事件和华为事件的持续发酵，刑事合规管理和检察机关合规监督职能不仅引起我国政府和企业的重视，而且在学界引起热烈的讨论。目前，我国企业的合规意识普遍较低，未能认识到合规管理对于自身规范经营活动和预防刑事犯罪风险的重要性。同时，在合规问题上，我国刑事立法和司法都比较滞后。检察机关应当勇于担当，积极探索促进企业合规管理的检察工作，以刑事检察为龙头，构建企业合规管理的检察监督机制，促进营商环境的优化，依法平等保护民营经济健康发展。

随着合规刑事化进程的推进，我们可以预见我国检察机关在刑事合规中的地位和作用将逐步显现出来，主要有如下几个方面：

第一，检察机关作为预防企业犯罪的监督者。2018 年 11 月，最高人民检察院发布了《明确规范办理涉民营企业案件执法司法标准》，强调人民检察院办理涉民营企业案件，要把控舆论影响和准备风险预案，

---

① 参见万方：《企业合规刑事化的发展和启示》，载《中国刑事法杂志》2019 年第 2 期。

以合法的办案方式和有效的治理措施，避免给企业的正常生产和工作秩序造成影响，尽可能维护民营企业的声誉。在上述刑事政策和观念的指导下，有些地方的检察机关已经对介入企业合规管理活动开展了积极探索。例如，有的地方的检察机关对单位犯罪开展认罪认罚从宽制度探索，对于涉嫌犯罪的企业，检察院聘请相关主管单位、监管部门人员等组成专家团队，对涉案单位的社会危害性、处罚适当性进行综合评估。对于整改到位、认罪认罚的企业，依法适用不起诉。检察机关的这种做法，与其说是对单位犯罪认罪认罚从宽制度的探索，不如说是中国版刑事合规制度的雏形。

第二，探索建立适用于企业犯罪的附条件不起诉制度。2018 年 11 月最高人民检察院发布的《明确规范办理涉民营企业案件执法司法标准》再次强调了办理涉民营企业案件是可以不起诉的情形。在明确司法标准的基础上，为了督促涉案企业正确认识和评估企业及其员工的行为可能带来的刑事责任，形成良好的刑事合规文化，构建刑事合规管理体系并确实实施，从而预防刑事犯罪，在刑事立法上有必要设立一种"监督式"的诉讼方案。美国"暂缓起诉协议"制度实质上就是一种附条件不起诉制度。在我国，根据《刑事诉讼法》第 282 条的规定，附条件不起诉制度只适用于涉嫌犯罪的未成年人。在此基础上，针对企业犯罪以及企业合规的特性，通过立法修订等方式，扩大我国附条件不起诉制度的适用对象，将企业犯罪案件纳入其中，同时设置相配套的考量因素、适用条件和操作标准。这一种制度，既可将刑事诉讼程序对涉案企业的影响降至最低，亦可使检察机关获得对涉罪企业建立有效的合规管理体系进行有效督促和实时监管的空间，最终摆脱检察机关在目前立法条件下，对涉罪企业只能作出诉或者不诉的终局性决定的尴尬局面。

第三，关于企业合规管理的检察建议。2019 年 2 月，最高人民检察院发布了新修订的《人民检察院检察建议工作规定》（以下简称《规定》）。对存在管理制度不健全和刑事犯罪风险的单位，检察机关可以向相关单位发出社会治理检察建议。与前文所述的附条件不起诉制度重在防止涉案企业再犯不同，检察建议重在犯罪预防，因而附条件不起诉制度和检察建议是针对企业和企业员工犯罪的两种手段，在效力上一硬一软，在效果上一直接一间接，共同构成检察机关介入企业刑事合规活动的基本状态。首先，检察机关应当重点关注企业合规管理制度的建设和完备程度。由于合规管理在我国发展较晚，多数企业并未意识到合规管理的重要性，也没有足够的能力构建合规管理体系，致使企业并未建立完整的合规管理制度和风险防控机制。所以，检察机关应当对此类企业发出检察建议书，普及合规管理理念与建设标准，帮助企业提高合规意识，规范企业员工的行为，预防内部和外部的刑事犯罪风险。其次，检察机关应当考察企业内部的治理框架和经营方式，识别法律风险，一旦发现违规违法行为，或是一定时期内某类违规行为频发，应立即通过检察建议的方式告知企业，并督促企业在一定期限内进行整改，加强对经营活动和内部治理的审查，防止企业或企业员工实施不法活动。最后，检察机关应当监督地方公权力机关，防止中小企业合法权益受到侵害。一旦发现公权力机关不依法及时履行职责或义务，致使企业遭受损失时，也应当及时发出检察建议。

第四，参与托管或重整程序。我国法律未对涉罪企业进入托管程序或重整程序作出明确规定。在实践中，当企业因被刑事侦查或刑事起诉而陷于重大经营困难或是面临破产时，可以将企业受托于政府或相关行业组织进行管理和经营，而检察机关适当参与监管。这种模式有助于维持企业正常运营，避免企业破产而使企业员工、投资人和债权人的利益受损，同时，检察机关的监管将督促企业纠正违规违法行为和推进合规管理体系的建构，帮助企业重新步入正轨。

合规是企业可持续发展的基础。尽管有效的合规管理体系能切实降低违规违法行为发生的风险，但是并不能排除所有的违规行为。未来的中国企业将面临更多更艰巨的挑战。此时，我国法律制度若能为企业保驾护航，指导企业构建合规管理体系，提供化解违规风险的诉讼策略，那么必将高速推动我国企业合规化，降低企业在国内外的违规违法的风险。在刑事合规中，人民检察院是合适的"监督者"，通过附条件不起诉制度、检察建议和参与托管和破产程序等渠道直接监督和引导企业，督促企业构建合规管理体系，建立企业合规文化，规范内部治理结构和经营方式，从而预防刑事犯罪风险，减轻甚至免除刑事责任，最终促进我国刑事合规管理的普及和发展。

四、以业务升级为导向的智慧检务建设

近年来，在最高人民检察院党组的坚强领导下，全国检察机关牢固树立科技强检理念，贯彻智慧检务思想，大力推进电子检务工程建设和智能化应用探索，信息化基础设施建设显著加强，信息化运用能力和运维保障水平明显提高，各项工作取得了很大成效。

我们要把司法改革和现代科技应用深度结合，统筹研发运用智能辅助办案系统，积极参与和推进跨部门大数据办案平台建设，推动新时代检察工作质量效率有新的提高。全面构建应用层、支撑层、数据层有机结合的新时代智慧检务生态，助力提升检察机关司法办案的法律效果、政治效果和社会效果。

推进信息基础设施建设。加强基层保障现代化实用化建设。加大基层经费保障力度，按照适度超前、突出实用，厉行节约、量力而行的原则完善基层检察业务装备配备，加快司法办案科技装备更新升级。着力抓好电子检务工程在基层检察院的实施，推进"数字检察""智慧检务"建设。完善"两房"功能配置，加强其他专门用房建设，全面推进基层检察院多功能检察服务大厅建设，逐步实现基层服务群众专门场所建设标准化。健全司法办案管理、队伍管理、检务管理机制，开发应用队伍建设管理系统、检务保障管理系统和办公管理系统，完善"两微一端"等网上检务公开和联系服务群众机制，全面推行网上办公、办案、

办事，构建管理大数据平台。加大基层信息化应用支持力度，推动在省、市级检察院集中建设服务于基层检察院的应用平台，实现建设上移、应用下移、一体管理。

推进科技创新手段深度应用。全面推广语音识别、文本信息智能提起技术，健全电子卷宗随案同步生成技术和保障运行管理机制，推动实行电子档案为主、纸质档案为辅的案件归档方式。推广远程视频庭审、提讯、数字化出庭、数字化听证行政复议案件等软件。探索利用小程序等新兴技术实现在线立案、提交诉讼材料、证据交换等诉讼服务。完善智能辅助办案系统的类案推送、结果比对、数据分析、办案瑕疵提示等功能，促进法律适用统一。完善并逐步推广刑事案件智能辅助办案系统，探索把刑事案件基本证据标准嵌入数据化办案程序中，促进以审判为中心的诉讼制度改革。

第三章　以新检察理念引领检察制度
建设和检察工作发展

最高人民检察院党组不仅提出了"讲政治、顾大局、谋发展、重自强"的总要求，而且提出了客观公正、双赢多赢共赢、办案与监督一体、能动履职等新检察理念，引领检察制度和检察工作科学发展，发挥了极其重要的作用。检察工作打开了生动活泼的发展局面，检察机关呈现出积极向上的精神面貌。这说明方向找准了，步子迈对了。

第一节　客观公正理念

从检察制度产生至今，检察机关角色发生了从国王的守护人到公共利益和法律的守护人的变迁。在现代国家中，人们普遍认为，检察官既是审判等诉讼活动的参与者，又是法治的维护者，检察机关的主要任务是代表国家履行公诉等职责，确保法律得到公正的执行，人权得到尊重和保障。因此，检察机关必须站在客观公正的立场上查明案件真相，准确地执行法律。这就是检察机关所负有的客观公正义务。

从国外立法例来看，检察机关的客观公正义务起源于 19 世纪后期德国的刑事诉讼法，随后在欧洲大陆和亚洲一些大陆法系国家的法律中也得到了体现。最初的表述是，实施刑事诉讼程序的官员在办理案件的过程中应当就对被告人有利和不利的情况一律予以注意。关于检察机关的地位和角色，在西方国家历来有两个对立的理论派别，一派主张检察机关在刑事诉讼中是一方当事人，与民事诉讼中的原告角色相同，只负责收集对被告人不利的证据，揭示有利于己方的事实，对于对方因疏忽防御而遭受重判，不必考虑。而且，检察机关不得为了对方利益而要求上诉或抗诉，被告方也不得要求检察官回避。另一派则认为，检察机关是法律守护人，应担当追诉犯罪和保护无辜双重角色，负有全面实现法律要求的职责，既要收集对被告人不利的证据，也要收集对被告人有利的证据，既要打击犯罪，也要保障人权，以实现实体真实和法律正义。这两个理论派别曾两次在德国引起大讨论，一次发生在 19 世纪刑事诉讼法立法的酝酿和制定过程，被称为世纪大辩论，另一次发生在第二次世界大战之后的 20 世纪 60 年代，但是，都以主张检察机关为法律守护人的一派获得全面胜利而告终。不过，即使在以当事人主义为基调的英美法系国家里，检察机关也负有一定的客观公正义务，并非全面地贯彻当事人主义。

检察机关履行的追诉犯罪与保障人权这双重职能之间并没有矛盾，它同刑事诉讼法的任务是完全一致的。联合国《关于检察官作用的准则》第 12 条规定："检察官应始终一贯迅速而公平地依法行事，尊重和保护人的尊严，维护人权从而有助于确保法定诉讼程序和刑事司法系统的职能顺利地运行。"第 13 条还规定："检察官在履行其职责时应：（1）不偏不倚地履行其职能，并避免任何政治、社会、文化、性别或任何其它形式的歧视；（2）保证公众利益，按照客观标准行事，适当考虑到嫌疑犯和受害者的立场，并注意到一切有关的情况，无论是否对嫌疑犯有利或不利……"这两个条文中的一些规定概括了客观公正原则的主要内容。

一、客观公正理念的基本内涵

客观公正理念实质上是客观性原则和公正原则的结合，因而其基本内容有两个方面：一是实事求是地查明案件真相，客观全面地收集证据，包括不利于被告人的证据和有利于被告人的证据；二是公平地执行法律，贯彻法律面前人人平等原则。2019 年 4 月 23 日修订通过的《检察官法》第 5 条第 1 款规定："检察官履行职责，应当以事实为根据，以法律为准绳，秉持客观公正的立场。"秉持客观公正立场是坚持客观公正理念的基石。

坚持客观公正理念，包含五个方面：

1. 检察机关必须站在法律监督者的立场上而不是站在当事人的立场上，以保障法律的正确统一实施为目标而不是以胜诉为目标，客观公正地履行各项检察职能。如果判决违反了法律，不管该判决结果对被告人有利或不利，都应当依法提出抗诉，以保障司法公正。

2. 检察机关和检察官在行使检察权的过程中，必须以事实为根据，以法律为准绳，秉公执法，不得徇私枉法。在刑事诉讼中，对于符合法定起诉标准的案件，检察机关必须履行起诉的义务。对于犯罪情节轻微、依照刑法规定不需要判处刑罚或者免除刑罚的案件，检察机关可以酌定不起诉。在我国检察职能中，起诉法定主义是基础和前提，而起诉便宜主义只是一种补充和辅助手段。

3. 检察机关和检察官既要承担追诉责任，也要承担保护和协助被追诉人的责任。尊重和保障被告人、受害人的人权，不偏不倚地履行职能，避免任何形式上的歧视和不公正待遇，必要时要在程序上适当地向辩护方倾斜，以保障辩护方充分行使辩护权。

4. 检察机关要全面收集证据，包括证明被告人有罪、无罪或罪轻的证据，查明案件事实真相，帮助审判机关作出公正判决。如果判决不符合客观事实，不论该判决结果对被告人有利或不利，都应当依法提出抗诉，以保障实体公正。

5. 检察官是国家的司法人员而不是单纯的一方当事人，是回避的对象而不是享有回避申请权的当事人，因而检察官负有依法回避的义务。这是检察机关客观公正义务的派生义务。《刑事诉讼法》第 29 条规定：

"审判人员、检察人员、侦查人员有下列情形之一的，应当自行回避，当事人及其法定代理人也有权要求他们回避：（一）是本案的当事人或者是当事人的近亲属的；（二）本人或者他的近亲属和本案有利害关系的；（三）担任过本案的证人、鉴定人、辩护人、诉讼代理人的；（四）与本案当事人有其他关系，可能影响公正处理案件的。"

坚持客观公正理念，对检察机关提出了比对辩护方更高的要求和更多的义务。在国外，检察官的客观公正义务是以实体真实主义和职权主义为基本原理的德国法学的产物。在当代中国，客观公正理念具有更深刻、更扎实的理论依据：第一，一切从实际出发，实事求是，是我们党的思想路线。检察机关必须遵循这一思想路线。第二，我国检察机关的根本职能就是法律监督，保障法律的统一正确实施。第三，检察机关在刑事诉讼中的任务有两个方面，即追诉犯罪和保障人权。《刑事诉讼法》第2条规定："中华人民共和国刑事诉讼法的任务，是保证准确、及时地查明犯罪事实，正确应用法律，惩罚犯罪分子，保障无罪的人不受刑事追究，教育公民自觉遵守法律，积极同犯罪行为作斗争，维护社会主义法制，尊重和保障人权，保护公民的人身权利、财产权利、民主权利和其他权利，保障社会主义建设事业的顺利进行。"第四，检察机关既要保障国家利益和社会公共利益，也要综合各方面因素，全面衡量，尽可能做到客观公正，在保证办案的法律效果的同时，兼顾办案的政治效果和社会效果。《人民检察院组织法》第6条规定："人民检察院坚持司法公正，以事实为根据，以法律为准绳，遵守法定程序，尊重和保障人权。"《检察官法》第5条规定："检察官履行职责，应当以事实为根据，以法律为准绳，秉持客观公正的立场。检察官办理刑事案件，应当严格坚持罪刑法定原则，尊重和保障人权，既要追诉犯罪，也要保障无罪的人不受刑事追究。"

二、坚持客观公正理念的现实意义

坚持客观公正理念，"要"在转变观念，检察官履职立场必须与时俱进，切实做到不偏不倚、不枉不纵、既无过度也无不及；"重"在提升能力，全体检察官必须践行公平正义要求，不断提高客观公正办案能力，追求最佳办案质量、效率、效果；"旨"在维护权益，真正当好公共利益的代表、公平正义的守护者。在新时代新阶段，坚持客观公正理念具有如下基本要求①：

（一）牢记法律监督机关的定位和使命

法律监督机关的定位是检察机关各项职能的本源和根据。它指导和规范着检察机关各项职能行使的方向和边界。检察官必须始终牢记检察机关作为国家的法律监督机关的定位，始终把保障法律的正确实施，维护社会公平正义，维护国家法治统一、尊严和权威作为自己的使命。

（二）承担好中立审查责任

我国检察机关在刑事诉讼中具有审查逮捕和审查起诉的责任。在审查时，要全面关注对犯罪嫌疑人有利、不利的所有事实、证据和情节，防止有所偏废、随意取舍。对侦查阶段认罪认罚的案件，要认真审查认罪认罚的自愿性和事实、证据的可靠性，防止逼迫引诱认罪认罚、以口供定案；要防止少数侦查人员满足于犯罪嫌疑人认罪认罚后案件能够定罪就草率结案，而不深挖余罪漏犯的现象。对于事实不清、证据不足的，该退查的退查，该不诉的不诉；对于非法证据，要依法予以排除；对于侦查中的违法行为，要依法监督纠正。

（三）平等、充分听取辩方和被害人方意见

听取辩方和被害人方意见，既是法律的明确规定，又是履行客观公正义务的重要措施。在听取意见中，要坚持控辩平等，防止居高临下、

---

① 参见朱孝清：《坚持客观公正原则保障制度正确落实——以认罪认罚从宽制度适用为视角》，载《检察日报》2020 年 8 月 10 日，第 3 版。

恃强凌弱；坚持充分听取意见，双方真正达成一致意见，防止片面求快、强迫"同意"、催逼具结；要保证有律师辩护或提供法律帮助，防止犯罪嫌疑人孤立无援。对辩方和被害人方提出的意见，要高度重视，有理的要采纳，无理、难以采纳的要充分说明理由。通过这一措施，保证认罪认罚的自愿性和具结书内容的真实性、合法性。

（四）守住公正底线，切实预防腐败风险

在办理案件中，检察官要坚持对案件客观真实的追求，坚持"事实清楚，证据确实、充分"的证明标准；坚持以事实为根据，以法律为准绳，坚持实事求是，决不片面地、无原则迁地就辩方或者其他人的不当要求。在程序上，要守住程序公正的底线。同时，检察机关在履行职责的过程中，腐败的风险随时可能存在。检察官要落实"三项规定"，抵制住权力、金钱、人情等法外因素对检察官客观公正原则和司法公正的干扰，确保公正廉洁司法。

第二节　双赢多赢共赢理念

在 2018 年 7 月大检察官研讨班上，张军检察长提出了双赢多赢共赢的法律监督新理念，强调要建立监督者与被监督者的良性、积极关系，共同推进严格执法、公正司法，共同维护好社会公平正义和公共利益。双赢多赢共赢理念的提出，为做好新时代检察工作提供了正确处理监督者和被监督者关系的新视角，指明了法律监督的价值判断和价值取向的着眼点立足点。要把"双赢多赢共赢"法律监督理念贯穿"四大检察"各领域、全过程，成为全体检察人员司法办案的根本遵循，也成为检察机关参与"中国之治"的创新方案。

一、在服务大局中体现双赢多赢共赢理念

无论是法院、检察机关、公安机关、司法行政机关，还是刑事、民事、行政、公益诉讼中的各方当事人，以及证人、律师、专家学者等，都是中国特色社会主义法治国家的建设者，只是在法律上和工作中分工不同、职能不同。这也是检察机关法律监督工作能够取得双赢多赢共赢的社会基础和群众基础。

在检察职责发生重大变化的背景下，推进检察工作全面协调充分发展，理念上要转变、工作上要跟进、工作方式方法上要改变，这样才能适应人民群众在新时代提出的更高水平、内涵更丰富的民主、法治、公平、正义、安全、环境等方面的新需求。贯彻落实双赢多赢共赢新理念，必须紧密结合省情、检情实际，融入大局中去探索、去实践，把新理念贯穿到检察工作的方方面面，才能推动双赢多赢共赢从价值理念变成现实结果，才能为人民群众提供更加优质的检察产品、法治产品。

二、在沟通协作中强化双赢多赢共赢理念

进入新时代，经济社会发展中许多矛盾和问题以案件形式进入检察环节。在具体办案过程中，既要注重"四大检察""十大业务"协同发力，综合用好各项法律监督措施，又要注重与相关机关和部门进行沟通、协调，取得理解和支持。多沟通、勤协作，是检察机关与侦查机关在办理刑事案件时提高案件质效最行之有效的方式。提起公益诉讼特别是行政公益诉讼案件，大多是因为政府有关部门行使职权过程中有失职、渎职的地方，如果处理不好就会和有关部门对立起来，难以开展公益诉讼工作。要认真梳理案件线索，深入了解在环境保护、食品药品安全等方面人民群众反映强烈的问题，主动向党委汇报、与政府沟通，说清楚检察机关以法治手段、通过公益诉讼方式办理案件，是对依法行政的促进，是对党委、政府权威和法治政府形象的维护，从而取得党委、政府的理解和支持。

履行监督职责与被监督机关的目标都是实现社会公平正义，在履职过程中，主动加强与行政执法机关的沟通协调，坚持把事情说清楚，做到态度诚恳、方式得当，坚持诉前程序与提起诉讼并重，以诉前检察建议促进整改，促进检察监督与行政执法同频共振、协调治理的良性互动。

三、在持续努力中落实双赢多赢共赢理念

新时期新阶段，人民群众对检察工作提出了更高要求，检察机关不能停留于简单地就案办案，而要追求司法办案背后的双赢多赢共赢，促进社会和谐稳定、国家长治久安。因此，检察机关不仅要持续努力、以身作则，更要让人民群众、相关部门切实"感受到"协作共赢带来的司法红利。

将双赢多赢共赢理念真正落到实处，不会一蹴而就，必须久久为功。开展法律监督工作，不能误认为自己高人一等或者技高一筹，要秉持客观公正立场，用大家都能够接受的方式去履行好监督职责。一是充分运用好政治智慧、法律智慧，认真做好释法说理，加强与公安机关、法院和行政执法机关的联系，真诚沟通，增进共识，努力成为彼此履行法定职责的诤友、益友。结合办理的案件，认真分析工作中存在的问题，有针对性提出意见建议，促进依法行政。二是进一步探索完善公益诉讼检察工作新模式，不断拓展和丰富"新模式"的内涵和外延，用最小的司法资源达到维护社会公益的目的。在稳步提升办案规模的同时，强化公益诉讼案件办理的规范化、精品化意识，建立长效机制。三是对案件反映的倾向性、趋势性问题及案发地区、部门、单位管理方面存在的漏洞深入分析，实事求是地向党委政府和相关部门发出高质量检察建议，努力实现"办理一案、治理一片"。四是坚持讲政治与抓业务有机统一，把讲政治落实到具体检察工作中，加强队伍专业化建设，在有力、有效履行好法律监督职责中体现双赢多赢共赢，实现政治效果、社会效果和法律效果的有机统一。

第三节　"在办案中监督、在监督中办案"理念

我国检察机关既是法律监督机关，也是司法办案机关。监督与办案内在地统一于检察职能，二者的关系犹如内容与形式、本质与现象的关系。"在办案中监督、在监督中办案"理念反映了检察工作的基本规律，既有深刻的历史渊源和理论基础，又有很强的现实针对性和指导性，对保障新时代人民检察事业科学发展具有重大的理论意义和实践意义。

一、"在办案中监督、在监督中办案"理念的时代意义

随着"四大检察""十大业务"检察工作格局的形成和检察职能的深入发展，"办案"和"监督"的内涵正在发生变化，内容越来越丰富，关系越来越清晰，意义越来越显著。坚持"在办案中监督、在监督中办案"理念是新时代人民检察事业发展的必然要求。

（一）坚持"在办案中监督、在监督中办案"理念是新时代检察职能拓展的基本遵循

国家监察体制改革后，检察职能发生了重大调整，特别是反贪转隶，检察公益诉讼蓬勃兴起，行政执法检察监督的延伸探索，认罪认罚从宽制度使检察机关在刑事司法中的主导作用突显等，检察职能正在往纵深拓展，检察工作正在开辟崭新局面。如何拓展检察职能？如果按照办案与监督两条线的观点，办案归办案，监督归监督，彼此分离，结果必然导致办案失去方向、监督没有支撑，任何职能拓展都会落空。

（二）"在办案中监督、在监督中办案"理念是检察工作特点和规律的体现

我国检察工作的最大特点就是司法职能与法律监督职能的结合，中国特色社会主义检察制度的基本规律就是通过司法职能实现法律监督。司法主要是办案，司法职能与法律监督职能的结合就是办案与监督的结合。我们必须深入认识和充分尊重检察工作规律，坚持检察制度和检察工作发展的正确道路和方向。

（三）"在办案中监督、在监督中办案"理念是 70 多年来人民检察事业发展正反两个方面经验和教训的总结

在新中国检察史上，改革开放前 30 年，我们未清晰地认识到办案与监督的辩证关系，检察事业发展屡受挫折；改革开放后 40 年，一直坚持办案与监督相结合，以办案为中心强化法律监督，人民检察事业顺利发展。在新时代，人民检察事业面临许多新挑战、新问题、新选择，如果不坚持"在办案中监督、在监督中办案"理念，就难以防止走歧路、歪路甚至邪路。只有坚持"在办案中监督、在监督中办案"的检察理念，才能保证人民检察事业的科学发展。

二、"在办案中监督、在监督中办案"理念的基本内涵

在办案中监督，就是以法律监督为本位和目标开展办案工作，在司法办案中实现法律监督，克服片面办案、孤立办案等错误倾向。一方面，法律监督是办案的目的、价值和意义所在，在办案中要秉持法律监督的精神，不忘法律监督的使命；另一方面，检察机关的办案不是简单的、孤立的诉讼活动，而是要通过诉讼活动保障法律统一正确实施。以办案的方式实行法律监督，不仅深入有力，而且切实有效。要强化法律

监督，就必须加强办案工作。

在监督中办案，就是以办案为实行法律监督的基本途径和手段，在法律监督中注重办案，克服割裂监督、虚置监督等错误倾向，用活用好办案手段。办案既是检察机关履行法律监督职责的基本手段，也是彰显法律监督实效的重要途径。离开了办案，法律监督就容易落空，也难以深入开展，甚至可能偏离法治轨道或者造成不良影响。办案是既有实体规则又有程序规则约束的诉讼活动，其规范性能够得到基本保证；诉讼外的或者相对单纯的监督活动如调查核实、检察建议、纠正违法意见等具有一定的随机性和灵活性，虽然也有一定的规则，但毕竟存在许多规则空白或者较大的自由裁量空间，容易出现监督过度或者不及、监督失当甚至失误等偏差。

监督与办案既有差异性，又有一致性，是辩证统一的关系。首先，监督与办案是目的与手段的关系。法律监督是检察机关的宪法定位，是检察机关和检察职能的本质属性和目标任务。检察机关的办案等职能活动都是法律监督的手段，通过办案实现法律监督是检察机关区别于其他国家机关的最突出的特点。其次，监督与办案是内容与形式的关系。"四大检察""十大业务"主要是办案，办案的方式和形式很多，但是检察机关办案的内容是唯一的、统一的，那就是法律监督。最后，检察机关的法律监督与办案具有内在的统一性。各项检察职能或者检察权都从属于、服从于、统一于法律监督。检察办案存在于各种诉讼和诉讼的许多环节，表现出不同的诉讼职能，实质都是法律监督的实现方式。因此，可以说，检察机关的办案都是法律监督，检察机关的法律监督主要靠办案。

三、"在办案中监督、在监督中办案"理念的历史渊源和理论基础

"在办案中监督、在监督中办案"是改革开放 40 多年来人民检察事

业发展最重要的经验之一。在改革开放的前 30 年里，检察机关曾三次被撤并。为什么人民检察事业的发展屡受挫折？政治经济环境的剧变固然是主要原因，但也在一定程度上与新中国检察制度的根基不牢，长期没有找到办案这个立身之本有很大关系。相反地，在改革开放的后 40 年间，人民检察事业顺利发展，检察机关在国家和社会生活中的地位和作用得到了广泛的认可。除了外部环境因素外，最重要的是，检察机关找到了并始终坚持通过办案来实现法律监督这一基本途径。特别是自 1993 年最高人民检察院提出并实行"严格执法，狠抓办案"工作方针后，检察机关每年查处职务犯罪案件 4 万件左右，对促进严格执法，保障法律的统一正确实施发挥了重要作用。这不仅为经济检察、法纪检察工作找到了正确的发展道路，而且为整个检察工作开拓出了一片崭新的天地。虽然偶尔有人对此提出疑问，甚至把工作发展中的失误都归结为"狠抓办案"，但是最高人民检察院党组始终高度重视办案对法律监督的意义，自觉地坚持以办案为中心推动检察工作全面发展。

"在办案中监督、在监督中办案"符合法律监督的定位和原理。1978 年叶剑英在《关于修改宪法的报告》中指出："鉴于同各种违法乱纪行为作斗争的极大重要性，宪法修改草案规定设置人民检察院。国家的各级检察机关按照宪法和法律规定的范围，对于国家机关、国家机关工作人员和公民是否遵守宪法和法律，行使检察权。"同各种"违法乱纪"行为作斗争的机关不只检察机关一个，检察机关的存在必须具有其独特的功能和价值。这就是实行法律监督，保证法律的统一正确实施。首先，法律监督不是简单地站在旁边看看和提提建议，而是要实实在在地办案，并通过办案发现和督促纠正执法不严和司法不公现象。其次，办案是符合检察机关司法属性的法律监督途径和方式。检察机关是国家的司法机关，是具有司法属性的法律监督机关，其基本职能就是履行特定的诉讼职能，也就是办案。通过办案实现法律监督是由检察机关的法律监督本质和司法属性决定的。检察机关主要通过司法手段，并在司法活动中履行法律监督职责，其职能活动带有鲜明的法定性、程序性和法律适用性等司法特征。最后，办案是将法律监督职责具体化、规范化、程序化的载体。空谈法律监督、孤立地看待法律监督和人为地割裂法律监督与办案的内在联系，必然导致法律监督的弱化，甚至把检察事业发展引入歧途。近年来，关于监督事项的案件化办理的改革探索正是提升监督工作规范化和工作力度的重要探索。

四、"在办案中监督、在监督中办案"理念针对的认识误区和错误观点

坚持"在办案中监督、在监督中办案"理念不仅是人民检察事业发展的经验总结，而且是针对办案与监督分离以及检察职能两分法（即把检察职能分为诉讼职能与监督职能）等错误认识提出的，具有很强的针对性。我们要旗帜鲜明地反对办案与监督相分离、检察职能两分法，坚持"在办案中监督、在监督中办案"理念，保障人民检察事业科学发展。

20 多年来，特别是在党的十六大后最高人民检察院党组提出"强化法律监督、维护公平正义"工作主题，从各个不同的角度和方面探讨强化法律监督的策略、途径和措施。有人提出，只有把检察机关的诉讼职能与法律监督分开，让一部分检察人员专门行使法律监督职能，才能保证法律监督不落空，才能使其得到强化。其理论基础是，检察职能可以分为诉讼职能和诉讼监督职能两类，即检察职能两分法。这一理论观点的出发点是好的，初看起来也有一定的合理性，但实质上是形而上学的，即片面对看待检察机关的诉讼职能和诉讼监督职能及其法律监督性质。具体来说，检察职能两分法的观点有三个方面的错误：一是把办案等同于诉讼职能，否定了诉讼监督的办案性质。二是把诉讼监督等同于法律监督，以偏概全。三是把诉讼职能与诉讼监督职能及其与法律监督的联系割裂开来，忽视了它们之间的内在一致性。

办案与监督相分离是一个认识误区。它不仅在理论上是错误的，而且在实践中是有害的。它实质上是要让我们走到改革开放前的老路上去。如果它被一些人利用来否定检察机关的法律监督性质，那就可能把我们引到资本主义检察制度的歧路上去。检察实践经验表明，不办案，法律监督就不能落实，更不可能得到强化。检察机关的诉讼职能只是实现法律监督的形式和途径，法律监督是检察机关履行诉讼职能和诉讼监督职能的内容和目标。人为地割裂办案（履行诉讼职能）与法律监督，把"法律监督与司法办案"作为检察工作的两个部分或者两大块，忽视二者的内在一致性和不可分割性，不仅会使检察机关的诉讼职能失去方向，而且会使检察机关的法律监督职能落空。法律监督离开司法办案就是无本之木、无源之水。我们必须自觉地走出办案与监督分离的认识误区，坚持人民检察事业科学发展的正确道路。

五、贯彻"在办案中监督、在监督中办案"理念的主要措施和配套机制

在检察工作中贯彻"在办案中监督、在监督中办案"，不仅是一个认识问题，而且涉及工作部署和工作机制。我们要坚持以办案为中心，坚持领导干部带头办案，并建立和健全以"案－件比"为核心的检察官业绩考评机制。

坚持以办案为中心的发展战略。司法办案是法律监督的载体，各项检察工作都要围绕办案来思考、谋划、论证、开展和评价。发挥法律监督作用和树立法律监督权威都要靠办案来实现和支撑。检察队伍建设、检务保障建设乃至基层检察院建设都要用司法办案这个基本指标来衡量其成效，检验其成果，促进其发展。

作为检察官的领导干部必须带头办案。各级检察院的检察官包括院领导、业务部门负责人都要办案，而且要在办案一线领办疑难复杂重大案件，以实际行动践行"在办案中监督、在监督中办案"理念，发挥以

上率下，以上促下的作用。这既是落实司法责任制的需要，也是人民检察事业科学发展的需要。

大力推进以"案－件比"为核心的检察官业绩考评机制建设。科学的业绩考评制度对于推动检察工作的发展具有十分重要的意义。首先，它是检察工作发展的指挥棒，特别是通过"案－件比"的要求，不仅有助于提升检察官办案的质量、效率和效果，而且直接影响检察官办案的积极性和态度。其次，它是检察工作的防错纠错机制，通过考评机制可以及时发现和纠正错案。检察官业绩考评的方式多种多样，专项考评、季度考评、年度考评等都主要是对办案工作的审查和评价，既是办案质量的保障机制，也是检察工作规范化的促进机制。

第四节　能动履职理念

在新阶段和新格局下，检察机关理应有新作为、新担当，检察工作理应有新发展、新气象。能动履职理念是最高人民检察院党组创新检察理念的又一重要成果，是全国检察机关和检察人员不断增强政治自觉、法治自觉和检察自觉的重要体现，是引领检察工作高质量发展并服务经济社会高质量发展的重要思路，是新时代新阶段深化检察改革、办好检察案件、用好检察职能、建好检察队伍的思想方法。

一、新时代检察实践赋予检察理念新内涵

在西方国家特别是20世纪40年代的美国兴起了司法能动主义。起初，司法能动主义用于区分美国联邦最高法院大法官的派别：司法能动派、司法克制派和中间派。与司法克制主义严格适用法律的自我约束不同，司法能动主义主张法律与政治不可分割，司法能够在促进社会福利中发挥作用。美国的司法克制主义与司法能动主义之争，实质上是形式

法治与实质法治之争。前者强调法律的稳定性、中立性、可预测性等形式合法性，后者寻求以实在法之外的标准衡量和检测法律的实质合法性。二者表面上针锋相对，实际上都为法治国家所必需，相辅相成。司法能动主义有助于防止形式解释简单化为机械司法，司法克制主义有助于防止实质解释超出国民预期。

在当代中国，能动司法是主动型、服务型、高效型司法的总称。它作为一种司法理念，提倡的是司法机关主动适应经济社会发展，积极发挥司法的主观能动性。新时代检察实践赋予检察理念新内涵，形成了能动履职理念：检察机关以高度的政治自觉、法治自觉、检察自觉积极担当作为，主动适应时代发展，充分履行法律监督职责，以检察工作高质量发展服务保障经济社会高质量发展。

中西对比，我们不难发现，能动履职是特定历史发展阶段的产物，是司法回应经济社会发展要求的必然选择。不同的是，我国的能动履职理念强调司法以结果（政治效果、社会效果、法律效果）为导向融入社会治理，服务发展大局，维护公平正义；西方司法能动主义则以隐性的法官个人正义观去能动解释、适用法律。我国能动履职理念是在党的绝对领导下推动检察工作创新发展：一是创新检察工作方式方法，体现在灵活运用检察职能上，使现有检察职能发挥更大、更优作用，譬如，检察听证的普及适用。二是拓展检察工作领域范围，体现在检察业务适度延伸上，使法律监督职能更有力、更有效地保证法律的统一正确实施，譬如，检察公益诉讼的"等"外探索。三是增强责任感、使命感，体现在助力全面依法治国，厚植党的执政基础的检察担当上，譬如，对群众来信7日内回复、3个月答复制度的实行。

二、能动履职是检察理念的深化和创新

最高人民检察院党组坚持以习近平新时代中国特色社会主义思想为指导，在学深悟透力行习近平法治思想中不断探寻做好检察工作的思想

和方法，提出并践行了一系列新检察理念。在全面建设社会主义现代化国家新征程上要有检察新作为，必须要以习近平法治思想为引领不断深化和创新检察理念。

能动履职理念是检察权复合性的重要体现。关于检察权的性质，西方国家存在被动性说和主动性说的对立。被动性说认为检察官是"法官之前的法官"。主动说认为检察机关是"准行政机关"。然而，这两种西方话语都不能准确概括或者解释我国的检察制度和检察实践。在我国，人民检察院是国家的法律监督机关。这就决定了检察职能具有被动性与主动性的复合性。正如"在办案中监督、在监督中办案"，检察办案包括审查逮捕、审查起诉有被动的一面，检察监督则有主动发现和督促纠正的一面，主动中有被动性，被动中也有主动性，二者有机统一于法律监督的检察履职过程中。我国检察权的这种复合性为能动履职理念奠定了理论基础。

能动履职理念是适应时代发展的必然要求。检察工作面临新的发展形势，肩负新的时代重任。当今世界正经历百年未有之大变局，我国社会主要矛盾已经转化为人民日益增长的美好生活需要和不平衡不充分的发展之间的矛盾，人民群众对民主、法治、公平、正义、安全、环境等方面有了更高需求和更高期待。相较之下，检察工作与习近平法治思想的要求、人民群众对检察工作的期待还有差距。检察机关在新的历史起点上因应"时代之变"，大力提倡能动履职理念。

能动履职理念是检察谋发展、重自强的客观需要。面对反贪职能转隶，检察机关坚持系统观念，树立"转隶就是转机"理念和"公益代表"理念，检察理念适时而变、以变促变。经历重塑性变革的检察机关构筑起"四大检察""十大业务"的检察新格局。打破了刑事检察"一家独大"的局面，"四大检察"全面协调充分发展，"十大业务"融合发展、综合检察显现雏形。实践证明，能动履职理念已经在开创检察工作新局面中发挥了重要的思想方法作用。

能动履职理念是提升检察工作能力的冲锋号角。人是最根本的因素。检察人员的专业能力和职业素质对于检察工作至关重要。具体而言，检察人员的政治素质、业务素质、职业道德素质是制约检察工作高质量发展的主要因素。以往，构罪即捕，逮捕即诉，一诉了之。现在，少捕慎诉慎押，羁押率下降了，"案-件比"降低了，认罪认罚从宽制度的适用率达到85%以上，检察听证日益普及。同时，检察机关正在从数量的显著变化转向质量的显著提升。例如，试点企业合规，促进行政争议实质性化解，运用社会治理类检察建议做好"后半篇文章"，等等。检察工作要做得更好、更深、更实，检察人员都必须"能动"起来。

三、把握法治规律和检察规律是践行能动履职理念的关键

要正确理解、坚持践行能动履职理念，积极主动担当作为，把每一项检察工作往前推进一步，把每一次法律监督的触角往前延伸一寸，在国家治理和社会治理中用足用好检察权。这靠的不仅仅是勇气，关键是要把握法治规律、检察规律。

一要坚持党的领导。每一个案件都事关政治，事关党的执政基础。要心怀国之大者，找准服务党和国家大局的切入点和着力点。紧扣民心这个最大政治，落实以人民为中心。做到所有这些，必须始终坚持党的领导、积极争取党的领导，主动融入党和国家工作大局。

二要立足法定职责。正确认识检察机关的职能、地位和作用，清醒认识到检察机关与其他执法司法机关在办案过程中是分工负责、各司其职的关系，法律监督不能代替其他监督，法律监督也不是高高在上、高人一等，但要本领高强、技高一筹。

三要秉持客观公正立场。公正司法是维护社会公平正义的最后一道防线。检察官不但是犯罪的追诉者，也是无辜的保护者和正义的守护

者。要加强执法司法制约监督，努力让人民群众在每一个司法案件中都能感受到公平正义。

四要杜绝机械司法。检察办案不能只守住形式"不违法"底线，必须将天理、国法、人情融为一体，坚持政治效果、社会效果、法律效果的有机统一，融法理情于办案全过程，让司法既有力度又有温度。

第四章 "四大检察"发展问题

　　党的十九大报告指出，中国特色社会主义进入新时代，我国社会主要矛盾已经转化为人民日益增长的美好生活需要和不平衡不充分的发展之间的矛盾，人民群众在民主、法治、公平、正义、安全、环境等方面有了更高层次的需求。社会主要矛盾发生转化，具体表现就是过去要解决"有没有"的问题，现在则要解决"好不好"的问题，难度无疑更大。解决新时代发展不平衡不充分问题，体现在方方面面。① 就司法领域来说，为了解决新时代的社会主要矛盾，我国不断深入推进司法体制改革，不断发展完善法律制度，对人民检察院组织法、民事诉讼法、行政诉讼法等法律进行了修改完善，赋予了检察机关提起公益诉讼的权力，从而确立了我国检察公益诉讼制度。在我国法律赋予检察机关公益诉讼职能后，我国检察机关的职能格局发生重大变化，形成了刑事检察、民事检察、行政检察、公益诉讼检察等"四大检察"职能的新格局。

　　"四大检察"是检察机关依法履行法律监督职责的重要手段，是为了满足新时代人民群众对法治和公平正义新需求而开展的重要工作，因而必须整体部署，统筹安排，保证做好各项检察工作。但是，从实践来看，"四大检察"发展并不平衡不充分，都存在一定的问题。针对"四大检察"存在的问题，最高人民检察院提出了要做优刑事检察、做强民

---

　　① 参见张军：《关于检察工作的若干问题》，载《国家检察官学院学报》2019 年第 5 期。

事检察、做实行政检察、做好公益诉讼检察,保证"四大检察"全面协调充分发展。因此,在新形势下,如何正确理解"四大检察"与法律监督的关系,如何准确理解"做优、做强、做实、做好"的内涵,如何保证"四大检察"全面协调充分发展等问题,就成为需要研究的重大课题。

第一节 "四大检察" 全面协调充分
发展的基础和保障

在我国,检察机关承担着维护国家政治安全、保障社会大局稳定、促进社会公平正义、保障人民安居乐业的重要使命和责任。人民群众对法治与司法的新需求,不仅涉及刑事检察,也更多地涉及民事检察、行政检察、公益诉讼检察。进入新时代,为满足人民群众多元司法需求,推进国家治理体系和治理能力现代化,检察机关必须优化检察资源配置,做好各项检察工作,为社会提供更好、更优、更新的法律产品和检察产品。

随着人民检察院组织法、检察官法等法律的修改和检察机关内设机构的重塑性改革,检察机关的"四大检察"并行的法律监督格局已经形成。检察机关如何平衡这"四大检察",保证"四大检察"可持续发展,最高人民检察院作出了明确回答,即检察机关应当主动适应形势发展变化,深化内设机构改革,推动"四大检察"全面协调充分发展。① 从目前情况看,检察机关做好检察工作,保证"四大检察"全面协调充分发展无论在理论上还是在实践上,都已经具备较好的基础和保障。

---

① 参见张军检察长 2019 年 1 月在全国检察长会议上的讲话。

一、"四大检察"全面协调充分发展的理论基础和保障

在新时代，随着我国检察职能的调整，反贪职能的转隶，有学者对检察机关的法律监督存在担忧，认为在监察体制改革背景之下，检察机关再次走到历史的十字路口，"失去职务犯罪侦查权的检察机关该如何实现其法律监督职能，处在大变革前夕的中国检察制度将何去何从？"① 有的学者甚至对检察机关的法律监督定位提出疑问，认为有了监察监督，就可以不需要检察机关的法律监督，主张检察机关应定位为"公诉机关与诉讼监督机关"。② 但是，2018 年新修订的宪法仍将检察机关定性为法律监督机关，检察机关也提出了一些新理念，这些都为我国"四大检察"发展提供了有力的理论支撑和保障。

（一）法律监督理论

在我国，法律监督理论是关于检察机关性质的理论阐述，也是体现权力制约的一种现代法治理论。一般认为，根据法律监督理论，我国在实行人民代表大会的政治体制下，应当将检察机关确定为国家的法律监督机关，法律监督是检察机关的本质属性。我国检察机关的法律监督性质是由我国人民代表大会的政治制度决定的，宪法将检察机关确立为法律监督机关也是在总结我国古代御史制度基础上发展起来的，同时借鉴了列宁的法律监督思想，是植根中国国情的理性选择，具有历史的必然性和价值上的合理性。

在我国宪法规定检察机关为国家法律监督机关的同时，我国法律又规定检察机关履行"四大检察"职能，即刑事检察职能、民事检察职

---

① 参见魏晓娜：《依法治国语境下检察机关的性质与职权》，载《中国法学》2018 年第 1 期。

② 参见胡勇：《监察体制改革背景下检察机关的再定位与职能调整》，载《法治研究》2017 年第 3 期。

能、行政检察职能和公益诉讼检察职能。其中,刑事检察职能包括检察侦查、批捕和决定逮捕、刑事公诉、刑事诉讼监督等职能;民事检察职能包括民事抗诉、民事支持起诉、民事诉讼和执行活动监督等职能;行政检察职能包括行政抗诉、行政诉讼和执行活动监督等职能;公益诉讼检察职能包括破坏生态环境和资源保护、食品药品安全领域等民事公益案件支持起诉、公诉、诉讼监督和破坏生态资源和资源保护、食品药品安全、国有资产保护、国有土地使用权出让等领域行政公益诉讼案件的监督、起诉、诉讼监督等职能,以及侵害英雄烈士姓名、肖像、名誉、荣誉的公益诉讼案件的起诉、诉讼监督等职能。因此,法律监督理论就面临着如何解释法律监督与检察职能之间的关系。对此,目前学术界主要有两种观点:一种观点认为,法律监督与检察职能是一个事物的两个方面,法律监督是本质属性,检察职能是具体手段,即主张法律监督一元论。另一种观点则认为,检察机关承担着诉讼职能和监督职能两种职能,这两种职能是平行的关系,即主张检察职能二元论。

我们认为,应当坚持法律监督一元论,反对二元论。即法律监督是检察机关的本质属性,各项检察职能都派生于法律监督,法律监督是本质,检察职能是检察机关实现法律监督的具体手段或方式。从哲学层面上讲,唯物辩证法是认识世界一切事物的根本方法。唯物辩证法认为,世界上的任何事物,既有共性也有个性,是共性与个性的辩证统一。共性与个性的关系,即普遍性与特殊性、一般与个别、本质与现象的关系。法律监督与各项检察职能之间体现着哲学中的共性与个性的辩证关系。宪法规定检察机关是国家的法律监督机关,这是对检察机关共性的界定,是从检察机关的各项职能中经过从个别到一般、从现象到本质、从个性到共性的辩证思维和理性抽象得出来的检察职能的根本属性。正是这一共性,使得各项检察职能都具有了法律监督的根本属性,都打上了法律监督的烙印,都是实现法律监督的手段或方式。从诉讼法学层面上讲,各项检察职能都体现了对权力进行制约的法律监督本质,而法律监督的实现也离不开各项检察职能。具体来说，刑事检察中的检察侦查职能，是对侦查人员、司法人员诉讼活动中违法犯罪行为的查处和追究，体现了对侦查权、审判权的法律监督；刑事公诉和诉讼监督职能，也体现了对侦查活动、审判活动的法律监督。民事检察中的民事抗诉、支持起诉、民事诉讼活动和执行活动监督等职能，体现了对法院民事审判权、执行权的法律监督。行政检察中的行政抗诉、行政诉讼和执行活动监督职能，体现了对法院行政审判权、执行权的法律监督。公益诉讼检察中的民事公益诉讼职能、行政公益诉讼职能，体现了对民事公益机构、行政机关违法行为和法院审判活动的法律监督。由此可见，法律监督与检察职能是一体的，二者是相互联系、相互依赖的辩证统一关系。

在我国，法律监督与"四大检察"职能一体的关系，是"四大检察"职能全面协调充分发展的重要理论基础和保障。一方面，法律监督作为"四大检察"职能的共性，是"四大检察"职能的根本属性，体现了"四大检察"职能的本质，因而法律监督可以统一协调"四大检察"职能，保证"四大检察"职能的发展方向，防止"四大检察"职能出现偏离，从而促进"四大检察"沿着正确的轨道全面协调发展。另一方面，"四大检察"职能都体现了检察机关的法律监督，都是检察机关的重要职能，对检察机关来说都具有同等重要的作用，因而检察机关要发挥法律监督作用，就不应当对"四大检察"职能顾此失彼、厚此薄彼、壁垒分割，而应当整体部署、统筹安排、相互融合、协调共进，以保证"四大检察"职能全面协调充分发展。

（二）"四大检察"理论

"四大检察"理论是关于检察机关职能划分的理论，也是新时代我国检察事业发展的新理论。根据"四大检察"理论，我国检察机关的所有检察职能可以分为刑事检察、民事检察、行政检察和公益诉讼检察等"四大检察"职能，这"四大检察"职能密切联系，相互影响，相互促进，在新时代"四大检察"应当全面协调充分发展。"四大检察"理论是新时代产生的一种检察理论，也是我国法治发展的一种新理论。我国进入新时代，随着反贪职能转隶和法律的修改，国家对检察机关的职能作出了重大调整。在此背景下，为了适应形势的发展变化，更好地满足人民群众多元司法需求，推进国家治理体系和治理能力现代化，最高人民检察院提出了"四大检察"职能的新格局①，并通过检察机关内设机构系统性、整体性、重塑性改革，推动"四大检察"全面协调充分发展。

在我国，"四大检察"理论的提出，不仅是对法律关于检察职能规定的分类概括，而且也是对检察实践状况分析总结而得出的结论。从当前检察实践来看，受过去以反贪为主、为重的影响，导致检察工作出现"三个不平衡"：一是刑事检察与民事检察、行政检察、公益诉讼检察工作发展不平衡。无论从检察机构设置、检察人员配备、检察人员能力素质上看，还是从检察机关办案数量、监督效果和社会影响上看，刑事检察都明显强于其他检察。二是在刑事检察职能中，公诉部门的工作与侦查监督部门、刑事执行检察部门的工作发展也不平衡。公诉工作分量更重，力量配备也相对更强。三是最高人民检察院、省级检察院的领导指导能力与市、县检察院办案工作的实际需求不适应、不平衡。

通过对"四大检察"发展不平衡的分析，检察机关普遍认为，导致"四大检察"发展不平衡的原因是多方面的，但主要是以下四个方面的原因：一是将主要精力放在反贪上，对其他检察工作重视不够。由于反贪是对国家工作人员贪污贿赂等犯罪行为开展侦查活动，不仅涉及国家

---

①　2019年3月15日，第十三届全国人大第二次会议通过关于最高人民检察院工作报告的决议指出：全面深化司法体制改革，加强过硬队伍建设，更好发挥人民检察院刑事、民事、行政、公益诉讼各项检察职能，为决胜全面建成小康社会提供更高水平司法保障。这表明，最高人民检察院提出的"四大检察"职能得到了最高国家权力机关的认同与肯定，标志着检察机关法律监督体系、检察职能新格局的基本定型，对丰富和发展中国特色社会主义检察制度具有里程碑意义。

公职人员的前途命运，也关系到党和国家的形象和权威，因而检察机关十分重视和慎重。同时，在反贪侦查工作中，检察机关往往会遇到涉嫌犯罪公职人员的干扰和影响，侦查难度较大，因而需要检察机关投入较大的人力物力，从而导致检察工作的不平衡。二是在思想上存在重刑轻民、重刑轻行的意识。由于刑事案件不仅涉及公民的名誉、财产等民事权益，而且涉及公民人身自由、生命等重要权利，导致检察机关更加重视刑事案件的办理。同时，在实践中刑事案件数量较大，民事、行政案件数量较少，也导致检察机关在刑事案件上投入更多的人力和物力。三是检察机关内设机构不合理。实践中检察机关设置的刑事内设机构较多，民行合一设置结构，这也加剧了刑事检察与民事检察、行政检察之间的不平衡。四是民事、行政、公益诉讼等方面的人才短缺。由于民事、行政、公益诉讼案件涉及面广、专业性强、办理难度较大，民商事和金融、网络、生态环境、食品药品等专业人才短缺的状况尚待改进。

在新时代，"四大检察"的提出和"四大检察"理论的形成，也是"四大检察"职能全面协调充分发展的重要理论基础和保障。"四大检察"理论不仅为"四大检察"的分类和实践提供了理论支持，而且为"四大检察"平衡健康发展指明了方向。

（三）检察发展新理念

理念是人所具有的信念、思想和观念，是指导其行为的思想灵魂。检察理念则是指导、引领检察人员办理案件的思想观念和灵魂。随着时代的变迁，理念也应当发展变化，只有这样，才能更好地适应时代的新要求。进入新时代，我国社会主要矛盾已发生重大转化，这是关系到全局的历史性变化，不仅对党和国家工作大局提出了许多新的、完全不同的要求，而且对检察工作也提出了新的更高要求。在新时代，检察工作要创新发展，就应当进行检察理念更新。理念一新天地宽。检察理念转变到位，检察官办案监督自然就有新思路、新方法和新局面。

为了适应新形势，保证检察工作全面发展，针对检察实践中存在的问题，最高人民检察院十分重视，积极研究解决对策，在反贪反渎职能转隶后，及时调整检察工作重点，提出了许多检察发展新理念，以指导和引导检察工作。概括起来，主要有以下检察发展新理念：一是在办案中监督、监督中办案。即检察办案与法律监督是统一的，检察办案就是法律监督，法律监督就是检察办案，检察机关履行各项法律监督职责，都要贯穿于检察办案中，检察官要牢固树立在办案中进行监督，在监督中进行办案的检察新理念。二是双赢多赢共赢的监督理念。即检察机关作为国家的法律监督机关，与公安机关、法院、行政机关等其他执法司法机关只是职责和分工不同，不存在地位高低的问题，检察机关对诉讼、行政执法过程中可能存在的法律适用错误进行法律监督，其实质是启动法定的纠错程序，提醒、促进被监督者重新审视并自我纠错。检察机关进行法律监督不是"零和博弈"，不是显现我对你错、我高你低、我赢你输，而是共同维护法治统一，是一种双赢多赢共赢的活动。因此，检察机关要与其他执法司法部门形成良性、互动、积极的工作关系，要树立双赢多赢共赢的监督理念。三是全面协调充分发展理念。即面对民事、行政、公益诉讼案件数量激增的新形势，检察机关应当改变"重刑轻民""重刑轻行"的传统观念，树立法律监督全方位、均衡化的思维，加强对民事、行政诉讼和行政机关的监督，以促进检察机关各项检察职能全面协调充分发展。四是"三个效果"相统一理念。即检察官履行各项检察职能，无论是刑事检察职能，还是民事检察职能、行政检察职能和公益诉讼检察职能，在具体办案过程中，要保证办案质量，就应当树立政治效果、社会效果、法律效果相统一的办案理念。五是主动又谦抑理念。即随着新时代我国社会主要矛盾的变化，面对执法司法工作中存在的诸多问题，检察机关应当主动作为，勇于承担维护国家法律统一正确实施的历史使命。同时，检察机关开展法律监督工作中又要秉持谦抑的理念，坚持比例原则，有所为有所不为。① 在具体监督过程中，检察官要明确监督的边界，防止把监督看成"无所不能、包打天下"的思想倾向；要以价值为标准确定是否需要实施法律监督，对于意义不大或者没有意义的，不轻易启动法律监督程序；要以效果为导向选择适当的法律监督方式，采取与被监督对象违法严重程度、紧急程度相适应的法律监督方式和手段，既不能软弱乏力，也不可"小题大做"。

在新时代，检察发展新理念的提出，为"四大检察"职能全面协调充分发展提供了有力的理论支撑和保障。一方面，检察发展新理念可以保证"四大检察"发展的正确方向，防止"四大检察"出现偏差。另一方面，检察发展新理念也可以为"四大检察"提供具体指导和引领，避免"四大检察"发展出现不平衡、不充分等问题。

二、"四大检察"全面协调充分发展的实践基础和保障

我国进入新时代后，检察机关的"四大检察"要全面协调充分发展，不仅有法律监督理论和检察新理念的支撑和保障，而且有法律修订后的新规定和各项检察工作实践的有力支撑和保障。

(一) 刑事检察实践

刑事检察是"四大检察"的重要内容，新时代刑事检察的全面充分发展，有我国法律和检察实践的支撑和保障。从法律层面上看，我国人民检察院组织法、刑事诉讼法和检察官法等对检察机关的刑事检察职能作出了明确规定。例如《人民检察院组织法》第20条规定，人民检察院行使下列职权：（1）依照法律规定对有关刑事案件行使侦查权；（2）对刑事案件进行审查，批准或者决定是否逮捕犯罪嫌疑人；（3）对

---

① 参见苗生明：《以科学理念指引新时代检察监督实践》，载《检察日报》2018年7月25日，第3版。

刑事案件进行审查，决定是否提起公诉，对决定提起公诉的案件支持公诉；（4）对诉讼活动实行法律监督；（5）对判决、裁定等生效法律文书的执行工作实行法律监督；（6）对监狱、看守所的执法活动实行法律监督；（7）法律规定的其他职权。《刑事诉讼法》第3条规定，对刑事案件的批准逮捕、检察机关直接受理的案件的侦查、提起公诉，由人民检察院负责。第8条规定，人民检察院依法对刑事诉讼实行法律监督。可见，我国法律赋予了检察机关部分刑事案件侦查权、批捕权、刑事公诉权、刑事诉讼监督权等广泛的刑事检察职权，以保障检察机关全面充分地开展刑事检察工作。

从实践层面上看，检察机关行使法律规定的各项刑事检察职权，办理了大量的刑事案件。例如2018年，全国检察机关共批准逮捕各类犯罪嫌疑人1056616人，提起公诉1692846人，对涉嫌犯罪但无须逮捕的决定不批捕116452人，对犯罪情节轻微、依法可不判处刑罚的决定不起诉102572人，对不构成犯罪或证据不足的决定不批捕168458人、不起诉34398人。其中，起诉侵犯公民人身权利、民主权利犯罪223648人，侵犯财产犯罪424775人，破坏社会主义市场经济秩序犯罪113285人，危害公共安全犯罪401108人，妨害社会管理秩序犯罪509569人，其他犯罪20461人。在刑事诉讼监督方面，检察机关督促侦查机关立案22215件、撤案18385件，对侦查机关违法取证、适用强制措施不当等提出书面纠正意见58744件次，对认为确有错误的刑事裁判提出抗诉8504件，监督纠正减刑、假释、暂予监外执行不当39287人次，纠正判处实刑罪犯未执行刑罚3031人，对财产刑执行监督提出书面纠正意见31464件，促进执行28052件等。[①] 由此可见，检察机关根据法律的规定，每年都办理大量的刑事案件，积累了丰富的刑事检察经验，这些都为今后刑事检察工作的发展奠定了坚实的实践基础。

---

① 以上数据参见2019年最高人民检察院工作报告。

(二) 民事检察实践

民事检察作为"四大检察"中的传统检察业务，我国法律对民事检察作出了许多规定并将不断完善，而且检察机关也办理了许多民事检察案件，这些都是新时代民事检察全面充分发展的重要基础和保障。从法律方面来看，人民检察院组织法、民事诉讼法和检察官法等对检察机关的民事检察职能作出了明确规定。例如《人民检察院组织法》第 20 条规定，人民检察院有权对诉讼活动实行法律监督。《民事诉讼法》第 14 条规定，人民检察院有权对民事诉讼实行法律监督。第 215 条规定，最高人民检察院对各级人民法院已经发生法律效力的民事判决、裁定，上级人民检察院对下级人民法院已经发生法律效力的民事判决、裁定，发现确有错误的，或者发现调解书损害国家利益、社会公共利益的，有权提出抗诉。地方各级人民检察院对同级人民法院已经发生法律效力的民事判决、裁定，发现有错误的，或者发现调解书损害国家利益、社会公共利益的，可以向同级人民法院提出检察建议，也可以提请上级人民检察院向同级人民法院提出抗诉。各级人民检察院对审判监督程序以外的其他审判程序中审判人员的违法行为，有权向同级人民法院提出检察建议。第 217 条规定，人民检察院因履行法律监督职责提出检察建议或者抗诉的需要，可以向当事人或者案外人调查核实有关情况。第 242 条规定，人民检察院有权对民事执行活动实行法律监督。由此可见，我国法律赋予了检察机关民事抗诉权、民事诉讼监督权、民事执行监督权、调查核实权等民事检察职权，以保障检察机关充分开展民事检察工作。

从实践方面来看，检察机关行使各项民事检察职权，办理了许多民事监督案件。例如 2017 年，全国检察机关对认为确有错误的民事生效裁判、调解书提出抗诉 3144 件，提出民事再审检察建议 21130 件，对审判程序中的违法情形提出检察建议 8.3 万件，对民事执行活动提出检察建议 12.4 万件，监督纠正虚假诉讼 1000 件。2018 年，全国检察机关共提出民事抗诉 3933 件，同比上升 25.1%，提出再审民事检察建议 4087 件，同比上升 32.1%，对选择性执行、超范围查封扣押等违法情形提出检察建议 23814 件，同比上升 12.7%。其中，最高人民检察院对 33 件典型案件提出抗诉，同比上升 6.5%；监督纠正 1484 件虚假诉讼，同比上升 48.4%。2019 年，全国检察机关提出民事抗诉 5103 件，同比上升 29.8%；提出再审检察建议 7972 件，同比上升 95.1%。同时，最高人民检察院组织专项监督，纠正虚假诉讼 3300 件，对涉嫌犯罪的起诉 1270 人，同比分别上升 122.4% 和 154%。对执行活动中的违法情形提出检察建议 23437 件，对拒不执行判决、裁定的批捕 2318 人，同比分别下降 1.6% 和 2.4%。① 可见，检察机关每年都办理许多民事监督案件，积累了较丰富的民事检察经验，这些都为今后民事检察工作的发展奠定了坚实的实践基础。

（三）行政检察实践

我国法律赋予了检察机关一定的行政检察监督权，检察机关行使行政检察监督权办理了一定数量的行政检察案件，这为我国新时代行政检察充分发展提供了有力的实践基础和保障。从法律方面来看，我国人民检察院组织法、行政诉讼法和检察官法等对检察机关的行政检察职能作出了明确规定。例如《人民检察院组织法》第 20 条规定，人民检察院有权对诉讼活动实行法律监督。《行政诉讼法》第 11 条规定，人民检察院有权对行政诉讼实行法律监督。第 93 条规定，最高人民检察院对各级人民法院已经发生法律效力的行政判决、裁定，上级人民检察院对下级人民法院已经发生法律效力的行政判决、裁定，发现确有错误的，或者发现调解书损害国家利益、社会公共利益的，有权提出抗诉。地方各级人民检察院对同级人民法院已经发生法律效力的行政判决、裁定，发现确有错误的，或者发现调解书损害国家利益、社会公共利益的，可以

---

① 以上数据参见 2018 年、2019 年和 2020 年最高人民检察院工作报告。

向同级人民法院提出检察建议，也可以提请上级人民检察院向同级人民法院提出抗诉。各级人民检察院对审判监督程序以外的其他审判程序中审判人员的违法行为，有权向同级人民法院提出检察建议。第 101 条规定，人民检察院对行政案件受理、审理、裁判、执行的监督，本法没有规定的，适用民事诉讼法的相关规定。可见，我国法律赋予了检察机关行政抗诉权、行政诉讼监督权、行政执行监督权等行政检察职权，以保障检察机关充分开展行政检察工作。

从实践方面来看，检察机关行使各项行政检察职权，办理了一定数量的行政检察监督案件。例如 2017 年，全国检察机关对确有错误的行政生效判决、裁定提出抗诉 139 件，提出行政再审检察建议 60 件。2018年，全国检察机关对认为确有错误的行政判决、裁定提出抗诉 117 件，同比下降 15.8％；提出再审检察建议 90 件，同比上升 50％，提出行政检察建议 6528 件。2019 年，全国检察机关对认为确有错误的行政判决、裁定提出抗诉 156 件，同比上升 33.3％，提出再审检察建议 83 件，同比下降 7.8％。① 由此可见，检察机关根据法律的规定，每年都办理了一定数量的行政检察监督案件，积累了一定的行政检察经验，这为新时代行政检察工作充分发展奠定了实践基础。

（四）公益诉讼检察实践

公益诉讼检察是"四大检察"中的一项新型检察职能，我国新修订的法律赋予了检察机关公益诉讼职权，目前检察机关依法也开展了大量的公益诉讼检察工作，这些都为新时代公益诉讼检察的全面充分发展提出坚实的基础和保障。从法律层面上看，我国人民检察院组织法、民事诉讼法、行政诉讼法、英雄烈士保护法和检察官法等对检察机关的公益诉讼检察职能作出了明确规定。例如《人民检察院组织法》第 20 条规定，人民检察院有权依照法律规定提起公益诉讼。《民事诉讼法》第 58

---

① 以上数据参见 2018 年、2019 年、2020 年最高人民检察院工作报告。

条规定:"对污染环境、侵害众多消费者合法权益等损害社会公共利益的行为,法律规定的机关和有关组织可以向人民法院提起诉讼。人民检察院在履行职责中发现破坏生态环境和资源保护、食品药品安全领域侵害众多消费者合法权益等损害社会公共利益的行为,在没有前款规定的机关和组织或者前款规定的机关和组织不提起诉讼的情况下,可以向人民法院提起诉讼。前款规定的机关或者组织提起诉讼的,人民检察院可以支持起诉。"《行政诉讼法》第 25 条规定:"人民检察院在履行职责中发现生态环境和资源保护、食品药品安全、国有财产保护、国有土地使用权出让等领域负有监督管理职责的行政机关违法行使职权或者不作为,致使国家利益或者社会公共利益受到侵害的,应当向行政机关提出检察建议,督促其依法履行职责。行政机关不依法履行职责的,人民检察院依法向人民法院提起诉讼。"《英雄烈士保护法》第 25 条规定:"对侵害英雄烈士的姓名、肖像、名誉、荣誉的行为,英雄烈士的近亲属可以依法向人民法院提起诉讼。英雄烈士没有近亲属或者近亲属不提起诉讼的,检察机关依法对侵害英雄烈士的姓名、肖像、名誉、荣誉,损害社会公共利益的行为向人民法院提起诉讼。负责英雄烈士保护工作的部门和其他有关部门在履行职责过程中发现第一款规定的行为,需要检察机关提起诉讼的,应当向检察机关报告。"可见,我国法律赋予了检察机关公益案件起诉权、支持起诉权、检察建议权等公益检察职权,以保障检察机关全面开展公益诉讼检察工作。

从实践层面上看,自 2017 年法律赋予检察机关公益诉讼检察职权以来,检察机关办理了大量的公益诉讼案件。例如 2017 年下半年,全国检察机关共办理公益诉讼案件 10925 件。2018 年全国检察机关共立案办理民事公益诉讼 4393 件、行政公益诉讼 108767 件。其中,涉及生态环境和资源保护 59312 件、食品药品安全 41118 件、国有财产保护 10025 件、国有土地使用权出让 2648 件、英烈权益保护 57 件。其中,促请英烈近亲属起诉 21 件(英烈亲属起诉 15 件、英烈亲属未起诉而由检察机关提起民事公益诉讼 6 件），向有关部门发出检察建议 36 件。共办理诉前程序案件 102975 件。其中，公告督促有关社会组织提起民事公益诉讼 1721 件；向行政机关发出检察建议 101254 件。共提起公益诉讼 3228 件。2019 年，全国检察机关共办理民事公益诉讼 7125 件、行政公益诉讼 119787 件，同比分别上升 62.2% 和 10.1%，发出诉前检察建议 103076 件，同比上升 1.8%，对法律明确赋权领域之外人民群众反映强烈的公益损害问题，探索立案 7950 件。① 检察机关通过办理大量的公益诉讼案件，积累了较为丰富的公益诉讼检察经验，这无疑为今后公益诉讼检察工作的全面充分发展奠定了坚实的实践基础。

三、"四大检察"全面协调充分发展的组织基础和保障

在新时代，我国检察机关"四大检察"的全面协调充分发展，不仅具有检察理论、法律实践的支撑和保障，而且有检察机关重组的内设机构、专门设立的专业办案组织、重新建立的内部制约机构等方面的组织基础和保障。

（一）重组的内设机构

在我国，法律赋予检察机关的各项检察职权，都需要通过检察机关的内设机构来行使，可以说，检察机关的内设机构是检察职权运行的组织载体，也是检察职权得以实现的重要组织保障。在反贪职能转隶之前，检察机关的主要力量都集中在刑事检察业务上，检察机关的内设业务机构也主要为刑事检察机构，如反贪局、渎检局、侦查监督部门、公诉部门、刑事执行检察部门等，而民事检察职能和行政检察职能则只有一个民行检察机构来承担，这种内设机构设置的单一性不利于检察职能的全面发展，更难以保证检察机关"四大检察"的全面充分发展。

---

① 以上数据参见 2018 年、2019 年和 2020 年最高人民检察院工作报告。

随着反贪职能的转隶和我国法律的修改，检察机关的职能发生了重大调整，即检察机关不再承担反贪侦查职能，但增加了公益诉讼这一新的检察职能。这样，检察职能调整后，检察机关就承担刑事检察、民事检察、行政检察和公益诉讼检察等"四大检察"职能。为了保证各项检察职能的充分履行，按照"一类事项原则上由一个部门统筹、一件事情原则上由一个部门负责"的原则，经中央批准，最高人民检察院对内设机关进行了重大改革。2019年1月3日，国家新闻办举行了最高人民检察院改革内设机构全面履行法律监督职能发布会，最高人民检察院检察长、首席大检察官张军介绍了检察机关内设机构重大改革的情况。① 即检察机关的内设机构按照"四大检察"来设置，最高人民检察院分别设置刑事检察厅、民事检察厅、行政检察厅、公益诉讼检察厅等内设机构，省级、市级和县级检察院的"四大检察"部门分别称"部"。由此可见，这次检察机关内设机构调整是一次重塑，是一次系统性、整体性、结构性的内设机构调整，这种内设机构重组为新时代检察机关的"四大检察"全面协调充分发展提供了重要保障。

（二）专门设立的专业办案组

根据我国法律规定，检察机关具有广泛的检察职权，包括部分职务犯罪的侦查权、批准逮捕和决定逮捕权、公诉权、诉讼监督权等职权。从检察实践来看，在新一轮司法改革之前，检察机关内部没有独立的办案组，法律赋予的各项检察职权由检察机关统一行使，检察机关办案实行"三级审批制"，即"检察人员承办，办案部门负责人审核，检察长或者检察委员会决定"的办案机制。② 这种办案方式虽然有利于内部监

①　参见《检察机关内设机构改革是一次系统性结构重塑意义重大》，载国务院新闻办公室网站，www. scio. gov. cn，2019年1月3日。
②　参见龙宗智：《检察机关办案方式的适度司法化改革》，载《法学研究》2013年第1期。

督制约，保证办案质量，但是却不符合司法办案"独立性"和"亲历性"的要求，也不利于司法责任的追究和落实，更不利于检察官个人专业能力的提高和独立办案主体意识的培养。

为了提高检察官司法办案能力，有效落实司法责任制，切实贯彻习近平总书记"注重培养专业能力、专业精神"的要求，我国开启了以员额制法官、检察官为核心的新一轮司法改革。就检察机关来说，全面推行员额制检察官制度，即检察机关实行一定限额的检察官，只有入额的检察官，才能组建办案组，才有资格办案、具有办案职权的一种办案制度。根据中央政法委《关于严格执行法官、检察官遴选标准和程序的通知》（2017 年）和最高人民检察院《关于完善人民检察院司法责任制的若干意见》（2015 年）《关于完善检察官权力清单的指导意见》（2017年）等规定，截至 2017 年 11 月，全国检察机关共遴选出 84444 名员额检察官，占中央政法专项检察人员编制的 32.78%。① 这些遴选出来的员额检察官被配置到各个检察业务部门，并以员额检察官为主、配以一定数量的检察官助理，组建了多种专业办案组，包括刑事办案组、民事检察办案组、行政检察办案组、公益诉讼检察办案组等。这些专业办案组拥有较大的独立办案职权，是检察权独立行使的真正主体，它们的建立和完善是今后检察机关"四大检察"职能能够全面协调充分发展的重要组织基础和保障。

（三）重新建立的内部制约机构

在我国，检察机关各项检察职权的公正行使不仅需要外部监督制约，更需要检察机关内部的监督制约。就检察机关内部监督制约来说，由于具体行使检察职权的主体不同，检察机关的内部监督制约机构也不相同。例如，在检察机关实行"三级审批制"的办案模式下，检察职权

---

① 参见王治国、郭洪平：《全国检察机关遴选出员额内检察官 84444 名》，载《检察日报》2017 年 11 月 2 日。

的行使主体分三个层级，每一层级都行使一定的检察职权，即检察人员行使具体的讯问（询问）权、证据调查收集权、案件处理建议权等，办案部门负责人行使各种决定的审核权，检察长或者检察委员会行使案件决定权。在这种模式下，检察机关建立了上级领导、内部纪检部门、控告申诉部门等内部监督制约机构。

在新形势下，随着员额制检察官改革的推行，检察机关的检察职权行使方式发生了重大变革，即检察职权由原来检察机关集体行使转变为由员额检察官个人行使，员额检察官成为了真正的办案主体，可以独立行使授权范围内的各项检察职权。也就是说，在实行员额制检察官办案模式下，检察机关"四大检察"的各项检察职权主要由员额检察官来行使。因此，为了保证员额检察官依法公正行使各项检察职权，检察机关重新组建了内部监督制约机构。具体来说，除了上级领导、纪检部门、控告申诉部门的监督制约外，检察机关还建立了以下内部制约新机构：（1）案件管理中心，负责对员额检察官办案流程、质量进行监控和评查、评价等，以监督员额检察官的办案行为。（2）检察官联席会议，对重大疑难复杂、存在重大意见分歧、可能对检察机关司法公信力产生影响等的案件，进行讨论并提出意见，供办案检察官参考。如果承办检察官不采纳大多数检察官的意见，应当作出合理解释并记录在案。这显然对检察官行使办案决定权是一种有效的监督制约。（3）检务督察部门，通过受理检察官在司法办案中违反检察职责行为的投诉举报以及控告申诉部门等移送的违反检察职责行为的线索，并进行调查核实和认定司法过错责任，从而对员额检察官的办案行为进行监督制约。由此可见，检察机关重新建立的内部监督制约机构能够对员额检察官依法公正行使各项检察职权发挥重要作用，这无疑对新时代检察机关"四大检察"全面协调充分发展能够提供有力的支撑和保障。

第二节　做优刑事检察

在新形势下，为了更好地满足人民群众对司法的多元需求，最高人民检察院提出了做优刑事检察的新目标。各级检察机关要实现该目标，就应当正确理解做优刑事检察的内涵，明确做优刑事检察的着力点，切实抓好做优刑事检察的各种措施。

一、做优刑事检察的内涵

关于做优刑事检察的内涵，检察机关目前尚没有明确的规定，学术界对此也缺乏研究，也没有提出明确的观点。我们认为，所谓做优刑事检察，是指在目前刑事检察做得较好的基础上，各级检察机关应当进一步全面提升刑事检察质量，有效减少刑事检察工作中的错误，着力提高刑事检察队伍专业化水平，积极创新刑事检察工作，以保证每一个刑事案件都实现司法公正。具体来说，做优刑事检察包括全面提升刑事检察质量、有效减少刑事检察错误、强化诉讼监督特别是侦查监督、着力提高刑事检察专业化水平、积极创新刑事检察工作等五个方面的内容。

（一）全面提升刑事检察质量

全面提升刑事检察质量，就是在刑事检察工作较好的基础上，进一步提高刑事案件实体公正和程序公正水平，将刑事检察做得更好。在我国检察机关"四大检察"职能中，刑事检察职能发展最早，内涵最为丰富，诉讼程序最为完整，是检察机关最基本的职能和核心业务，也是检察机关服务党和国家大局最为重要的职能。从检察实践来看，在检察机关内部，相比其他三大检察，刑事检察部门最多，刑事检察人员和办案数量也最多，检察机关每年都审查批捕和起诉大量刑事案件，在及时有效打击犯罪，维护国家政治安全和社会秩序，保障人民群众生命财产安全，促进社会和谐稳定等方面发挥着重要作用。

虽然目前检察机关刑事检察做得较好，但仍有提升的较大空间。刑事案件质量包括实体质量和程序质量，而刑事案件实体质量和程序质量体现在刑事案件的方方面面，提高刑事案件各方面的质量，实现实体公正和程序公正永远在路上。从检察实践来看，刑事检察包括部分职务犯罪侦查、审查批捕和决定逮捕、刑事公诉、刑事诉讼监督等活动，其中，部分职务犯罪侦查又包括立案、调查、采取侦查行为和强制措施等诉讼活动，刑事诉讼监督又包括刑事立案监督、侦查监督、审判监督、刑罚执行监督等内容。由此可见，刑事检察内容的丰富性，决定了刑事检察质量提升具有巨大的空间，刑事检察中的每一个诉讼活动都有质量提升的空间，如在部分职务犯罪侦查中，既可以提升立案和采取强制措施的准确性，也可以提升各种侦查行为的规范性，进而提升整个刑事案件的质量。只有全面提升刑事案件的质量，才能保证检察机关做优刑事检察。

（二）有效减少刑事检察错误

有效减少刑事检察错误，就是检察机关和检察官在办理刑事案件时应当尽量减少错误，避免案件出现瑕疵特别是出现冤错案件。没有案件错误是案件质量高的重要标志，也是做优刑事检察的重要内容。从司法实践来看，无论是国内还是国外，司法机关或者司法人员办理刑事案件出现错误在所难免，因为刑事案件的办案过程是一种事后证明和复原案件的过程，该过程受到主客观多种因素的影响和制约，要做得百分之百地查明案件事实、分毫不差地适用诉讼程序，几乎是不可能的。但是，司法人员通过发挥主观能动性，提高业务能力和责任心，可以有效减少或者避免办案中可能出现的错误，这是做优刑事检察的必然要求，也是做优刑事检察的重要保证。

在我国，检察机关办案刑事案件的整体质量是高的，办案效果也是好的。但这并不等于说检察机关办理刑事案件不存在任何问题，办案效果十全十美。因为从检察实践来看，检察机关和检察人员办案刑事案件仍存在大量问题。例如，有的检察机关或检察人员办案超过诉讼期限，不及时告知当事人所享有的诉讼权利，对律师的诉讼权利保障不到位，对公安机关的侦查违法行为不及时进行法律监督，有的地方甚至出现了冤错案件等。这些现象的发生原因是多方面的，既有主观原因，也有客观原因，但无论怎样，都说明检察机关办理刑事案件的质量尚有提升的空间。各级检察机关只要全面查找刑事办案中存在的问题，认真分析原因，不断改进措施，就可以有效减少刑事办案中的错误，保证做优刑事检察。

（三）强化诉讼监督特别是侦查监督

强化诉讼监督特别是侦查监督，就是在现有诉讼监督工作较好的基础上，进一步采取措施提高诉讼监督特别是侦查监督的及时性和准确性，以有效减少和避免诉讼中的违法行为。在我国，对刑事诉讼活动进行法律监督是检察机关的一项重要职能，也是维护刑事司法公正的重要保障。刑事诉讼监督职能发展最早，内涵最为丰富，是检察机关的最基本职能，也是检察机关诉讼监督的重心。因此，不断强化刑事诉讼监督特别是侦查监督工作，是有效减少刑事诉讼违法行为的关键，也是做强刑事检察的重要保证。

从检察实践来看，检察机关对刑事诉讼活动进行法律监督，主要是对公安机关的侦查活动和法院的审判活动进行法律监督，比较而言，法院审判活动中出现的违法行为较少，而公安机关侦查活动中的违法行为较多。例如2019年，全国检察机关对侦查机关违法取证、适用强制措施不当等提出书面纠正意见58744件次，同比上升22.8%；对认为确有错误的刑事裁判提出抗诉 8504 件，法院已改判、发回重审 5244 件，同比分别上升 7.2% 和 8.4%。① 这是因为：一方面，法院的审判程序较为公开，有多方参与，有利于防止和减少违法行为；公安机关的侦查程序相对封闭，律师参与度不高，容易产生违法行为。另一方面，公安机关维护社会稳定的压力较大，侦查破案的任务较为繁重，容易出现违法行为；而法院维护社会稳定的压力较小，其审判活动又具有较强的独立性，不容易出现违法行为。虽然如此，但实践中诉讼中的违法行为也时有发生。要进一步提高刑事司法水平、做优刑事检察，就应当进一步强化诉讼监督特别是侦查监督的力度。

（四）着力提高刑事检察专业化水平

着力提高刑事检察专业化水平，就是检察机关进行员额制改革后，刑事检察队伍应当走专业化道路，大力提高刑事检察官队伍的专业化水平。2019 年 1 月，习近平总书记在中央政法工作会议上强调，"加快推进政法队伍革命化、正规化、专业化、职业化建设，忠诚履职尽责，勇于担当作为，锐意改革创新，履行好维护国家政治安全、确保社会大局稳定、促进社会公平正义、保障人民安居乐业的职责任务"，"努力打造一支党中央放心、人民群众满意的高素质政法队伍"。② 习近平总书记提出的政法队伍"四化"建设，是新时代党中央对政法队伍建设的新要求，也是政法机关完成新任务的根本保证。在"四化"建设中，"革命化"是保障，"正规化"是基础，"专业化"是核心，"职业化"是目标。对检察机关来说，新时代要做优刑事检察，就必须有一支政治坚定、业务精通、作风优良、司法公正的刑事检察官队伍，因而着力提高刑事检察专业化水平，是做优刑事检察的基本要求。

---

① 参见 2019 年最高人民检察院工作报告。
② 参见习近平总书记在中央政法工作会议上发表重要讲话，载新华网，www. news. cn，2019 年 1 月 16 日。

在我国，刑事检察工作的内容十分广泛，是一项专业性极强的司法工作。检察机关要做好这项工作，就应当对刑事检察官进行专业化建设，不仅要提高其专业知识，而且要丰富其检察实践经验，不断提高其专业化水平。从检察实践来看，近年来，各级检察机关在抓好各项检察业务工作的同时，大力加强检察队伍建设，使检察官的整体素质有了明显提高，为检察机关依法履行宪法和法律赋予的职责提供了坚强的组织和人才支持，但是，我们也应当清醒地看到，检察官队伍的现状离党和人民的要求仍有相当的差距，刑事检察官队伍的整体素质尚不能完全适应新时代和新任务的需要。面对新时代人民群众对司法的多元需求，检察机关内设机构改革的新形势，检察官办案职权扩大和司法责任加重等新情况，各级检察机关必须以专业化建设为核心，从观念上、体制上、政策上、方法上积极探索，大胆创新，着力提高刑事检察官队伍的专业化水平，为做优刑事检察提供有力的人才保证。

（五）积极创新刑事检察工作

积极创新刑事检察工作，就是为了适用新形势的要求，全面完成新时代检察工作任务，检察机关积极进行检察理念、工作机制、工作方法和措施等方面的创新工作。进入新时代后，我国社会主要矛盾已经转化为人民日益增长的美好生活需要和不平衡不充分的发展之间的矛盾，人民群众在民主、法治、公平、正义、安全、环境等方面有了更高水平、更丰富内涵的需求，这对检察工作提出了新的要求。面对新形势和新要求，检察机关要做优刑事检察工作，满足人民群众的新需求，就应当进行进行检察理念、工作机制和方法等方面的创新，努力提升检察机关法律监督供给能力，为人民群众、为社会和新时代提供更好、更优、更实在的法治产品、检察产品。由此可见，积极创新刑事检察工作是检察机关做优刑事检察的重要内容和保证。

从检察实践来看，自反贪职能、机构和人员转隶后，我国法律又赋予检察机关一些新的刑事检察职能,如与监察机关在职务犯罪案件中的配合和制约、认罪认罚案件中的检察主导、未成年人案件中检察社会调查评估、刑事缺席审判案件中的检察职能、速裁程序中的检察程序控制等。检察机关要履行好这些新职能,不仅要创新办案观念和理念,而且要创设新的办案机制和措施。如检察机关要处理好与监察机关之间的办案关系,就应当转变传统的法律监督理念,树立双赢多赢共赢的理念,强调二者之间的配合与制约。同时应当创新职务犯罪案件衔接机制,解决好监察机关调查程序与检察机关审查起诉程序之间的程序衔接问题。又如在认罪认罚案件中,检察机关应当转变传统的单纯追诉犯罪的观念,树立与犯罪嫌疑人和律师"平等协商"的新理念,同时也应当创新相应的"平等协商"程序机制,以保证当事人认罪认罚的自愿性和真实性,实现办案政治效果、社会效果、法律效果相统一的目标。面对新时代刑事检察工作中的新问题,各级检察机关只有积极创新刑事检察工作理念和机制,才能保证做优刑事检察工作,促进检察工作全面发展。

二、刑事检察遇到的问题

在我国,刑事检察工作一直是检察机关的重要工作,成绩非常突出,得到党中央的充分肯定和社会的广泛认可。但是,进入新时代,随着社会主要矛盾的变化和法律的修改,检察机关的刑事检察工作也遇到一些新问题,主要是捕诉一体办案出现新问题、认罪认罚从宽制度未完全落实、监检办案衔接机制尚不完善等问题。

(一)捕诉一体办案出现新问题

在新形势下,检察机关面临许多新问题,如员额检察官制度的实行,使得办案的检察官数量减少,加剧了检察机关案多人少的矛盾;刑事快速程序的实施,要求检察机关提高办案效率;以审判为中心的刑事诉讼制度改革的深入推进,对检察机关的办案质量、审前程序的控制和主导作用提出了新要求。为了解决检察实践中的问题，检察机关进行了内设机构改革，实行捕诉一体的办案机制。① 从检察实践来看，捕诉一体办案机制对刑事办案产生了明显的效果：一是捕诉一体促进了检察官少捕慎捕，有效保障了人权；二是捕诉一体提高了办案效率，缓解了实践中案多人少的现实问题；三是捕诉一体增强了检察官的办案责任心，提高了检察官素质。②

但是，检察机关实行捕诉一体办案机制后也出现了一些新问题，主要是：（1）职务犯罪侦查案件如何实行捕诉一体的办案机制，即在修改后的刑事诉讼法赋予检察机关部分职务犯罪侦查权后，检察机关对这类职务犯罪侦查案件如何实行捕诉一体。2018 年 11 月 1 日，最高人民检察院制定了《关于人民检察院立案侦查司法工作人员相关职务犯罪案件若干问题的规定》，根据该规定，检察机关可以对 14 个罪名的职务犯罪案件立案侦查。一般情况下，由设区的市级以上的检察机关进行立案侦查，包括决定逮捕，然后交由区基层检察机关审查起诉，这种检察机关就无法实行捕诉一体的办案机制。（2）以起诉标准要求批捕工作。为了降低检察机关的批捕率，减少对犯罪嫌疑人的羁押，同时防止出现错案，保证案件能够得到法院的有罪判决，在实行捕诉一体办案机制后，有的地方检察院检察官往往以起诉的标准对待审查批捕工作，无意中提高了审查批捕的标准。（3）对无罪案件以相对不起诉"下台阶"。实行捕诉一体办案机制后，有的地方检察院对已经批捕的犯罪嫌疑人，在审查起诉中发现无罪的，为了避免承担错案赔偿的责任，或者被上级检察机关作出不利的考核结果，影响本检察院的业绩等，往往对犯罪嫌疑人作出相对不起诉决定，给自己寻找"合法"的台阶。

---

① 2019 年 1 月 3 日，在国务院新闻办新年首场新闻发布会上，最高人民检察院张军检察长对中外媒体宣布，最高人民检察院撤销侦监厅和公诉厅，重新组建十个检察厅，刑事办案机构实行捕诉一体办案机制。参见郭璐璐：《最高检：撤销侦监厅公诉厅实行"捕诉一体"已达共识》，载正义网 2019 年 1 月 3 日。

② 参见邓思清：《捕诉一体的实践与发展》，载《环球法律评论》2019 年第 5 期。

(二) 认罪认罚从宽制度未完全落实

在我国，为了适应新时代发展的要求，落实宽严相济的刑事政策，探索构建多元化、多层次的刑事案件处理机制，刑事诉讼法确立了认罪认罚从宽制度。认罪认罚从宽制度是一项具有中国特色的司法协商制度，也是满足人民群众对司法多元需求、在司法领域推进国家治理体系和治理能力现代化的一项重要措施，各级司法机关应当从全局的高度认识并积极全面落实认罪认罚从宽制度。根据刑事诉讼法的规定，在实行认罪认罚从宽制度中，检察机关应当告知犯罪嫌疑人享有的诉讼权利和认罪认罚的法律规定，听取犯罪嫌疑人、辩护人或者值班律师、被害人及其诉讼代理人对涉嫌的犯罪事实和罪名、从宽处罚、适用诉讼程序的意见。犯罪嫌疑人认罪认罚的，人民检察院应当提出量刑建议。犯罪嫌疑人自愿认罪，同意量刑建议和程序适用的，应当在辩护人或者值班律师在场的情况下签署认罪认罚具结书。对于符合速裁程序适用条件的案件，检察机关应当在 10 日以内作出审查起诉决定，对可能判处的有期徒刑超过一年的，可以延长至 15 日。人民法院审理认罪认罚案件时，一般应当采纳人民检察院指控的罪名和量刑建议。可见，在认罪认罚案件处理中，检察机关应当发挥主导作用。

从当前实践来看，检察机关在认罪认罚案件中发挥着主导作用，积极推进认罪认罚从宽制度有效实施，认罪认罚从宽制度的适用率、律师参与率、量刑建议采纳率、一审判决服判率，均已达到较高水平，取得了很好的效果。据统计，2020 年 1 月至 7 月，检察机关对该制度的适用率为 82.8%，律师参与率 88.4%，量刑建议采纳率 90.7%，一审判决服判率 95.7%，高出其他刑事案件 19 个百分点。[①] 但是，由于受多种因素的限制，目前认罪认罚从宽制度尚未得到完全落实，该制度的功效也

---

① 参见朱孝清：《深入落实认罪认罚从宽制度的几点建议》，载《人民检察》2020 年第 18 期。

未能得到充分显现，这主要体现在以下几个方面：（1）部分认罪认罚案件的控辩协商质量不高。一是少数案件认罪的自愿性不足，即犯罪嫌疑人在办案机关的压力下勉强认罪，到审判阶段发生翻供，推翻已经签署的具结协议。二是一些案件认罪认罚协商中存在片面追求适用率，过于迁就犯罪嫌疑人的问题。有的犯罪嫌疑人、辩护律师利用检察机关想提高认罪认罚从宽制度适用率的心理，提出过高要求或者漫天要价，一些检察官无原则迁就，使得"会哭的孩子多吃奶"，影响了检察机关的权威和司法公正。三是不少案件未听取律师意见。从认罪认罚具结书的签署过程来看，在不少案件中存在值班律师只起到到场见证的作用，没有真正听取律师的意见。（2）量刑建议质量有待提高。这主要表现在四个方面。一是确定刑量刑建议比例偏低。许多检察机关提出确定刑量刑建议的比率在50%左右，明显偏低。其原因是有的院领导和检察官对提出确定刑量刑建议有顾虑，认为提幅度刑量刑建议即可，有的院领导和检察官对提出确定刑量刑建议缺乏信心。二是精准量刑能力还有差距。由于部分犯罪类型没有量刑指导意见，检察机关缺乏类案检索系统，法官与检察官对部分案件的量刑情节存在认识差异等原因，影响了量刑建议的精准性。三是量刑建议提出的程序不统一。各地检察机关提出量刑建议的程序各不相同，有的由检察官自己决定，有的需经部门领导把关，有的需要报分管检察长审批等。四是量刑建议存在不均衡现象。从实践来看，同一个检察院的不同检察官对类似案件的量刑建议标准不一致，存在较大的差异。还有一些案件的量刑建议说理不充分，导致法院对量刑建议不予采纳。（3）对认罪认罚的简单案件如何简化办案程序缺乏明确规定。对于认罪认罚的简单案件，法律规定可以适用速裁程序，但是如何简化讯问、法律文书、认罪认罚具结书制作等程序，法律都缺乏明确规定，导致实践中出现不同的做法。例如，北京市朝阳区检察院简化讯问流程，对"事实清楚，证据确实、充分"的批捕案件取消讯问，由专人进入监区听取犯罪嫌疑人意见。深圳市南山区检察院通过将检察官派驻公安机关,利用检警协作配合机制,从侦查阶段向犯罪嫌疑人宣传认罪认罚从宽制度,从源头上推进简案快办。① (4)认罪认罚从宽制度适用还存在一些难点。这主要体现在四个方面。一是检察机关委托社会调查评估面临障碍。2020 年 7 月 1 日起实施的社区矫正法和《社区矫正法实施办法》,删除了原《社区矫正实施办法》规定的检察机关委托调查评估的相关规定,只规定人民法院、监狱管理机关、公安机关等社区矫正决定机关可以委托开展调查评估。故社区矫正机构以此为由拒绝接受检察机关委托,对检察机关适用认罪认罚从宽制度产生较大制约。二是职务犯罪案件适用认罚认罚从宽制度比率偏低。在实践中,监察委办理职务犯罪认罪认罚时,考虑到自己出具的从宽建议不具有终局性、被调查人认罪态度可能发生变化、从宽建议报批程序过于烦琐等,所出具书面从宽建议的案件屈指可数。就检察机关来说,办理职务犯罪案件需要沟通协调的事务较多,把握的难度较大,也影响了认罪认罚从宽制度适用的积极性。三是黑恶案件、团伙犯罪案件等疑难复杂案件适用难点较多。比如,一名值班律师能否给同案多名犯罪嫌疑人提供法律帮助;在审查起诉环节给多名犯罪嫌疑人提供法律帮助,审理中又以辩护人身份为其中一名被告人提供辩护是否合法;同案犯认罪认罚后的供述对证明其他同案犯的犯罪行为的效力等问题,都存在不同认识。四是二审程序中如何适用认罪认罚从宽制度存在争议。针对实践中被告人在二审阶段才认罪认罚的问题,一些基层检察机关认为诉讼程序已近完结,司法资源已经耗费,不应当再适用认罪认罚从宽制度给予其从宽待遇。

(三)监检办案衔接机制尚不完善

根据我国法律规定,国家监察机关独立行使监察权,其主要职责是

---

① 参见李勇:《凝聚共识推进认罪认罚从宽制度有效实施》,载《检察日报》2019 年 11 月 20 日。

对所有行使公权力的公职人员进行监督，调查职务违法和职务犯罪，开展廉政建设和反腐败工作，维护宪法和法律的尊严。而检察机关是宪法规定的国家法律监督机关，独立行使检察权，其主要职责是对侦查权、行政执法权、审判权的行使活动进行法律监督，立案侦查在履行法律监督职责活动中发现的职务犯罪，对犯罪案件提起公诉，开展公益诉讼活动，以维护国家法律的统一正确实施。由此可见，监察机关和检察机关都是办案机关，都负责一定案件的办理工作，在办理职务犯罪案件过程中，二者具有密切的联系。只有建立监检办案衔接机制，充分发挥二者的作用，才能有效打击职务犯罪，提高我国防治腐败犯罪的水平和能力。

从司法实践看，监察机关调查收集的证据可以直接转化为刑事案件的证据，监察机关调查的职务犯罪案件可以直接移送检察机关审查起诉，检察机关发现案件证据不足的也可以退回监察机关补充调查。但是，对于监察机关和检察机关在办案过程中的一些具体问题，如发现的案件线索如何移送，互涉案件如何沟通协调和处理，我国法律对二者之间办案的衔接规定得较为原则，有些办案衔接制度尚未规定或者规定得不完善，检察机关立案侦查的职务犯罪案件，刑事诉讼法只规定"可以"立案侦查，如何理解这里的"可以"，在办案过程中两个机关是否需要建立信息共享平台等问题，目前各地的做法尚不完全统一，需要进一步深入研究，以建立完善的监检办案沟通衔接机制。

三、做优刑事检察的措施

根据我国法律规定，在刑事、民事、行政和公益诉讼"四大诉讼"中，诉讼参与人、当事人的成分和诉讼原则有所不同，检察机关介入刑事诉讼的程度最深、影响力最大[①]，因而在检察机关法律监督格局中，刑

---

① 参见谢鹏程：《检察规律论》，中国检察出版社 2016 年版，第 25 页。

事检察始终处于十分重要地位，是检察机关传统上的"看家本领"，也是检察工作的强项，应当持之以恒地强化、优化。在新形势下，检察机关要做优刑事检察，就应当充分利用刑事检察职能整合、人力资源加强、现代智能体系等优势，进一步提升刑事检察工作，将刑事检察工作做得更好。具体来说，检察机关要做优刑事检察，应当采取以下几方面的措施：

（一）提高捕诉一体的办案质量

我国实行捕诉一体的办案机制后，在实践中取得了较好的效果，但也出现了一些问题。为了更好地发挥捕诉一体办案机制的潜在优势，检察机关应当采取相应的措施，解决捕诉一体在实践中出现的问题，以有效提高捕诉一体的办案质量。具体来说，我们认为，应当采取以下措施来提高捕诉一体的办案质量：（1）建立上级指导下的职务犯罪侦查案件捕诉一体机制。即各级检察机关在诉讼中发现司法人员职务犯罪线索后，应当向其上一级检察机关报告，同时开展初查活动，必要时上级检察机关可以进行指导，然后根据初查情况和案件的严重程度，由不同级别的检察机关进行立案侦查和审查起诉，实行捕诉一体。如果认为构成职务犯罪且较轻的，则由基层检察院进行立案侦查，并负责审查逮捕和审查起诉工作。如果认为构成职务犯罪且可能判处无期徒刑或死刑的，则由市级检察院进行立案侦查，并负责审查逮捕和审查起诉工作。（2）严格区分起诉标准和批捕标准。在刑事诉讼中，起诉标准和批捕标准是两种不同的标准，我国刑事诉讼法和《人民检察院刑事诉讼规则》对此作出了明确规定，检察官在实行捕诉一体办案机制后，应当严格区分这两种标准。按照有关法律规定，在审查批准工作中应当按照批捕标准决定是否批捕，在审查起诉中应当按照起诉标准的要求决定是否起诉，不能为了降低检察机关的批捕率等，任意改变或者提高批捕标准。（3）严禁对无罪案件作相对不起诉处理。为了保证捕诉一体下的办案质量，防止出现冤假错案，应当严禁对已经批捕的犯罪嫌疑人在审查起诉中发现无罪时作相对不起诉处理。为此，应当完善检察机关内部审查监督机制和报上级检察院备案审查制度，以保证能够及时发现和纠正这种违法行为，保证刑事司法的公正性。

（二）全面落实认罪认罚从宽制度

在我国，认罪认罚从宽制度是一项新制度，是落实坦白从宽刑事政策的一项重要制度，虽然刑事诉讼法对其作出了明确规定，但由于认识不到位、机制不完善等，导致该制度没有得到全面落实。为了全面推进认罪认罚从宽制度有效实施，提高认罪认罚案件的质量，针对实践中的问题，我们认为，要在保证认罪认罚从宽制度较高适用率的基础上，着力做到"四提高一降低"，即提高确定刑量刑建议率、提高量刑建议采纳率、提高律师实质参与率、提高相对不诉率，降低上诉率。为此建议采取以下措施：

第一，提高控辩协商质量。控辩协商是认罪认罚从宽制度的核心环节，要提高认罪认罚案件质量，就应当提高控辩协商的质量。一是要严格依法进行协商。我国的控辩协商主要是量刑协商和程序适用协商，只有具备特定条件的极少数案件可以进行定罪协商或罪数协商①，不允许对犯罪事实协商。因此，要坚持以事实为根据，以法律为准绳，遵循罪刑法定、罪责刑相适应、证据裁判等原则，坚持"案件事实清楚，证据确实、充分"的证明标准，防止越过法律底线与辩方进行协商，防止出现片面追求适用率而对犯罪嫌疑人及律师的过高要求无原则迁就的现象。二是要将权利告知、法律释明、听取意见、量刑协商等工作做到位，确保认罪认罚的自愿性和具结书内容的真实性、合法性，防止威胁、引诱、欺骗等违法行为。要平等、充分听取辩方和被害人的意见，其意见合理的，应当采纳；不合理难以采纳的，要充分说明理由，使量

---

① 我国《刑事诉讼法》第182条规定："犯罪嫌疑人自愿如实供述涉嫌犯罪的事实，有重大立功或者案件涉及国家重大利益的，经最高人民检察院核准，公安机关可以撤销案件，人民检察院可以作出不起诉决定，也可以对涉嫌数罪中的一项或者多项不起诉。"

刑建议真正体现控辩双方的合意，防止因办案人员的原因而违心认罪认罚、具结书内容不真实、不合法等情况的发生。三是要保证值班律师实质参与并提供有效法律帮助。值班律师实质参与并提供有效法律帮助，是犯罪嫌疑人认罪认罚自愿性、真实性的有效保障，也是保证具结书内容真实性、签署程序合法性的重要措施。因此，要认真贯彻有关值班律师的规定，努力实现没有辩护人的认罪认罚案件值班律师全覆盖。律师资源短缺的地方，上一级单位要统筹调配律师资源，并鼓励退休法官、检察官作为志愿者提供法律帮助。要防止值班律师只到场见证、不听取（发表）意见。要落实经费保障，以提高值班律师实质参与的积极性。要明确值班律师法律帮助的范围和最低标准，以确保值班律师提供"有效帮助"。四是建议对控辩协商过程进行全程同步录音录像试点，以促进控辩协商的依法、平等、充分和规范，并提高其透明度和公信力。

第二，提高量刑建议的精准性。量刑建议的"精准"，既包括提出确定刑量刑建议，也包括提出幅度最小化的幅度刑量刑建议。在司法实践中，要保证检察官量刑建议的精准性，应当做好以下几方面的工作：一是尽快出台认罪认罚案件的量刑指南。即最高人民法院、最高人民检察院应当尽快联合制定下发适用于认罪认罚案件的量刑指南。量刑指南既是办案人员提出精准量刑建议的法律依据，也是统一司法机关、辩方、被害人和社会各界对个案量刑认识的法律保障。二是制定量刑建议程序规范。由于量刑建议相当程度上决定了法院的判决，因而应当对其程序进行规范。根据我国刑事诉讼法的有关规定①，对于建议可能判处3年有期徒刑以上刑罚或者虽仅建议可能判处3年有期徒刑以下刑罚但疑难复杂、有影响的案件，检察官提出量刑建议后，需经部门负责人审核或者提交检察官联席会议讨论；对于可能判处10年以上刑罚的案件

---

① 我国《刑事诉讼法》第216条第1款规定："适用简易程序审理案件，对可能判处三年有期徒刑以下刑罚的，可以组成合议庭进行审判，也可以由审判员一人独任审判；对可能判处的有期徒刑超过三年的，应当组成合议庭进行审判。"

和特别疑难复杂有影响的案件，应当报分管检察长或者检察长决定。三是强化量刑建议说理。量刑建议说理不仅有利于提高量刑建议的质量和公信力，而且有利于提高辩方和被害人对量刑建议的接受度，提高法院的采纳率。同时，对说理的要求又要适当，以抓住重点、有说服力为已足，不要求烦琐求证。此外，还要简化程序性文书的制作，使办案人员有更多精力做好控辩协商、量刑建议说理等工作。

第三，简化认罪认罚案件的办案程序。从我国法律规定来看，程序简化是认罪认罚从宽制度在程序上的一个基本特征，但在实践中存在"简易不简""速裁不速"的问题，即认罪认罚的简单案件和适用速裁程序的案件，其程序简化仅限于庭审环节，而侦查和审查起诉程序不仅没有简化，而且内部审批程序复杂、法律文书重复烦琐。因此，要全面落实认罪认罚从宽制度，扩大认罪认罚案件的办案数量，就应当简化认罪认罚案件的办案程序，比如减少侦查机关的讯问次数，除重大疑难有影响案件外取消检察机关的内部审批程序，简单案件可以考虑将委托辩护人权利告知书、诉讼期限告知书、认罪认罚权利义务告知书、认罪认罚具结书等法律文书合一，将起诉书、量刑建议书、适用程序建议书"三书合一"等。

第四，提高相对不起诉率。经过近两年的实践，认罪认罚案件相对不起诉率有了明显提高，但还有进一步提高的空间。从实践来看，相对不起诉率之所以不太高，主要是由于办案人员的工作量明显增加，如风险评估、落实帮教、监督考察等，且存在一定的风险，也与相对不起诉尺度上较难把握有关。因此，要提高相对不起诉率，一要完善办案业绩考评办法，使依法相对不起诉案件的承办人在考核时不吃亏；二要制定相对不起诉指导意见，并建立有罪不诉案例库，供办案人员遵循和借鉴；三要加强有罪不诉案件说理，以提高社会认同度和检察公信力。

第五，着力解决认罪认罚从宽制度适用中的难点问题。全面落实认罪认罚从宽制度是一项系统工程，需要有关各方统一认识，共同努力，合理推进。当前，需要着力研究解决以下三个难题：一是检察机关委托社会调查评估问题。从司法实践来看，在办理认罪认罚案件的过程中，检察环节是涉及委托社会调查评估最多的环节，特别是对相对不起诉、建议适用缓刑、管制刑等案件，大多要对犯罪嫌疑人的社会危险性情况委托调查评估。因此，建议最高人民检察院与全国人大监察和司法委、全国人大常委会法工委、司法部等方面加强磋商，尽快解决这一问题。二是研究提高某些特殊类型案件适用认罪认罚从宽制度的水平。目前对普通刑事犯罪如何适用认罪认罚从宽制度，各地都已摸索到了一些经验，但对某些特殊类型的案件，还需要进一步摸索、研究和规范。例如对职务犯罪，既要依法适用认罪认罚从宽制度，又要慎重把握从宽的尺度和社会效果，对涉及检察机关与监委、法院之间的沟通以及检察机关内部提出量刑建议的程序等事宜，需要深入研究，使其逐步规范。又如涉黑涉恶等集团犯罪、团伙犯罪，认罪认罚从宽制度是分化瓦解这些犯罪的有力武器，如何既用准、用好该制度，使其宽严相济、宽严相宜，又加强证据审查甄别，防止犯罪嫌疑人借认罪认罚浑水摸鱼、嫁祸于人等，都需要研究和规范。三是二审如何适用认罪认罚从宽制度问题。当前，一些地方对二审才认罪认罚的案件是否适用认罪认罚从宽制度存在争议。一些基层办案人员认为，犯罪嫌疑人、被告人在一审期间没有认罪认罚，致使司法资源已经耗尽，被告人在二审期间即使认罪认罚，也不应当适用认罪认罚从宽制度给予其从宽待遇。我们认为，认罪认罚从宽制度在刑事诉讼的各个阶段、各个审级都可以适用，被告人在二审期间认罪认罚，总比继续拒绝认罪、对抗社会要好，也有利于被告人服刑改造、回归社会。因此，对二审期间才认罪认罚的案件，也应当适用认罪认罚从宽制度。当然，在其他情节相同的情况下，其从宽的幅度，应当明显小于在一审期间认罪认罚的从宽幅度。对此，建议在认罪认罚案件量刑指南中一并加以明确规定。

（三）完善监检办案衔接机制

完善监检办案衔接机制，就是针对目前检察实践中存在的问题，在总结各地有益经验的基础上，通过制定有关司法解释，建立全国统一的监检办案衔接机制，以规范职务犯罪办理程序，提高职务犯罪办案质量。我们认为，目前实践中需要建立以下办案衔接机制：一是案件线索移送和通报机制。检察机关在受理有关案件线索时，如果发现属于监察机关管辖的案件线索，检察机关应当及时向监察机关移送；监察机关在办案过程中，如果发现有属于检察机关管辖的案件线索，也可以移送检察机关或者向检察机关通报。对于检察机关有管辖权的案件线索，检察机关立案侦查后，应当及时向同级监察机关通报。二是互涉案件办理机制。对于互涉的案件，一般以监察机关立案调查为主，检察机关协助配合。如果经过沟通，认为全案由监察机关管辖更为适宜的，检察机关应当及时撤销案件，将案件材料及相应的案件线索一并移送同级监察机关。三是监检信息共享机制。在现代信息社会，信息共享不仅是民主的要求，也是法治的需要。为了更有效地查办职务犯罪，更好地实现监督目标，监检应当建立多方面的信息交流共享机制。例如，监检职务犯罪查办、国家公职人员一般违法行为处理等方面的信息交流共享机制等。

第三节　做强民事检察

在我国，民事检察虽然是检察机关的传统业务，但相对较弱，因此为了满足新形势下人民群众对司法的更高需求，最高人民检察院提出了做强民事检察的新目标。各级检察机关要实现该目标，就应当正确理解做强民事检察的内涵，找出民事检察存在的问题，采取有效的解决措施。

一、做强民事检察的内涵

关于做强民事检察的内涵，检察机关目前尚没有明确的规定，学术界对此也缺乏研究，没有提出明确的观点。我们认为，所谓做强民事检察，是指在当前民事诉讼监督质效不高、权威不足的情况下，各级检察机关应当加大民事检察监督力度，增强民事检察监督的精准性，有效提升民事检察监督案件质量，提高民事检察监督的权威性。具体来说，做强民事检察包括增强民事检察监督精准性、增加民事检察监督案件数量、提高民事检察监督案件质量等三个方面的内容。

（一）增强民事检察监督精准性

增强民事检察监督精准性，就是检察机关应当提高民事检察监督的能力，在开展民事检察监督过程中，增强发现民事检察监督问题和提出民事检察监督的准确性。从检察实践来看，检察机关民事检察监督只有准确，才能有说服力，才能有力量和权威，检察机关所提出的检察建议或者抗诉才能被法院接受和采纳，产生法律效果和社会效果，因而增强民事检察监督的准确性是检察机关做强民事检察的一项重要内容。

在我国，根据法律规定和检察实践，我们认为，检察机关增强民事检察监督精准性包含两个方面的内容。一方面，增强民事检察监督的合法性和必要性。我国法律对检察机关开展民事检察监督的范围和程序都作出了明确规定，因而民事检察监督必须依法进行，严格按照法律规定的标准和程序进行，坚持合法性标准。例如我国《民事诉讼法》第207条对民事裁判结果错误和民事审判活动违法情形作出了明确规定，检察机关对其进行民事检察监督，提出检察建议或者抗诉，必须符合该条法律规定。同时，检察机关开展民事检察监督工作应当考虑政治效果、法律效果和社会效果，考虑法院作出裁判时的社会背景和维护司法权威的必要性，坚持必要性标准。例如，对法院终审判决在认定事实或适用法律方面存在一定错误，或者存在程序瑕疵，但实体判决结果正确公正的，一般不宜进行监督等。另一方面，增强民事检察监督方式的合理性。根据法律规定和检察实践，检察机关开展民事检察监督工作，可以采取提起抗诉、再审检察建议、检察建议等多种监督方式。对于这些民事检察监督方式，检察机关应当根据案件的不同情况，合理选择，以增强民事检察监督的准确性。具体来说，对于在司法理念方面存有纠偏需要进行理念创新、进步、引领价值的典型案件，检察机关可以选择提出抗诉的监督方式；对于不具有典型性但依法应当予以监督的案件，检察机关可以选择提出再审检察建议的监督方式；对于不需要改变裁判结果的瑕疵类案件，检察机关可以选择提出检察建议的监督方式，提倡进行类案总结并发类案检察建议，不提倡多发个案检察建议。

（二）增加民事检察监督案件数量

检察机关应当加大民事检察监督办案力度，在现有民事检察监督案件数量的基础上，适度增加民事检察监督案件数量。只有一定规模的案件数量，才能体现一定的工作强度，因而增加民事检察监督案件数量是做强民事检察的一项重要内容。根据我国法律规定，检察机关民事检察监督的范围较为广泛，不仅包括民事生效判决、裁定和调解书，而且包括民事审判活动、民事执行活动和审判人员的违法行为等，可见，检察机关民事检察监督案件的来源较为广泛。检察机关只有加大民事检察监督力度，适度增加民事检察监督案件数量，才能扩大民事检察监督的影响力，增加民事检察人员，提高民事检察监督能力，也才能保证做强民事检察。

在我国，检察机关开展民事检察监督工作，不仅需要一定数量的检察人员，而且需要具有开展民事检察监督的能力和积极性。从检察实践来看，在检察机关内部，基层检察院的民事检察部门较少，往往与行政检察部门合二为一，民事检察人员相对也较少，这就制约了检察机关办

理民事检察监督案件的数量。但是，在现实社会中，民事案件数量远远
大于刑事案件数量，法院每年办理大量民事案件，例如 2018 年，法院
审结一审民事案件 901.7 万件，以调解方式结案 313.5 万件，审结一审
刑事案件 119.8 万件；2019 年，法院审结一审民事案件 939.3 万件，审
结一审刑事案件 129.7 万件。[①] 在这些大量的民事案件中，法院判决和
裁定存在错误、审判活动存在违法行为在所难免，这就为检察机关办理
民事检察监督案件提供了丰富的实践基础。检察机关只要畅通监督渠
道，积极认真地开展民事法律监督，就能够增加民事检察监督案件数
量，保证做强民事检察。

（三）提高民事检察监督案件质量

提高民事检察监督案件质量，就是检察机关在办理民事检察监督案
件过程中，应当严格审查民事判决、裁定或调解书的实体内容和审判程
序，依法进行民事检察监督，提高民事检察监督案件的实体公正和程序
公正水平。根据我国法律规定，检察机关对生效的民事判决、裁定和调
解书，可以进行法律监督并有权提出抗诉。从检察实践来看，在检察机
关内部，各级检察机关都设置了民事检察部门，配备了相应的员额检察
官，负责民事检察监督工作，每年办理一定数量的民事检察监督案件，
在保障当事人合法权益，维护司法公正，促进社会和谐发展等方面发挥
着重要作用。

在我国，虽然检察机关做了一些民事检察工作，并取得了一定的效
果，但与刑事检察工作相比仍然较弱，具有很大的提升空间。因为民事
检察监督案件的范围较为广泛，不仅包括对法院生效民事判决、裁定和
调解书和民事审判活动进行监督（提出检察建议、提起抗诉等），而且
包括对民事审判程序中审判人员的违法行为进行监督（提出检察建议、
进行刑事立案或者将案件线索移交监察委员会审查立案等）、对民事执

---

① 参见 2019 年和 2020 年最高人民法院工作报告。

行活动进行监督（提出检察建议）等。这些民事检察监督案件都有质量提升的空间，包括实体质量和程序质量。比如在对民事生效判决进行监督的案件中，不仅要审查民事生效判决的实体内容是否合法正确，证据是否真实充分，还要审查法院审判程序是否合法。在对这些内容进行审查的活动中，检察机关不仅要查阅案卷，而且要进行必要的调查活动，向当事人和代理人了解情况，收集有关证据，这些活动都要依法进行，并且最终要作出合法的民事监督决定。在这些活动过程中，检察机关都有提高办案质量的空间。检察机关只有提高每一个民事检察监督案件的质量，才能保证做强民事检察。

二、民事检察遇到的问题

在新形势下，随着社会主要矛盾的转变，人民群众对司法有了更高的新期待。虽然检察机关进行了员额制改革和内设机构改革，设立了民事检察部门，配备了民事员额检察官，加大了民事检察工作，但是改革的成效不可能立竿见影，需要一个消化的过程。从当前检察实践来看，民事检察仍存在民事诉讼监督质效不高、民事检察监督案件数量较少、民事检察监督权威性不足等问题。

（一）民事诉讼监督质效不高

民事诉讼监督质效不高，就是检察机关在对法院民事审判和执行活动进行法律监督过程中，没有进行全面有效的监督，并且所提出的检察建议和抗诉质量不高，效果不理想，没有达到预期的目标。根据我国法律规定，检察机关的民事诉讼监督包括对生效民事判决、裁定和调解书的监督，对法院民事审判活动和民事执行活动的监督，对民事审判人员违法活动的监督等内容，可见，民事诉讼监督的内容较为广泛，体现了检察机关对法院民事审判和执行活动的全面法律监督，有利于保证法院民事审判权和执行权的正确行使，维护当事人的合法权益。但是，从检察实践来看，由于受检察人员素质等因素的限制，检察机关的民事诉讼监督的质量和效果都不高，主要体现在以下几个方面：（1）没有对民事诉讼进行全面监督。在实践中，法院每年审理的民事案件数量较大，可能存在的问题也较多，但是，检察机关对有问题的民事裁判和执行活动较少进行监督，导致检察机关的民事诉讼监督不全面。（2）检察建议的质量不高。由于受考核等利益驱动，有的检察机关对不该监督的民事诉讼问题也进行监督，提出检察建议，导致检察建议没有质量；对应当进行监督的民事诉讼问题，检察机关提出的检察建议不及时或者说理性不强，以致不被法院采纳，影响检察建议的法律效果和社会效果。（3）提起的抗诉质量不高。从检察实践来看，有的检察机关对不该抗诉的民事案件提出了抗诉；有的检察机关对该抗诉的民事案件提出的抗诉不及时，导致判决后难以执行；还有的检察机关提出抗诉时说理不充分或者对法律理解不一致，导致法院没有采纳抗诉意见，影响了抗诉的权威性。

（二）民事检察监督案件数量较少

民事检察监督案件数量较少，就是检察机关在对法院民事审判和执行活动进行法律监督时，实际进行法律监督的案件数量相对较少，没有达到一定的数量规模。从检察实践来看，检察机关对法院民事审判和执行活动进行法律监督，主要采取检察建议、再审检察建议、抗诉等三种监督方式。其中，检察建议包括口头检察建议和书面检察建议。检察机关在对民事诉讼进行监督并提出检察建议时，往往没有按照案件来办理，没有相应的案卷和案件文号，无法进行案件数量统计。虽然检察机关提出的再审检察建议和抗诉是按照案件进行办理的，但是数量相对较少。例如2019年，法院审结一审民事案件939.3万件，检察机关只提出民事抗诉5103件，提出再审检察建议7972件，而同年法院审结一审刑事案件 129.7 万件，检察机关提出抗诉 8302 件。① 由此可见，检察机关民事诉讼监督案件数量与法院民事审判案件数量对比严重失衡，反映出当前检察机关存在办理民事检察监督案件数量较少、办案规模不足的问题。

（三）民事检察监督权威性不足

民事检察监督权威性不足，就是检察机关在对法院的民事审判和执行活动进行法律监督时，所提出的检察建议、再审检察建议和抗诉意见不被法院采纳，没有产生较好的法律效果和社会效果。从理论上讲，权威性来源于公正性和正确性，民事检察监督权威性不足说明检察机关的民事检察监督公正性和正确性不高。从实践来看，在 2018 年，检察机关共提出民事抗诉 3933 件，法院已改判、发回重审、调解、和解撤诉1499 件；检察机关提出刑事抗诉 8504 件，法院已改判、发回重审 5244件。② 检察机关的民事抗诉准确率只有 38%，而刑事抗诉的准确率则为62%。由此可见，检察机关的民事检察监督的正确性不高，权威性不足。检察机关之所以存在民事检察监督正确性不高的问题，主要是检察机关缺乏有保障的调查核实措施。调查核实措施是确保民事检察监督正确性的基础条件，虽然人民检察院组织法、民事诉讼法都明确规定，人民检察院因民事诉讼监督的需要可以进行调查核实，有关单位和个人应当予以配合。《人民检察院民事诉讼监督规则》也对检察机关需要进行调查核实的情形、调查核实措施、调查核实程序及有关单位和个人的配合义务进行了详细规定。但是在检察实践中，检察机关采取调查核实措施缺乏强制性保障，即相关立法对于无正当理由拒绝配合甚至阻碍调查的情形并没有规定处罚措施，导致调查措施使用并不理想，难以有效保证检察机关民事检察监督的权威性。

---

① 参见 2020 年最高人民检察院工作报告和 2020 年最高人民法院工作报告。
② 参见 2019 年最高人民检察院工作报告。

三、做强民事检察的措施

在新形势下，检察机关要做强民事检察，应当针对民事检察存在的问题，采取有效措施，全面提高民事诉讼监督质效，增加民事检察监督案件数量，有效提高民事检察监督权威性和影响力。具体来说，检察机关要做强民事检察，应当采取以下几方面的措施：

（一）完善民事诉讼监督程序

民事诉讼监督工作的有效开展需要程序保障，解决民事诉讼监督不全面、质效不高的实践问题也需要程序保障。因此，完善民事诉讼监督程序是提高民事诉讼监督质效、做强民事检察的重要措施。从检察实践来看，应当从以下几个方面来完善民事诉讼监督程序：（1）明确民事抗诉应当经过专家咨询委员会咨询论证和检察委员会讨论程序。对于民事生效判决和裁定，检察机关认为存在重大错误需要提出抗诉的，应当经过专家咨询委员会咨询论证和检察委员会讨论决定。这是保证检察机关抗诉精准性的需要，也是维护司法权威的需要。为此，检察机关应当完善相应的民事抗诉程序，包括民事抗诉的情形、证据标准和要求、审查程序和决定程序等。（2）建立民事诉讼监督案件繁简分流程序。为了进一步优化司法资源配置，提高民事诉讼监督效率，实现精准监督，检察机关应当根据民事诉讼监督案件的复杂程度，建立繁简分流程序，对于复杂的案件适用普通程序，对于简单的案件适用简易程序。具体来说，对于需要提出民事抗诉和再审检察建议的案件，检察机关应当适用普通程序；对于需要提出检察建议的案件，检察机关可以适用简易程序。（3）建立书面检察建议案件化办理程序。为了提高民事诉讼监督质效，增加民事诉讼监督案件数量，检察机关应当建立书面检察建议案件化办理程序，即检察机关在对民事审判和执行活动进行法律监督过程中，凡是需要向法院提出书面检察建议的，包括再审检察建议和检察建议，检察机关应当进行立案受理、调查核实、审查决定，建立案卷文书和档案。为此，检察机关应当明确相应的立案标准和条件、调查核实的手段和程序、审查决定程序等，以保证检察机关提出检察建议的质量。

（二）健全民事检察监督工作机制

在我国，检察机关要提高民事诉讼监督质效，做强民事检察，不仅需要完善民事诉讼监督程序，而且要建立健全民事诉讼监督的工作机制。从检察实践来看，应当建立健全以下几方面的民事检察监督工作机制[①]：（1）健全检察一体化工作机制，形成四级院分工负责、各有侧重的工作格局。根据法律规定，按照民事诉讼监督规律，不同层级检察院的职权不同，其民事检察工作的侧重点也应当有所不同。从检察实践来看，最高人民检察院应当加强统一协调和指挥工作，积极引导省级检察院和市级检察院以生效裁判结果监督为重点，基层检察院以审判人员违法行为监督和执行监督为重点，形成分工负责、各有侧重的工作格局。同时，检察机关应当发挥检察一体化工作优势，加强各级检察院之间、各个检察业务部门之间线索移送、案件调查、出庭、诉讼监督等业务协作，健全案件审核报备和督办、转办、交办机制，形成办案合力。（2）建立科技助力工作机制，充分运用信息化智能化手段推进民事检察工作。检察机关应当按照"科技强检"的要求，不断深化民事检察工作与现代科技深度融合，依托互联网、人工智能、大数据等技术，完善检察业务应用系统，推进智慧检务工程，全面构建应用层、支撑层、数据层有机结合的新时代智慧检察生态，助力提高民事检察工作质量、效率和公信力。（3）健全借助"外脑"工作机制，充分发挥民事专家委员会的优势作用。由于当前检察机关民事检察人才短缺，民事检察人员素质有待提高，为了提高民事检察监督工作的质量，市级以上的检察机关

---

① 参见冯小光：《以精准监督理念为指引做强民事检察工作》，载《人民检察》2019 年第 15 期。

都应当建立民事专家委员会，对于有重要影响和疑难复杂的民事检察监督案件，检察机关应当经过专家委员会咨询论证，以发挥专家的知识优势，保证民事检察监督的质量，做强民事检察工作。

（三）完善民事检察监督刚性保障制度

在我国，检察机关要提高民事检察监督的质量，发挥民事检察监督的效果，做强民事检察工作，不仅要完善相关的程序，建立相应的工作机制，而且应当完善民事检察监督刚性保障制度。从检察实践来看，检察机关应当完善以下民事检察监督刚性保障制度：（1）民事诉讼监督调查核实权的强制性保障制度。调查核实权是检察机关正确有效开展民事诉讼监督的必要措施，也是人民检察院组织法和民事诉讼法明确赋予检察机关的一项重要权力，具有法定的强制性。法律明确规定，人民检察院因民事诉讼监督的需要可以进行调查核实，有关单位和个人应当予以配合。但在民事诉讼监督实践中，调查核实权的行使效果并不理想，主要原因在于调查核实权缺乏强制性保障，即相关立法对于无正当理由拒绝配合甚至阻碍调查的情形并没有规定处罚措施。建议立法机关对法院的调查取证权和检察院的调查核实权予以同等保障，明确规定有关单位和个人对检察机关的调查核实不予配合时，检察机关可以采取的处罚措施。（2）民事检察建议的刚性保障制度。从检察实践来看，民事检察建议是检察机关开展民事检察监督工作的重要手段，也是实践中应用最多的监督方式。检察机关要提高民事检察监督工作的质效，就应当高度重视民事检察建议，积极建立健全民事检察建议刚性保障制度，以增强民事检察建议的刚性。我们建议，"两高"应当通过司法解释明确规定，对于检察机关提出的民事检察建议，法院应当在一个月内将采纳情况反馈给检察机关，如果不采纳的，应当说明理由；逾期不予反馈的，应当将其作为审判人员的一种违法行为。（3）民事检察监督的效果保障制度。检察机关要提高民事检察监督的质效，就应当完善民事检察监督效果的保障制度，以保证检察机关所提出的民事抗诉、再审检察建议和检察建议能够得到有效落实，产生应有的法律效果和社会效果。具体来说，检察机关应当建立跟踪监督制度，即对于没有及时落实检察机关民事抗诉、再审检察建议和检察建议的，检察机关应当采取跟踪监督措施，督促法院裁定再审、及时结案或者采纳检察建议，如果发现有关审判人员存在犯罪行为的，检察机关应当立案侦查或者将有关犯罪线索移交监察委员会立案调查，以增强检察机关民事检察监督效果。

第四节 做实行政检察

在我国，行政检察虽然是检察机关的传统业务，但在整个检察业务工作中还是弱项和短板。在新形势下，为了全面提升检察业务工作质量，为人民群众提供更优更实更好的行政检察产品，满足人民群众对司法的多元需求，最高人民检察院提出了做实行政检察工作的新目标。

一、做实行政检察的内涵

关于做实行政检察的内涵，目前学术界尚缺乏研究，也没有提出明确的观点。我们认为，所谓做实行政检察，是指在当前行政检察监督工作较弱、案件数量较少的情况下，检察机关应当全面推进各项行政检察监督工作，稳步增加行政检察监督案件数量，有效增强行政检察监督的政治效果、法律效果和社会效果，全面做好各项行政检察监督工作。具体来说，做实行政检察包括推进各项行政检察监督工作、增加行政检察监督案件数量、增强行政检察监督实效、实质化解行政争议案件等四个方面的内容。

（一）推进各项行政检察监督工作

推进各项行政检察监督工作，就是检察机关应当采取有效措施，加大行政检察监督力度，积极促进各项行政检察监督工作创新发展。根据我国法律规定，检察机关的行政检察监督范围较广，不仅包括法院的行政审判活动、执行活动和行政审判人员的违法行为，而且包括非诉的行政执行和行政一些违法行为，可见，检察机关的行政检察监督是"一手托两家"，一方面监督人民法院的公正司法，另一方面促进行政机关依法行政。其中，检察机关对法院行政诉讼活动的监督是行政检察监督的核心，它贯穿于行政诉讼活动全过程，既有诉讼结果监督，也有诉讼程序监督；对行政机关某些行政行为的监督是行政检察监督的重心，是促使我国行政机关依法行政的重要措施。

从检察实践来看，检察机关的行政检察监督分为行政诉讼监督和行政非诉监督两个方面。在行政诉讼监督方面，检察机关不仅可以对生效行政判决、裁定和调解书进行监督，根据具体情况，可以提出抗诉、再审检察建议和检察建议，而且可以对法院行政执行活动和行政审判人员的违法行为进行监督，对于一般违法行为可以提出检察建议，对于构成犯罪的可以立案侦查或者将犯罪线索移送监察机关立案调查等。在行政非诉监督方面，检察机关可以对行政非诉执行①、行政强制执行决定等进行监督，可以向法院或者向行政机关提出检察建议等。目前，检察机关在这两个方面都开展了行政检察监督，取得了一定的成绩。但是，同党和国家要求和人民群众的期望相比，尚存在较大的差距。在新时代，检察机关要做实行政检察，应当积极推进各项行政检察监督工作，力争取得更大的成绩。

（二）增加行政检察监督案件数量

增加行政检察监督案件数量，就是检察机关应当加大行政检察监督

---

① 所谓行政非诉执行，就是根据法律规定，公民、法人或者其他组织对行政行为在法定期限内不提起诉讼又不履行的，没有强制执行权的行政机关或行政裁决中的权利人申请人民法院强制执行，法院审查后作出是否准予执行的裁定。行政非诉执行对于维护国家利益、社会公共利益和行政裁决权利人合法权益，具有重要意义。

办案力度，在现有行政检察监督案件数量的基础上，稳步增加行政检察监督案件数量。对检察机关来说，只有办理一定数量的案件，才能实实在在地体现其工作量，因而增加行政检察监督案件数量是做实行政检察的一项重要内容。根据我国法律规定，检察机关行政检察监督的范围非常广泛，不仅包括行政生效判决、裁定和调解书，而且包括行政审判活动、行政裁判执行活动、行政非诉执行和审判人员的违法行为等。检察机关只有加大行政检察监督力度，稳步增加行政检察监督案件数量，才能扩大行政检察监督的影响力，体现行政检察工作的实际成绩，也才能保证做实行政检察。

在我国，检察机关开展行政检察监督工作，不仅需要一定数量的检察人员，而且需要具有开展行政检察监督的能力和积极性。从检察实践来看，在检察机关内部，基层检察院的行政检察部门较少，往往与民事检察部门合二为一，行政检察人员相对也较少，这就制约了检察机关办理行政检察监督案件的数量。但是，在现实生活中，行政违法行为大量存在，法院每年也审理大量行政案件，例如 2019 年，法院审结一审行政案件 28.4 万件。① 在这些大量的行政案件中，法院判决和裁定存在错误、审判活动存在违法行为在所难免，这就为检察机关办理行政检察监督案件提供了丰富的实践基础。因此，只要检察机关和检察人员更新观念，畅通监督渠道，积极开展行政检察监督，就能够增加行政检察监督案件数量，保证做实行政检察。

（三）增强行政检察监督实效

增强行政检察监督实效，就是检察机关应当提高行政检察监督的准确性，合理使用各种监督方式，提高行政检察监督案件的办案质量，不断增强行政检察监督的"三个效果"。对检察机关来说，办理行政检察监督案件只有产生较好的政治效果、法律效果和社会效果，坚持"三个

---

① 参见 2020 年最高人民法院工作报告。

效果"有机统一,才能体现检察机关的工作成绩,因而增强行政检察监督实效是做实行政检察的一项重要内容。在我国,政治效果、法律效果和社会效果是辩证统一的,检察机关在办理行政检察监督案件过程中,不能片面地只追求法律效果,认为只要依法办案就可以了,而应当站在国家治理的高度,从构建和谐社会的角度来办理案件,做到办理一案影响一片,产生较好的政治效果和社会效果。

从检察实践来看,检察机关办理了一定数量的行政诉讼监督案件和行政非诉执行监督案件,保证了法院行政审判的公正性和行政决定的有效实现,取得了较好的效果。但是,与新时代党和国家的要求、人民群众的期盼相比,尚存在很大的差距。在新时代,检察机关要做实行政检察工作,就应当增强行政检察监督的实效。虽然我国法律对检察机关开展行政诉讼监督作出了明确规定,但是对行政非诉监督只有政策文件上的规定,尚处于探索之中,因而检察机关无论是开展行政诉讼监督工作,还是进行行政非诉监督工作,不仅要严格遵守法律规定和政策文件要求,而且要运用政治智慧、法律智慧和社会经验,熟悉社情民意,只有这样,才能保证行政检察监督产生较好的政治效果、法律效果和社会效果,增强行政检察监督的实际效果。

(四)实质化解行政争议案件

实质化解行政争议案件,就是检察机关应当站在政治和全局的高度,运用各种合法手段,与有关部门沟通协调,切实有效地解决行政争议案件,促进行政机关依法行政,维护社会和谐稳定。对检察机关来说,实质性化解行政争议案件,实现案结事了,达到政通人和的效果,既是检察机关法律监督追求的目标,也是检察机关参与社会综合治理、提高国家治理能力现代化的必然要求。目前,行政争议案件普遍难以解决,不仅影响了行政机关的执法形象,也为检察机关法律监督提出了新课题。新时代,检察机关对行政争议案件进行实质性化解,是做实行政检察的客观需要。

从检察实践来看，检察机关正在开展行政争议案件实质性化解专项活动，各地检察机关有效化解了一些长期难以解决的行政争议案件，取得了很好的政治效果、法律效果和社会效果。但是，这项工作对于检察机关来说是一项新任务，也是一种责任和挑战。检察机关要做实行政检察工作，就应当积极参与社会综合治理工作，不断提升社会综合治理能力，更多、更有效地参与行政争议案件实质性化解工作，切实有效解决行政争议案件，维护社会和谐稳定。

二、行政检察遇到的问题

在新形势下，为满足人民群众对民主、法治、公平、正义、安全、环境等方面新的更高要求，为人民群众提供更多更好的法治产品和检察产品，检察机关根据实践的需要，积极进行员额制改革和内设机构改革，设立了行政检察部门，配备了行政员额检察官，加强了行政检察工作。但是，检察机关在开展行政检察工作中，仍然存在行政检察理论研究欠缺、行政检察监督案件数量不足、行政检察监督工作机制不完善、行政争议案件实质性化解有困难等问题。

（一）行政检察理论研究欠缺

在我国，检察机关行政检察工作的有效开展，需要行政检察理论的支撑和引领，但是，从理论研究现状来看，学术界对行政检察理论的一些重大基本问题尚缺乏深入研究，行政检察理论体系尚未形成。例如行政检察的内涵与外延，是构建行政检察理论体系的一个基本问题，它决定着行政检察的对象和范围。从理论上说，行政检察应当包括对法院行政审判活动和执行活动的监督，也包括对行政机关违法行为的监督，但是，对行政违法行为的检察监督未能在人民检察院组织法的修订中得以明确，这表明对行政违法行为检察监督的理论研究还不够。又如行政检察监督的特点与规律问题，它与刑事检察监督、民事检察监督有何区别，它不仅决定了行政检察监督的对象和范围，而且也决定了检察机关开展行政检察监督工作的程序、采取的监督方式等内容，也是行政检察理论的一个基本问题，目前学术界对此也缺乏深入研究。由此可见，行政检察理论研究的欠缺，不仅制约了行政检察工作的社会影响力，而且成为新时代检察机关做实行政检察的一个突出问题。

（二）行政检察监督案件数量不足

行政检察监督案件数量不足，就是检察机关在对法院行政审判和执行活动、行政非诉执行进行法律监督时，实际进行法律监督的案件数量相对较少，没有达到一定的数量规模。目前，我国行政检察工作仍处在"短、弱"状况，甚至在整个检察工作中，行政检察是"短板中的短板""弱项中的弱项"。无论是在理论观念上，还是在实践办案数量上，包括检察机关的重视、投入程度上，相比其他检察业务都有明显差距。[①]可以说，其他检察监督工作已经到了"好不好"的阶段，而行政检察总体仍处于"有没有"的阶段，多数地方检察机关存在有职能、无业务、无案件的状况。

从检察实践来看，检察机关不仅可以对法院行政审判和执行活动进行法律监督，而且可以对行政机关作出的非诉执行裁定进行法律监督。检察机关的监督方式主要包括检察建议、再审检察建议、抗诉等。检察机关在采取抗诉、再审检察建议方式时，往往是按照监督案件进行办理的，但是，检察机关采取检察建议时，通常没有按照监督案件办理，没有进行案件统计。虽然检察机关提出的再审检察建议和抗诉是按照案件进行办理的，但是数量也严重不足。例如2019年，法院审结一审行政案件28.4万件，检察机关只提出行政抗诉153件，提出再审检察建议

---

① 参见张相军：《关于做好新时代行政检察工作的思考》，载《中国检察官》2019年第4期。

83 件。而同年法院审结一审刑事案件 129.7 万件，检察机关提出抗诉
8302 件。① 由此可见，检察机关行政诉讼监督案件数量与法院行政审判
案件数量对比严重失衡，反映出当前检察机关存在办理行政检察监督案
件数量不足的问题。

（三）行政检察监督工作机制不完善

行政检察监督工作机制不完善，就是检察机关在开展行政检察监督
工作中，尚缺乏相关的工作机制，难以有效保证行政检察监督的有效开
展，充分发挥行政检察监督的作用。在我国，检察机关要有效开展行政检
察监督工作，不仅需要检察机关内部形成合力，而且需要外部有关机关或
单位的支持与配合，建立健全相关的工作机制。但是，目前行政检察监督
工作机制尚不完善，影响了检察机关行政检察监督工作的有效开展。

从检察实践来看，检察机关行政检察监督机制包括内部工作机制和
外部工作机制。内部工作机制是检察机关内部各个业务部门之间的协作
配合机制，外部工作机制是检察机关与法院、行政机关之间建立的协作
配合机制。但是，这两个方面的工作机制多不完善。具体来说，在检察
机关内部工作机制方面，各个业务部门之间的案件线索移交、调查取证
配合、人员互相借调等方面的工作机制尚不完善，影响了检察机关行政
检察监督的合力。在检察机关外部工作机制方面，检察机关与监察机
关、行政执法机关、社会有关机构等之间的案件线索移送、执法信息共
享机制、联系会议机制等方面的工作机制也不完善，制约了检察机关充
分有效地开展行政检察监督工作。

（四）行政争议案件实质性化解遇到一些困难

在目前的司法实践中，行政争议案件实质性化解工作，主要是针对
一些长期难以解决的行政争议案件，包括土地征收、工伤认定、行政处

---

① 参见 2020 年最高人民检察院工作报告和 2020 年最高人民法院工作报告。

罚等领域的案件，其化解难度较大。其中，对于法院裁判错误致使行政争议未能得到实质性化解的案件，检察机关可以采取抗诉、再审检察建议等手段予以纠正。对于当事人实体诉求合理但无法通过诉讼程序解决的案件，检察机关只能通过与政府有关部门、相关单位等进行沟通协调，促进双方和解或者通过司法救助、政府救助、社会帮扶等方式予以解决。但是，在这种沟通协调的过程中，检察机关不仅需要投入大量的人力、物力和精力，而且遇到一些实际的困难。

从目前各地检察机关开展行政争议案件实质性化解工作来看，主要依赖院领导协调、上级检察院大力推进，缺乏明确有力的制度保障，一定程度上制约了该项工作的规范、深入开展。一是行政争议化解法律障碍明显。行政争议化解涉及行政权等公权力，公权力不能私了，而且法律明确规定行政诉讼案件一般不适用调解。实践中哪些行政争议案件可以化解，化解的标准是什么，检察机关对和解结果是否可以作出结论性法律文书等，都缺乏法律规定。二是行政机关存在化解顾虑。在没有法律明确规定的情况下，检察机关参与当事人实体权利处置，因无检察机关法律文书作为依据，无论以何种方式救济补偿当事人，其经费来源、后期审计、责任分担等，都是行政机关化解的顾虑。三是行政争议化解工作机制不完善。行政争议案件的实质性化解需要取得上级检察院、地方党委、政府及相关部门的支持，但实践中检察机关尚未建立与法院、政府信访部门、司法行政机关等部门的沟通协调机制，在行政争议案件化解工作中未能形成工作合力。

三、做实行政检察的措施

针对目前行政检察监督工作中存在的行政检察理论研究欠缺、行政检察监督案件数量不足、行政检察监督人才短缺等问题，检察机关要做实行政检察工作，有效发挥行政检察监督的作用，必须采取切实有效的措施。具体来说，检察机关应当采取以下三个方面的措施：

（一）加强行政检察监督理论研究

根据法治的要求，检察机关作为公权力机关，开展行政检察监督必须坚持职权法定原则，依法行使行政检察监督权，而法律赋予检察机关多大的行政检察监督职权，则需要相应的理论予以支撑。可见，行政检察监督理论是检察机关开展行政检察监督工作的重要基础。当前，我国行政检察监督理论研究相对薄弱，影响和制约了行政检察监督工作的有效开展。要实现做实行政检察的目标，就必须加强行政检察监督理论研究。由于行政检察监督的特殊性，它既要监督法院，又要监督行政机关，因而行政检察监督理论也应当具有其特殊性，只有加强对行政检察监督理论研究力度，才能形成行政检察监督自己的理论体系。

在我国，要构建行政检察监督理论体系，就应当加强行政检察监督基本问题的研究，例如行政检察监督的内涵与外延、行政检察与行政公益诉讼关系、行政检察监督与行政监察监督的关系、行政检察监督在行政权监督体系中的地位与作用、行政检察监督的特点与规律等。这些基本理论问题不仅涉及行政检察监督在整个国家权力监督体系中、在推动法治政府建设中的应有定位，而且也涉及检察机关"四大检察"如何协调发展的问题。只有深入研究这些基本理论问题，形成理论共识，才能构建起行政检察监督体系的基本框架，为行政检察监督工作奠定坚实的理论基础。同时，检察机关还应当加强行政检察监督程序的研究，包括行政诉讼监督程序和行政非诉监督程序，完善行政检察监督程序，为检察机关依法开展行政检察监督工作、做实行政检察提供程序保障。

（二）加大行政检察办案力度

加大行政检察办案力度，就是检察机关应当加大对法院行政审判和执行活动、行政机关执法行为的法律监督力度，增加办理行政检察监督案件的数量，以扩大行政检察的影响力。我国行政检察工作仍处在

"短、弱、少"的状况,不仅体现在行政检察理论体系尚未建立,而且体现在对行政检察工作不够重视,检察机关办理的行政检察监督案件较少,因而检察机关要做实行政检察工作,就应当高度重视行政检察工作,加大行政检察办案力度,扩大行政检察办案规模。

具体来说,检察机关要加大行政检察办案力度,一方面可以设立专门的行政检察内设部门。在新一轮检察改革过程中,最高人民检察院推行检察机关内设机构改革,最高人民检察院和省级检察院都设立了行政检察部门,市级检察院和基层检察院也可以设立行政检察部门,以加强行政检察工作。另一方面可以适当增加行政检察人员。在实行员额检察官制度改革后,检察机关应当适当增加办理行政检察监督案件的员额检察官数量。如果检察机关设立了行政检察部门,就应当配备一定数量的员额检察官;如果没有专门设立行政检察部门,也可以适当增加员额检察官人数,增强行政检察办案力量。总之,只有加大行政检察办案力度,才能增加行政检察监督案件数量,才能实实在在地体现行政检察工作的成绩,才能保证做实行政检察工作。

(三)建立健全行政检察监督机制

在我国,检察机关要有效开展行政检察监督工作,不仅需要依赖于行政检察监督理论的支撑,而且需要行政检察监督工作机制的保障。由于目前行政检察监督工作机制尚不完善,影响了检察机关办理行政检察监督案件,导致实践中行政检察监督案件不足的问题。因此,检察机关要做实行政检察工作,就应当增加办理行政检察监督案件的数量,建立健全行政检察监督机制。

从检察实践来看,针对目前检察机关行政检察监督工作机制不完善的现状,检察机关应当建立健全以下行政检察监督工作机制:(1)检察机关内部案件线索移交机制,即检察机关内部各业务部门在履行检察职权过程中,发现行政检察监督案件线索的,应当及时移送行政检察部门或者检察人员的工作机制。（2）建立与行政执法部门沟通协作机制。检察机关为了及时发现行政违法行为，应当建立与行政执法部门之间的沟通协作机制。例如建立信息共享机制，检察机关可以对接行政执法信息平台，共享行政执法部门的执法信息。又如建立联席会议机制，检察机关可以定期邀请有关行政执法单位参加联席会议，相互通报行政执法情况、行政执法监督工作开展情况，互通信息，研究解决有关案件问题等。（3）建立行业专业人员辅助办案机制。检察机关应当坚持智慧借助，建立和依托行政检察专家委员会，对金融、知识产权等专业性较强的案件，可以邀请专家委员、行业专业人员参加案件评议、咨询和研判，以保证和提高检察机关的办案质量和效果。（4）建立多部门协作的多元纠纷解决机制。检察机关应当加强行政检察监督与其他行政纠纷解决机制对接，构建协商、调解、仲裁、行政裁决、行政复议、行政诉讼有机衔接、互相协调、多元化的行政纠纷解决机制。（5）建立行政检察监督年度报告机制。检察机关对全年行政检察监督情况进行全面梳理分析，围绕党和国家中心工作，分析行政审判、行政执法中存在的问题和原因，有针对性地提出促进依法行政、公正司法，推动法治政府建设的意见建议，向法院和行政机关通报，向党委、人大报告。

（四）着力解决行政争议案件实质性化解中的困难

进入新时代，行政争议案件实质性化解工作成为检察机关参与社会治理的一项重要工作，检察机关要切实有效开展这项工作，不仅需要检察机关的积极主动作为，而且需要各地党委和政府的支持，各有关部门的大力配合，切实解决行政争议化解中的一些具体困难。因此，检察机关要做实行政检察工作，就应当积极争取党委和政府的支持，主动寻求各方的配合，着力解决行政争议案件实质性化解中的困难。

从检察实践来看，行政争议案件实质性化解工作是一项政治性、法律性、政策性很强的工作，要做好这项工作，必须走规范化、法治化之路。要解决该项工作中的困难，可以采取以下措施：一是积极推动地方党委、人大出台规范性文件。检察机关应当主动向地方党委及其政法委报告该项工作进展情况和存在的问题，主动接受人大监督，配合开展专项执法检查和视察调研，争取出台地方立法文件，推动解决工作难题。二是加强与法院、行政机关的沟通协调，建立行政争议案件信息共享、联合化解机制，推动行政争议化解与行政检察监督、行政复议、行政诉讼的有机衔接，共同维护人民群众的合法权益。三是加强行政争议案件实质性化解规范化建设。检察机关应当抓紧修订完善行政诉讼监督规则，总结实践中行政争议化解的经验做法，明确检察机关在化解行政争议案件中的角色定位和实质性化解的案件范围、化解标准等问题，确保有法可依、有据可循。四是建议扩大行政检察监督的范围。从长远发展来看，要提高检察机关在国家治理体系和治理能力现代化建设中的作用，建议认真贯彻十八届四中全会和十九届四中全会的精神，探索开展行政执法检察监督、强制隔离戒毒监督和行政复议阶段介入行政争议化解，在监督行政违法行为和行政强制措施、参与社会治理方面有积极作为。

第五节　做好公益诉讼检察

在我国，检察公益诉讼是一项年轻的制度，从两年试点到两年全面实施，在快速发展中体现出一系列既不同于其他制度又不同于域外类似制度的鲜明特点，在实践中已初步形成了中国特色。进入新时代，检察机关要做好公益诉讼检察，应当深入研究公益诉讼检察制度，大力加强公益诉讼工作，促进公益诉讼检察创新和发展。

一、做好公益诉讼检察的内涵

关于做好公益诉讼检察的内涵，目前学术界尚缺乏研究，也没有提出明确的观点。我们认为，所谓做好公益诉讼检察，是指在当前公益诉讼检察作为检察机关的一项新业务，检察机关应当在办好法律授权领域公益诉讼案件的基础上，积极探索关涉重要民众利益的公益诉讼新领域，完善相关的公益诉讼检察程序，保证公益诉讼检察质量，充分发挥公益诉讼监督的政治效果、法律效果和社会效果。具体来说，做好公益诉讼检察包括办好法律授权领域公益诉讼案件、积极探索公益诉讼新领域、完善公益诉讼检察程序、保证公益诉讼检察质效等四个方面的内容。

（一）办好法律授权领域公益诉讼案件

办好法律授权领域公益诉讼案件，就是检察机关应当按照法律授权的范围和条件，认真办好每一起公益诉讼案件，积极推进公益诉讼检察工作。在我国，根据民事诉讼法、行政诉讼法和英雄烈士保护法的规定，检察机关可以在破坏生态资源和环境保护、食品药品安全、国有财产保护、国有土地使用权出让、英雄烈士姓名肖像名誉荣誉等领域开展公益诉讼活动。对于这些法律授权领域的公益诉讼案件，检察机关应当按照法律的要求，办理每一起公益诉讼案件，都应当做到事实清楚，证据确实、充分，做到案结事了，力争做到"办理一案，影响一片"。

从检察实践来看，为了做好公益诉讼检察工作，检察机关进行了内设机构改革，设立了公益诉讼检察部门，配备了相应的员额检察官，专门从事公益诉讼检察工作。目前各级检察机关开展公益诉讼检察工作积极性较高，办理了大量的公益诉讼案件，取得了较好的效果。例如在2018年，全国检察机关共立案办理民事公益诉讼案件4393件、行政公益诉讼案件108767件；2019年，全国检察机关共办理民事公益诉讼案件7125件、行政公益诉讼案件119787件，同比分别上升62.2%和10.1%；同时，在办理公益诉讼案件过程中，检察机关坚持把诉前实现维护公益目的作为最佳司法状态。检察机关与政府部门虽分工不同，但服务人民、追求法治的目标一致，公益诉讼并非"零和博弈"。2019年，检察机关共发出诉前检察建议 103076 件，同比上升 1.8%；回复整改率 87.5%，同比上升 15.8 个百分点，绝大多数问题在诉前得以解决，以最小司法投入获得最佳社会效果。①

（二）积极探索公益诉讼新领域

为了扩大公益诉讼案件数量和影响力，提高国家综合治理能力，完善国家治理体系，党的十九届四中全会明确提出拓展公益诉讼案件范围。按照十九届四中全会的要求，以双赢多赢共赢理念为引导，各地检察机关积极探索法律规定"等"字外的公益诉讼检察，积极稳妥拓展公益诉讼办案范围。目前，对法律明确赋权领域之外人民群众反映强烈的公益损害问题，检察机关积极进行探索，主要包括安全领域（安全生产、公共安全、生物安全）；文物和文化遗迹领域；公民个人信息、网络侵害领域；妇女儿童及残疾人权益保护领域；扶贫领域；国防军事领域；产品质量、虚假宣传、英烈设施等其他领域。例如，截至 2020 年 6 月 30 日，陕西全省立案共办理新领域公益诉讼案件 803 件，其中，安全领域 336 件；文物和文化遗迹领域 205 件；公民个人信息、网络侵害领域 4 件；妇女儿童及残疾人权益保护领域 25 件；扶贫领域 2 件；国防军事领域 1 件；产品质量、虚假宣传、英烈设施等其他领域 230 件；发出诉前检察建议 770 件，提起行政公益诉讼 2 件，提起刑事附带民事公益诉讼 3 件。宁夏全区共立案办理新领域公益诉讼案件 104 件，其中，安全领域 57 件；文物和文化遗迹领域 10 件；公民个人信息、网络侵害领域 1 件；妇女儿童及残疾人权益保护领域 6 件；扶贫领域 3 件；产品质量、虚假宣传、英烈设施等其他领域 27 件；发出诉前检察建议 90 件。

从检察实践来看，应当采取以下措施，积极稳妥地推进新领域公益诉讼工作：一是积极主动争取党委、人大、监委、政府各部门、法院等

---

① 以上数据参见 2019 年、2020 年、2021 年最高人民检察院工作报告。

机关的重视和支持，为拓展公益诉讼案件范围创造良好的外部环境。例如，陕西省人大常委会 2020 年 3 月 25 日审议通过《关于加强检察公益诉讼工作的决定》，明确将防灾减灾和应急救援、公共卫生安全、历史文化古迹和文物保护、危化品管理、个人信息安全、英烈纪念设施、野生动物保护等领域侵害国家利益和社会公共利益的案件纳入公益诉讼案件范围。二是要结合本地的实际情况，积极采取以专项活动等多种方式，有效推动新领域公益诉讼案件的办理。例如，陕西省检察院与西安军事检察院联合开展红色资源保护专项监督活动，重点监督各类破坏红色资源的行为，共立案办理红色资源领域公益诉讼案件 341 件，发出诉前检察建议 339 件。三是既要积极又要稳妥，以有效保证新领域公益诉讼案件的办案质效。例如，陕西省和宁夏回族自治区对于办理新领域的公益诉讼案件，采取了立案审批时进行各要素评估（损害公共利益大小、群众反映是否强烈、有无比检察机关更合适解决问题的主体等）、组织专家咨询论证、发放调查问卷等方式广泛听取意见建议，出台办理新领域公益诉讼案件的工作指导意见等。

（三）完善公益诉讼检察程序

检察机关为了做好公益诉讼检察工作，应当完善相关的公益诉讼检察程序，以保证检察机关依法开展公益诉讼检察工作。在我国，公益诉讼检察是一项新的检察业务，目前相关程序尚不完善，因而完善公益诉讼检察程序，就成为检察机关做好公益诉讼检察的基本保障和重要内容。

从检察实践来看，检察机关办理的公益诉讼案件包括民事公益诉讼案件和行政公益诉讼案件两种，检察机关遵守的法律程序相应地包括民事诉讼程序和行政诉讼程序，这两种程序主要是审判程序，而检察机关办理公益诉讼案件主要是诉前活动，实践中也以诉前程序结案为主，但是目前法律对诉前程序缺乏明确具体的规定，即使是审判程序，民事诉讼法和行政诉讼法也没有明确规定检察机关的诉讼活动，因而检察机关提起公益诉讼案件也缺乏相关程序遵循。由此可见，无论是诉前还是审判过程中，检察机关开展公益诉讼检察都缺乏完整的诉讼程序，影响了检察机关办理公益诉讼案件的质量和效果。因此，在新时代，应当完善公益诉讼检察程序，特别是公益诉讼检察的诉前程序，以保证检察机关办理好每一起公益诉讼案件，做好公益诉讼检察工作。

（四）保证公益诉讼检察质效

保证公益诉讼检察质效，就是检察机关在办理公益诉讼检察案件过程中，应当按照有关规定的范围和法律程序，保证办案质量，实现办案的政治效果、法律效果和社会效果的有机统一。对于检察机关来说，只有保证公益诉讼检察的质效，实现"三个效果"的有机统一，才能体现检察机关的工作成绩，因而保证公益诉讼检察质效就成为做好公益诉讼检察的一项重要内容。在我国，政治效果、法律效果和社会效果是辩证统一的，检察机关在办理公益诉讼检察案件时，不能片面地只追求办案数量和法律效果，而应当站在国家治理能力和治理水平现代化的高度，从构建和谐社会的角度来办理案件，做到办好一个案件影响一片，产生好的政治效果和社会效果。

从检察实践来看，检察机关办理了一定数量的民事公益诉讼案件和行政公益诉讼案件，维护了国家利益和社会公共利益，取得了较好的效果。但是，实践中也存在一定的问题。检察机关起诉到法院的公益诉讼案件较少，一些起诉到法院的案件有的也没有得到法院的支持，这些都与新时代党和国家的要求、人民群众的期盼相比，尚存在很大的差距。因此，在新时代，检察机关要做好公益诉讼检察工作，就应当保证公益诉讼案件的质量，办案应当产生实实在在的效果。由于检察机关办理公益诉讼案件涉及的法律较广，牵涉的部门较多，办理难度较大，办好一起公益诉讼案件确属不易。检察机关应当加大公益诉讼检察力度，以高度负责的精神，严格遵守法律规定和政策要求，运用好政治智慧、法律智慧和社会智慧，只有这样，才能保证公益诉讼检察的质效，做好公益诉讼检察工作。

二、公益诉讼检察遇到的问题

在我国，公益诉讼检察作为检察机关的一项新业务，在法律和政策的双重推动下，各级检察机关都非常重视，并积极开展公益诉讼检察工作，取得了较好的成绩，得到党和国家的肯定、社会的认同。但是，由于检察机关开展公益诉讼检察工作的时间短、经验不足，在实践中确实遇到一些问题，主要表现为公益诉讼起诉案件较少、办理新领域公益案件困难、公益诉讼检察程序不完善、公益诉讼检察人才短缺等问题。

（一）公益诉讼起诉案件较少

从检察实践来看，自检察机关开展公益诉讼检察工作以来，办理了一定数量的公益诉讼案件，产生了一定的社会影响力。但是，从检察机关办理案件的具体情况来看，检察机关办理公益诉讼案件主要采取诉前向有关行政机关提出检察建议的方式结案，而向人民法院提起公益诉讼的案件较少。例如在 2018 年，全国检察机关共立案办理民事公益诉讼案件 4393 件、行政公益诉讼案件 108767 件，但是，检察机关只向法院提起公益诉讼案件 3228 件，起诉率不到3%；2019 年，全国检察机关共立案办理民事公益诉讼案件 7125 件、行政公益诉讼案件 119787 件，提起公益诉讼案件 4778 件，起诉率不到 4%。[①] 显然，检察机关提起公益诉讼案件的占比较低，影响了公益诉讼案件的社会影响力。

---

① 以上数据参见 2019 年和 2020 年最高人民检察院工作报告。

（二）办理新领域公益案件有困难

从实践探索来看，检察机关办理新领域公益案件遇到以下三方面的困难和问题：一是探索新领域的范围杂而不精。由于目前检察机关办理新领域公益案件仅有中央、最高人民检察院的相关政策文件和省级人大的决定中的原则性要求，缺乏具体的法律依据和指导意见，而各地的探索处于初级阶段，可参照的做法和案例不多，有的是自己摸索着干，有的是参考网上其他地方案例照着做，存在探索范围杂而不精的问题。二是存在案件上凑数现象。由于上级检察院仅对新领域案件的数量进行考核或者通报，而对个案质效缺乏科学评价标准，导致有的地方为了应付考核，没有坚持精准监督的理念，不愿花大力气啃"硬骨头"，而去办理"短平快"的小案，出现案件凑数的现象。三是新领域案件诉前和诉讼衔接尚未形成共识。对于新领域案件，检察机关提出诉讼后，由于缺乏充分的法律依据，行政机关接受度不高，甚至出现严重对抗问题，影响办案效果。

（三）公益诉讼检察程序不完善

从检察实践来看，我国法律对诉前程序缺乏明确具体的规定，包括检察机关的立案程序、调查取证程序、鉴定程序、公告程序、诉前结案程序等，即使是审判程序，民事诉讼法和行政诉讼法也没有规定检察机关的诉讼活动，导致检察机关在公益诉讼案件审判过程中无法执行民事诉讼法和行政诉讼法，影响了检察机关办理公益诉讼案件的质量和效果。

三、做好公益诉讼检察的措施

在新形势下，检察机关要做好公益诉讼检察工作，保证"四大检察"能够全面充分协调发展，就应当针对当前公益诉讼检察工作中遇到的问题，采取具体有效的措施。具体来说，检察机关应当增加公益诉讼起诉案件数量、解决办理新领域公益案件困难、建立公益诉讼检察程序、加强公益诉讼检察队伍建设等，以提高公益诉讼检察质量，发挥公益诉讼检察的应有作用。

（一）增加公益诉讼起诉案件数量

在我国，检察机关开展公益诉讼检察工作，主要采取提出检察建议和提起公益诉讼两种方式。虽然提出检察建议的方式可以节约司法资源，实现双赢多赢共赢，但是公益诉讼检察作为检察机关的一项新业务，目前尚未被广大群众所熟悉和了解，实践中检察机关办理公益诉讼案件也主要以诉前结案为主，向法院提起公益诉讼的案件较少，社会公众通过公开庭审的方式了解公益诉讼案件的机会也较少，这影响了公益诉讼检察的社会效果。因此，在新时代，检察机关要做好公益诉讼检察，扩大公益诉讼检察工作的影响力，检察机关适当增加向法院提起公益诉讼的案件数量是十分必要的。

从检察实践来看，我国检察机关实行内设机构改革和员额制改革后，各级检察机关几乎都设立公益诉讼检察部门，配备了相应的员额检察官，这为检察机关开展公益诉讼检察工作奠定了坚实的基础。但是，由于公益诉讼检察是一项新型的检察业务，办案难度较大，不仅需要有关单位予以支持，也需要社会公众了解和支持，这是做好公益诉讼检察工作的根本保障。虽然目前检察机关办理了一些公益诉讼案件，但主要是以诉前检察建议的方式结案的，公开程度不够，公众知晓度不高，社会影响力不大。因此，在新时代，检察机关要做好公益诉讼检察工作，要获得社会更多的理解和更大的支持，就应当适当增加公益诉讼起诉案件的数量，扩大公益诉讼检察的公开性和影响力。

（二）解决办理新领域公益案件的困难

在我国，不断扩大公益案件的范围是形势的需要，也是提升国家治理能力的要求，更是人民群众的强烈期盼，因而检察机关探索新领域公益案件符合新时代的要求，是完全正确的发展方向。但是，作为一项探索性的工作，必然会遇到一些困难和问题，这是在所难免的，也是必然的，检察机关作为国家的法律监督机关，应当在探索中总结经验，寻找规律和解决问题的方法和措施，以责任担当的精神，积极稳定做好新领域公益案件的探索工作，以发挥公益诉讼的应有价值。

从实践探索来看，就有效解决探索中的困难和问题，建议如下：一是加快推进立法完善，为公益诉讼新领域探索提供有力法律支撑。建议参照英雄烈士保护法的立法模式，以相关单行法修订或制定为契机，在其中设定检察公益诉讼的相关内容。如安全生产法、文物保护法、公民个人信息法、野生动物保护法等均在修改或制定过程中，建议最高人民检察院与全国人大、相关部委加强沟通联系，提出立法建议，推动新领域公益案件办理法律依据的完善。二是尽快出台新领域公益案件办理的司法解释或者指导意见，发布典型案例。新领域公益案件办理不仅涉及重点领域的确定，而且涉及"积极稳定"原则的具体把握标准，这些都需要最高人民检察院出台有关司法解释或者指导意见，发布典型案例，以规范和引导各地检察实践，保证探索工作不缺位、不越权、不添乱，努力实现双赢多赢共赢。三是以案件质量评价、检察官业绩考核、典型案例发布为抓手，引导地方办理高质量公益案件。即以完善案件质量评价体系、检察官业绩考核指标、案例发布机制为抓手，将案件质量放到更加重要的位置。同时，上级检察院应当加强案件质量把关和评查，及时纠正办凑数案的错误倾向。

（三）建立公益诉讼检察程序

从诉讼类型上看，我国的公益诉讼检察包括民事公益诉讼检察和行政公益诉讼检察，这两种公益诉讼虽然分别规定在民事诉讼法和行政诉讼法中，但是，这两种公益诉讼与一般的民事诉讼和行政诉讼有着本质的不同,公益诉讼是检察机关的一种法律监督形式,是一种客观诉讼,而民事诉讼和行政诉讼则是公民的一种维权行为,是一种主观诉讼。这种本质上的不同决定了公益诉讼不可能完全适用于民事诉讼法和行政诉讼法,而应当建立自己的专门诉讼程序,即公益诉讼检察程序。

从检察实践来看,检察机关开展公益诉讼检察工作,办理公益诉讼案件,目前主要执行民事诉讼法和行政诉讼法的规定,但是,这两部诉讼法没有规定诉前程序,即检察机关诉前活动的有关程序,包括立案程序、调查取证程序、鉴定程序、询问程序、公告送达程序、提出检察建议程序等,而且这两部诉讼法所规定的审判程序也不能完全适用于检察机关,包括当事人的地位、缴纳诉讼费用、和解程序等。基于公益诉讼检察是一种新型的检察业务,具有自身的特殊性,民事诉讼、行政诉讼与公益诉讼存在本质上的差异,且这两大诉讼法的规定目前尚不能满足公益诉讼检察工作的需要,我国应当建立独立的公益诉讼检察程序,构建独立的中国特色公益诉讼制度,以发展完善我国的诉讼制度体系,为检察机关做好公益诉讼检察工作提供法制保障。

第五章　法律监督的刚性问题

随着职务犯罪侦查职能的转隶，检察机关的法律监督刚性受到一定的影响，检察机关的法律监督地位也受到学术界的高度关注。如有学者认为，职务犯罪侦查职能的转隶"带来了检察机关法律监督定位和法律监督方式的全面危机"①；有的认为，"将职务犯罪侦查职能剥离后，检察机关将缺少落实法律监督的重要手段"②；还有的学者认为，"中国检察制度又一次走到了历史的十字路口"，"失去职务犯罪侦查权的检察机关该如何实现其法律监督职能，处在大变革前夕的中国检察制度将何去何从"③。学者们的担忧具有一定的道理，但是，我国宪法仍将检察机关定位为国家法律监督机关，因而如何丰富检察机关的法律监督手段，增强法律监督的刚性，是维护检察机关宪法定位、维护和发展中国特色社会主义检察制度需要研究的重要课题。当前，在立法层面上，要增强检察机关法律监督的刚性，可以采取三个方面的措施，即适当扩大检察机关职务犯罪侦查权、赋予法律监督法律约束力、完善调查核实措施。

---

① 陈瑞华：《论检察机关的法律职能》，载《政法论坛》2018 年第 1 期。

② 秦前红：《全面深化改革背景下检察机关的宪法定位》，载《中国法律评论》2017 年第 5 期。

③ 魏晓娜：《依法治国语境下检察机关的性质与职权》，载《中国法学》2018 年第 1 期。

第一节　适当扩大职务犯罪侦查权

在我国，检察机关作为国家专门的法律监督机关，承担着维护国家法律统一正确实施的重要任务，因而检察机关的一切活动都是在履行法律监督职能。目前检察机关对部分职务犯罪行使侦查权，这是履行法律监督的重要手段。在新时代，为了增强检察机关法律监督的刚性，有必要适当扩大检察机关的职务犯罪侦查权。

一、检察机关目前的职务犯罪侦查权

为了保证检察机关履行法律监督职责的必要手段，我国法律保留了检察机关部分职务犯罪侦查权。我国《刑事诉讼法》第 19 条第 2 款规定："人民检察院在对诉讼活动实行法律监督中发现的司法工作人员利用职权实施的非法拘禁、刑讯逼供、非法搜查等侵犯公民权利、损害司法公正的犯罪，可以由人民检察院立案侦查。对于公安机关管辖的国家机关工作人员利用职权实施的重大犯罪案件，需要由人民检察院直接受理的时候，经省级以上人民检察院决定，可以由人民检察院立案侦查。"2018 年 11 月 1 日，最高人民检察院制定了《关于人民检察院立案侦查司法工作人员相关职务犯罪案件若干问题的规定》，明确检察机关可以对 14 个罪名的职务犯罪案件立案侦查。我国法律在将职务犯罪侦查职能总体上从检察机关划转给国家监察机关的前提下，仍给检察机关保留一小部分职务犯罪侦查权，即在履行职责中发现的职务犯罪侦查权，这对检察机关履行法律监督职责具有重要意义。

（一）检察机关行使部分职务犯罪侦查权是维护国家法律监督机关宪法定位的需要

在我国，宪法明确规定，检察机关是国家的法律监督机关。宪法将检察机关定位为国家的法律监督机关，其目的在于通过检察机关履行法律监督职责，维护国家法律的统一正确实施，维护国家法律的权威，实现依法治国。为了保证检察机关有效履行法律监督职责，实现该目标，我国法律赋予了检察机关一些法律监督手段，主要包括对刑事犯罪案件进行审查批捕和审查起诉，对公安机关的违法侦查行为提出纠正意见或检察建议，对法院的错误裁判提出抗诉，对法院审判活动中的违法行为提出检察建议，对刑罚执行活动中的违法行为提出纠正意见和检察建议，对诉讼活动中司法工作人员的犯罪行为进行立案侦查等。可见，检察机关履行法律监督具有较多的手段，这些手段构成一个整体，都是维护检察机关作为法律监督机关这一宪法定位的客观需要。

从检察实践来看，检察机关通过法律规定的各种手段，履行法律监督职责，在维护国家法律统一正确实施，实现司法公正方面，发挥着重要作用。但是，法律规定的各种监督手段是一个整体，相互作用、相互依赖、相互补充，共同形成法律监督的合力，只有这样，才能有效发现和纠正诉讼中的违法行为，维护法律权威。比如检察机关通过审查批捕、审查起诉活动，对公安机关侦查的案件进行审查，才能发现侦查活动中是否存在违法行为，才能决定是否向公安机关提出检察建议，因而它们之间是一种相互作用、相互依赖的关系。又如对诉讼中的违法和错误提出纠正意见建议与发现职务犯罪线索而实施侦查，二者之间是相辅相成，不可或缺的，即检察机关通过"纠正违法和错误"，可以发现一些职务犯罪线索，同时通过"职务犯罪侦查"，又可以促进"纠正违法和错误"意见建议的落实。如果检察机关对诉讼监督只有纠正违法和错误的建议权，而没有一定的职务犯罪侦查权做支撑和保障，检察机关对诉讼活动的法律监督就会软弱无力。因此，法律规定的各种法律监督手段构成一个完整的体系，都必不可少，缺乏任何一种法律监督手段，都会影响检察机关的法律监督效果。

在检察机关的各种监督手段体系中，每一种监督手段的适用范围和条件各不相同，都具有不同的特点。就适用范围来说，提出纠正意见建议可以适用于公安机关的侦查违法行为，也可以适用于法院审判活动中的违法行为，还可以适用于刑罚执行活动中的违法行为，其适用范围较为广泛；审查批捕适用于公安机关提请批准逮捕犯罪嫌疑人的情况，审查起诉适用于公安机关移送审查起诉的情况，抗诉适用于错误裁判的情况，其适用范围较窄。就监督刚性来说，检察建议的监督刚性较弱，审查批捕、审查起诉、抗诉以及立案侦查的监督刚性较强。从我国宪法规定来看，检察机关法律监督地位的保障不仅需要广泛的监督，而且需要强有力的监督。因此，在国家监察体制改革和职务犯罪侦查职能总体转移给监察机关后，法律保留检察机关部分职务犯罪侦查权，对维护检察机关是国家专门的法律监督机关这一宪法定位十分必要。

（二）检察机关行使部分职务犯罪侦查权是增强法律监督刚性的需要

在现代社会，任何国家的法律都应当具有一定的强制力，这是实现国家法治的根本保障。国家的法律需要国家机关去执行，国家机关的一切执法和司法活动，都应当具有一定的强制力，否则，就难以保证国家法律得到有效贯彻实施、树立国家法律的权威，无法实现依法治国的目标。因此，任何国家机关的执法和司法活动，包括国家纪律检查机关、国家监察机关、各行政执法机关、法院、检察机关等的执法和司法活动，都应当对执法、司法或者监督对象具有一定的强制力。

就检察机关来说，其作为国家重要的司法机关和法律监督机关，一切司法活动和法律监督活动都应当具有一定的强制力。但是，从我国法律规定看，法律规定检察机关的各种监督活动具有不同的强制力，比如批准逮捕、决定起诉就具有很强的强制力，检察机关作出是否批捕的决定，公安机关必须执行，检察机关决定起诉，法院就必须开庭审判；检察机关提出的检察建议，其强制力就较弱，监督对象接到检察机关的纠正意见或建议后是否纠正、如何纠正，由其自行决定，不一定完全按照检察机关的建议进行纠正。检察机关的检察建议强制力较弱，这是检察监督权区别于其他执法权、司法权的最大特点。法律之所以这样规定，可能是考虑到检察监督的对象主要是有关国家机关，虽然它也涉及国家机关内部的工作人员，但是，他们是在代表国家机关履行职责过程中出现的违法和错误。这样的权力设计，不利于发挥检察机关法律监督的作用。

在我国，要使检察机关法律监督取得好的效果，检察机关就必须拥有一项较有力度的职能或者措施，以弥补检察建议强制力较弱的不足，并对检察监督起到支撑作用。正如有关专家所说：职务犯罪侦查权剥离后，"检察机关如欲实现'法律监督机关'之宪法定位和现实权威，还需要从宪法法律中寻找'有力依据'和'有力措施'"。[①] 这项"较有力度的职能或者措施"，如果不是职务犯罪侦查权，就应当由法律新赋予其他职能。而由法律新赋予某项有力度的职能或者措施，则要考虑其匹配性、适当性以及与法律监督性质的协调性，其难度可能较大。因此，由法律保留检察机关一小部分职务犯罪侦查权是比较简便易行的，也符合检察机关行使职务犯罪侦查权的历史传统。

（三）检察机关行使部分职务犯罪侦查权是提高反腐败整体效能的需要

党的十九大以来，为了加强党对反腐败的统一领导，建立集中统一、权威高效的反腐败机制，加大反腐败力度，有效推进反腐败工作，2017 年 11 月 4 日，全国人大常委会通过在全国各地推行国家监察体制改革试点工作的决定。2018 年 3 月，第十三届全国人大一次会议通过了宪法修正案和监察法，决定组建国家监察委员会，将政府的监察厅

---

① 秦前红：《全面深化改革背景下检察机关的宪法定位》，载《中国法律评论》2017 年第 5 期。

（局）、预防腐败局及检察院的贪污贿赂、渎职侵权以及预防职务犯罪等部门的相关职能整合至监察委员会。这项改革是以习近平同志为核心的党中央着力协调推进"四个全面"战略布局的重大举措，是中国特色反腐败体制的重大创新，对构建不敢腐、不能腐、不想腐的有效机制，推进国家治理体系和治理能力现代化，具有重大的现实意义和战略意义。

在我国，在党的统一领导下，反腐败应当形成合力，才能发挥反腐败的整体效能。虽然国家将反腐败的主要任务交由国家监察机关来承担，但也离不开其他国家机关的配合，特别是检察机关的配合，因为腐败往往与滥用职权密切相关，其他国家机关在查办滥用职权过程中，往往会发现一些腐败线索，这些线索只有及时移送给监察机关，才能保证监察机关及时有效查处腐败犯罪，才能有效打击腐败犯罪，发挥反腐败的整体效能。

从检察实践来看，将职务犯罪侦查职能总体划转给监察机关后，给检察机关保留一小部分职务犯罪侦查权，有利于提高反腐败的整体效能，实现帕累托效率。这是因为：一方面，检察机关对履行职责中发现的职务犯罪实施侦查，在发现线索上具有职能便利性。众所周知，职务犯罪一般没有直接的被害人，加上犯罪主体有合法的职务作掩护，因而犯罪结果一般不会自动暴露，需要侦查机关想法设法去发现，故发现职务犯罪线索是职务犯罪侦查的重要环节。检察机关对履行职责中发现的职务犯罪实施侦查，可以通过审查批捕、审查起诉、执行监督、受理民事、行政申诉案件等渠道，通过审阅案件材料、讯问犯罪嫌疑人、被告人和罪犯，询问证人、听取当事人及其辩护律师控告申诉、调查取证等方式，来发现职务犯罪线索，这比国家监察机关发现这些线索更方便。另一方面，检察机关对履行职责中发现的职务犯罪实施侦查，有利于发现线索与侦查案件这两个环节的紧密衔接，从而提高查处案件的效率。如果将发现线索与侦查案件进行分离，即检察机关发现线索后再转交给国家监察机关，因国家监察机关不了解职务犯罪行为发生的具体情况，还需要检察机关进行汇报或者给予说明解释，而且国家监察机关可能正忙于其他案件，一时无法安排力量查处，这难免会影响查处案件的效率。

（四）检察机关行使部分职务犯罪侦查权不影响国家监察机关对行使公权力的公职人员监察的全覆盖

《监察法》第1条明确规定："为了深化国家监察体制改革，加强对所有行使公权力的公职人员的监督，实现国家监察全面覆盖，深入开展反腐败工作，推进国家治理体系和治理能力现代化，根据宪法，制定本法。"可见，国家要求监察机关对所有行使公权力的公职人员进行监督，实现国家监察全面覆盖。即国家监察机关有权对所有公职人员进行监察，包括职务犯罪的侦查、违法违纪情况的监督调查和给予处分等。

根据我国法律规定，检察机关对履行职责中发现的职务犯罪实施侦查，具有严格的限定，主要体现在以下三个方面：一是犯罪主体的限定，即犯罪主体限于涉嫌职务犯罪的少数司法人员和行政机关工作人员；二是犯罪行为方式的限定，即犯罪行为方式限于有关人员利用职权所实施的犯罪行为；三是发现渠道的限定，即发现渠道限于检察机关在履行职责中发现的，未被检察机关在履行职责中发现的司法人员和行政机关工作人员的职务犯罪，不在这个范围。因此，检察机关侦查的这类案件，仅是司法人员和行政机关工作人员中职务犯罪的一部分，更是所有职务犯罪案件的一小部分。对于司法人员和行政机关工作人员中未被检察机关履行职责中发现的职务犯罪以及其他公职人员的职务犯罪，仍由国家监察机关查处；司法机关和行政机关的所有公职人员仍都在国家监察机关的统一监督之下，检察机关对这一小部分案件进行侦查丝毫不影响国家监察机关对行使公权力的公职人员监察的全覆盖。

同时，检察机关查处履行职责中发现的职务犯罪，只要将其纳入纪委和国家监察机关反腐败大格局之中，自觉接受纪委的组织协调，加强与国家监察机关的沟通联系，特别是在立案前做好沟通联系工作，就不会与国家监察机关的办案工作发生"撞车"，也不会打乱纪委和国家监察机关反腐败的整体部署。如果纪委和国家监察机关认为某线索有必要由其统一组织查处，那么检察机关就可以将该线索转给纪委和监察机关；纪委、监察机关有时也可以将涉及司法人员的某些线索交由检察机关查处或者协助查处。因此，检察机关查处履行职责中发现的职务犯罪，与国家监察机关查处职务犯罪不仅不矛盾，而且对国家监察机关查处职务犯罪是很好的配合与补充。这样，国家监察机关的监察功能与检察机关的法律监督功能就都能得到有效的发挥。

二、适当扩大职务犯罪侦查权的必要性

根据目前我国法律规定，检察机关在对诉讼活动实行法律监督中发现的司法工作人员利用职权实施的非法拘禁、刑讯逼供、非法搜查等侵犯公民权利、损害司法公正的犯罪，可以由检察机关立案侦查。可见，检察机关只对诉讼监督中发现的部分职务犯罪行使侦查权，其范围相对较窄，建议应当扩大其职务犯罪侦查权，比如将监察委办案人员违法办案，实施刑讯逼供、非法拘禁等侵害公民权利、损害司法公正的犯罪，纳入检察机关的侦查范围等。

（一）适当扩大职务犯罪侦查权是加大反腐败力度的需要

从检察实践来看，适当扩大检察机关职务犯罪侦查权，有利于检察机关更好地配合国家监察机关的反腐败工作，加大反腐败的力度。一方面，检察机关对履行职责中发现的职务犯罪行为进行侦查，在发现线索和收集有关证据上具有便利条件。众所周知，职务犯罪具有较强的隐秘性和反侦查性，需要国家机关有较多的发现手段和较强的侦查能力，而检察机关对履行职责中发现的职务犯罪行为进行侦查，可以通过审查批捕和起诉、执行监督、公益诉讼、受理控告申诉等渠道，及时发现职务

犯罪线索和收集有关证据，这比国家监察机关具有更大的便利性。另一方面，检察机关对履行职责中发现的职务犯罪行为进行侦查，有利于提高查处职务犯罪的效率。检察机关对履行职责中发现的职务犯罪线索进行侦查，可以有效地将发现线索与侦查活动结合起来，避免这两个环节的分离，延误收集证据的时间，从而可以有效提高查处职务犯罪的效率。

（二）适当扩大职务犯罪侦查权是发挥法律监督作用的需要

在我国，检察机关作为国家的法律监督机关，其职责是通过各种法律监督手段，发现和纠正违法行为，以有效维护国家法律的统一正确实施，维护国家法律的权威，实现依法治国的目标。为了保证检察机关有效履行法律监督职责，实现该目标，国家法律应当赋予检察机关有效的法律监督手段，特别是发现违法行为的手段。虽然目前法律赋予了检察机关一些法律监督手段，包括一小部分职务犯罪侦查权、审查批捕权、审查起诉权、抗诉权、检察建议权等，但是，这些检察职权尚不能保证检察机关有效发现各种违法犯罪行为，特别是行政执法人员的行政违法犯罪行为，以有效发挥检察机关的法律监督作用。

从检察实践来看，检察机关通过履行各种法律监督手段，在维护国家法律统一正确实施，保证司法公正方面，发挥着重要作用。但是，法律监督手段是一个整体，需要相互补充和支持，才能形成法律监督的合力，发挥法律监督的整体效能。从目前法律规定来看，检察建议是纠正违法行为的重要手段，适用范围较为广泛，同时，对违法行为提出纠正意见建议与发现职务犯罪线索而实施侦查，二者具有密切的关系。如果检察机关只有纠正违法行为的建议权，而没有一定的职务犯罪侦查权作支撑和保障，检察机关的法律监督就会软弱无力。在国家监察体制改革和职务犯罪侦查职能总体转移给监察机关后，虽然法律保留了检察机关对诉讼活动中的部分职务犯罪行使侦查权，但对公益诉讼活动有关的行政执法人员职务犯罪无侦查权，难以保证有效发现和纠正行政执法活动中的违法行为，因而要有效发挥检察机关的法律监督作用，就有必要适当扩大检察机关的职务犯罪侦查权。

（三）适当扩大职务犯罪侦查权是增强法律监督刚性的需要

在我国，检察机关作为国家重要的司法机关和法律监督机关，其一切司法活动和法律监督活动都应当具有一定的强制力。但是，从我国法律规定来看，法律规定检察机关的各种监督活动具有不同的强制力，比如批准逮捕、决定起诉具有很强的强制力，而检察建议的强制力就较弱。从司法实践来看，检察机关在行使批捕权、起诉权时，都能得到公安机关、法院的尊重和配合，但在行使检察建议权时，监督对象接到检察机关的纠正意见或建议后往往不予纠正，甚至不进行反馈，对此检察机关则缺乏有效的保障措施和手段，难以保证有关违法行为得到及时有效的纠正，这严重影响了法律监督的效果，也不利于发挥检察机关法律监督的作用。

从实践来看，要使检察机关法律监督取得好的效果，检察机关应当具有发现不纠正违法行为背后可能存在犯罪的职能或者措施，以弥补检察建议强制力较弱的不足，对法律监督起到支撑作用。我国检察机关作为法律监督机关，要保证法律的统一正确实施，就应当对法律的执行者（国家工作人员）是否依法履行职务进行监督。国家工作人员依法具有管理某个方面公共事务的职权，这些职权是国家法律制度的组成部分。利用这种职权实施犯罪，实际上是对国家法律统一正确实施的破坏。因此，对这类犯罪进行追究，具有维护国家法治统一的法律监督性质。虽然目前我国法律保留了检察机关一小部分职务犯罪侦查权，但是尚不能有效增强法律监督的刚性，特别是增强检察建议的刚性，因而有必要适当扩大检察机关职务犯罪侦查权。

三、增加对行政工作人员侵权渎职犯罪的侦查权

在我国，实行监察体制改革后，虽然法律保留了检察机关小部分职务犯罪侦查权，但尚不足以支撑检察机关的法律监督，也不能全面有效地发挥检察机关的法律监督作用，所以有必要适当扩大检察机关职务犯罪侦查权。对此，法学界有些专家学者也持类似意见，如有的认为"监察委员会的调查权不会取代检察院的侦查权"①；还有的主张"鉴于国家监察委员会难以通过派驻等形式深入到刑事执行领域尤其是羁押场所，由刑事执行检察主体继续掌管针对监管人员的贪腐、渎职行为的侦办权，反倒具有更大优势"②。为了发挥检察机关的法律监督作用，加大我国反腐败的力度，根据检察实践需要，我们建议增加检察机关对行政工作人员侵权渎职犯罪的侦查权，主要理由如下：

第一，符合十八届四中全会《决定》的精神。为了完善我国法律监督体系，有效保障法律的实施，十八届四中全会《决定》赋予检察机关"对涉及公民人身、财产权益的行政强制措施的监督"和"在履行职责中发现的行政机关违法行使职权或者不行使职权行为的监督"，其监督对象是行政机关工作人员。在我国，行政强制措施是国家行政工作人员管理社会的重要手段，而且行政强制措施的范围较为广泛，其中有的对公民人身权利和财产权益影响较大，如果不对其进行有效的法律监督，就容易被滥用，损害政府的形象。同时，行政机关滥用权力和行政不作为，直接侵害了广大人民群众的合法利益，影响政府的威信，因而也应当加强监督。为了支撑对上述行政监督的开展，检察机关应当有权对履行监督职责中发现的行政机关工作人员的职务犯罪立案侦查。

---

① 参见马怀德：《国家监察体制改革的重要意义和主要任务》，载《国家行政学院学报》2016 年第 6 期。

② 参见李奋飞：《检察再造论——以职务犯罪侦查权的转隶为基点》，载《政法论坛》2018 年第 1 期。

第二，有利于对法律监督进行有效的支撑。根据我国法律规定，检察机关的职权都具有程序性和建议性，不具有终局性。在检察机关无权对监督对象作直接处理的法律制度下，要使保留的侦查权对法律监督真正起到支撑作用，就必须遵循一个原则，即侦查权的覆盖面与法律监督权的覆盖面必须相同。如果前者小于后者，则部分法律监督就得不到职务犯罪侦查权的支撑；如果前者大于后者，则保留的职务犯罪侦查权出现过剩，从而对国家监察机关职务犯罪调查权的完整性造成不适当的影响。目前，法律赋予检察机关的小部分职务犯罪侦查权，只能对刑事诉讼、民事诉讼和行政诉讼活动中的法律监督起到支撑作用，但对公益诉讼活动中的法律监督缺乏支撑，因而有必要增加检察机关对行政工作人员侵权渎职犯罪的侦查权。

第三，有利于保证检察公益诉讼活动的有效开展。在新形势下，为了满足人民群众对民主、法治、公平、正义、安全、环境等方面的要求，提高人民群众的生活水平，维护社会和谐稳定，有效保护国家利益和社会公共利益，我国法律赋予了检察机关以公益诉讼检察权。即检察机关对生态环境和资源保护、食品药品安全、国有财产保护、国有土地使用权出让、英烈权益保护等领域出现的侵犯公共利益的行为，可以开展公益诉讼活动，向人民法院提起公益诉讼，或者支持有关机关或者组织提起诉讼。从司法实践来看，检察机关开展公益诉讼活动，往往涉及行政机关工作人员违法行使职权或者行政不作为，因而在调查取证时，有关行政机关工作人员经常不配合、不支持甚至进行阻挠，检察公益诉讼工作开展十分困难。要保证检察公益诉讼活动有效开展，确实发挥检察公益诉讼活动保护国家利益和社会公共利益的作用，就需要侦查权的支撑，因而有必要增加检察机关对行政工作人员侵权渎职犯罪的侦查权。

第二节　赋予法律监督法律约束力

在我国，检察机关的法律监督是一种程序性和建议性权力，不具有终局性，其法律约束力较弱，特别是在反贪职能转隶后，检察机关的法律监督失去了强有力的支撑，法律监督更显得软弱无力，因而应当研究如何增强法律监督的约束力。

一、目前法律监督存在的主要问题

根据我国法律规定，检察机关拥有广泛的法律监督手段，主要包括审查批捕、审查起诉、诉讼监督和对部分职务犯罪进行立案侦查等。从检察实践来看，检察机关在实施法律监督过程中仍存在以下三方面的问题：

（一）诉讼监督的约束力不足

诉讼监督是检察机关的一项重要职能，根据法律规定，诉讼监督包括刑事诉讼监督、民事诉讼监督和行政诉讼监督。其中，刑事诉讼监督又包括立案监督、侦查监督、审判监督和刑事执行监督；民事诉讼监督包括对民事生效裁判的监督、民事执行活动的监督和民事审判人员在诉讼中违法行为的监督；行政诉讼监督包括对行政诉讼案件受理、审理、裁判、执行活动的监督。根据我国法律规定，检察机关诉讼监督的方式，除了对确有错误的裁判提出抗诉的监督方式外，其他监督方式主要有两种：一是对有关机关在诉讼中的违法行为和错误决定提出纠正意见或建议；二是对发现的涉嫌职务犯罪行为进行立案侦查。前一种监督方式是柔性的，缺乏有效的约束力，有关机关接到纠正意见或建议后，是否纠正、如何纠正以及何时纠正，完全由其自行决定。正因为该监督方

式的柔性，显得软弱无力，所以有学者称其为"患了软骨病"①。后一
种监督方式是刚性的，对案件立案后就能实施侦查，包括采取强制措施
和强制性侦查行为。以前由于有职务犯罪侦查权作支撑，检察机关提出
纠正意见或建议这种方式，尚能取得一定的效果，有关机关大多能够做
些纠正工作。当然，对纠正意见置之不理、拒不纠正的也时有发生。大
部分职务犯罪侦查职能转隶后，诉讼监督中向有关机关发纠正意见或建
议这种监督方式，就显得更加软弱无力，实践中有关机关对纠正违法意
见置之不理等问题更加突出。

（二）法律对检察建议约束力缺乏明确规定

在我国，检察建议是检察机关适用较为广泛的一种监督方式，对于
公安机关侦查活动、法院审判活动、各刑罚执行机关的执行活动等存在
的违法行为，检察机关都可以向其提出检察建议，进行法律监督。但
是，我国法律对检察建议的法律约束力缺乏明确的规定，影响了检察建
议作用的有效发挥。具体来说，检察建议缺乏法律约束力，主要体现在
以下三个方面：一是法律没有明确规定监督对象应当承担的义务，即监
督对象接到检察机关的检察建议后，应当负有什么法律义务，应当在多
长期限内将纠正违法的情况反馈给提出检察建议的检察机关。二是法律
没有明确规定对监督提出异议的程序，即监督对象对检察建议有异议
的，应当以什么方式、在什么时间内提出异议，检察机关对监督对象提
出的异议应当在什么时间内予以处理并给予回复。三是法律没有明确规
定拒不纠正违法行为的法律后果，即监督对象在法律规定的期限内，如
果拒不纠正违法行为，也不反馈检察机关的，应当承担什么法律后果，
检察机关可以对监督对象采取什么措施等。

---

① 参见李奋飞：《检察再造论——以职务犯罪侦查权的转隶为基点》，载《政法
论坛》2018 第 1 期。

（三）诉讼监督缺乏办案程序

从检察实践来看，检察建议没有发挥其应有的作用，除了法律对其约束力缺乏明确规定外，还与检察机关对诉讼监督缺乏办案程序要求有关。在目前实践中，随着员额检察官制度改革、捕诉一体办案机制改革和内设机构改革的落实，增强了检察官办案的责任心，提高了办案的质量和效率，产生了很好的效果。但是，在一些案多人少的基层检察院，由于员额检察官数量有限，员额检察官的办案任务十分繁重。在这种情况下，有的员额检察官为了完成批捕起诉案件任务，往往忽视诉讼监督工作，导致诉讼监督质量不高，所提出的纠正违法通知或者检察建议不合理，或者没有进行充分的说理，从而影响了监督对象的纠错。之所以会出现这种现象，是因为检察机关对诉讼监督事项没有规定办案程序，即没有将诉讼监督事项作为案件来处理，因而诉讼监督没有计入员额检察官的办案数量，员额检察官对此就缺乏足够的重视，而将主要精力放在批捕起诉案件的办理上，从而造成诉讼监督的弱化和诉讼监督质量不高等问题。

二、法律应当赋予法律监督硬的约束力

从检察实践来看，由于法律对诉讼监督的约束力缺乏明确规定，即监督对象接到检察监督意见后如何纠正、如何反馈纠正情况、如果拒不纠正如何救济等方面缺乏规定，更没有对造成违法行为或错误的有关责任人应否处理、如何处理作出规定，致使有些监督对象对检察机关的纠正违法通知或者建议置之不理，难以发挥法律监督的应有作用，因此，法律应当赋予法律监督强制约束力。

首先，法律监督的宪法定位要求其应当具有强制力。检察机关作为宪法和法律规定的专司法律监督的机关，其依据法律、代表国家作出的法律监督决定应当具有法律强制力。在我国，宪法规定检察机关为国家

的法律监督机关，负有维护国家法律统一正确实施的责任，因而法律监督意义重大，"但与其对应的提出检察建议和发布纠正违法通知书却缺少实际强制力"①，这种"说起来很重要、落实起来很空洞""权"与"能"极不匹配的缺乏刚性的立法，是造成诉讼监督没有起到应有作用的主要原因。因此，要坚持检察机关是国家法律监督机关的宪法定位，就必须在立法上赋予法律监督硬的约束力。

其次，法律监督的实践效果要求其应当具有法律强制力。法律监督作为一种权力监督，必须具有法律强制力，否则就不成其为权力监督。比如，如果纪委没有直接对违纪人员进行处分的权力，那纪委就不可能有今天这样的权威。法律监督与被监督是一对矛盾，有时甚至是很尖锐的矛盾，所体现的是护法与毁法的斗争，这种斗争是习近平总书记所说的"伟大斗争"的组成部分，且法律监督的对象都是"强势"机关，一些机关接受监督的意识淡薄，对检察机关的法律监督意见往往心有抵触，法律如果不对监督对象落实监督的义务作出硬性规定，而是凭其觉悟和自觉性，法律监督就很容易成为一纸空文，就不会在实践中发挥作用、产生实际效果。

最后，法律监督的目的要求其应当具有法律强制力。法律监督与监督对象落实法律监督意见是法律监督制度不可或缺的两个方面，法律监督目的的最终实现，要求监督对象必须落实法律监督意见，否则法律监督维护国家法律统一正确实施的目的就无法实现。如果法律只规定检察机关的法律监督权，而不规定监督对象相应的义务，显然是不全面的。因此，要有效实现法律监督的目的，就要求法律应当对法律监督权与监督对象落实法律监督意见的义务这两个方面一并作出规定。

---

① 参见秦前红：《全面深化改革背景下检察机关的宪法定位》，载《中国法律评论》2017 年第 5 期。

三、法律赋予法律监督硬的约束力之建议

根据上述分析，为了发挥法律监督的作用，有效维护国家法律统一正确实施，实现法律监督的目的，应当赋予法律监督硬的约束力，法律应当从以下三个方面进行规定：

（一）规范法律监督的方式，以体现其约束力

从法律规定看，我国三大诉讼法和人民检察院组织法规定的法律监督方式主要有以下几种：（1）对法院确有错误的裁判，规定"提出抗诉"和"提出检察建议"的方式；（2）对有关机关在诉讼中作出的错误决定，有的规定"建议纠正"的方式，有的规定"通知纠正"的方式；（3）对诉讼中的违法行为，有的规定"通知纠正"的方式，有的规定"提出纠正意见"的方式，有的规定"提出检察建议"的方式，还有的则仅笼统地规定"实行监督"或"予以监督纠正"。[①] 在同一类法律监督如纠正违法中，为什么有的用"建议"、有的用"意见"、有的用"通知"，其原因也不明确。

为了改变上述状况，应当规范法律监督的方式，以体现法律监督严肃性和约束力。具体建议是：（1）对于法院确有错误的裁判，采用"抗诉"的监督方式（民事诉讼中对同级法院确有错误的生效裁判，采用"意见"即"再审意见书"的监督方式）。（2）对有关机关在诉讼中作出的错误决定（除裁判外），采用"纠正意见"的监督方式。（3）对诉讼中的违法行为，采用"通知纠正"的监督方式。这里需要指出的是，

---

① 规定"建议"方式的如《刑事诉讼法》第95条，规定"通知"方式的如《刑事诉讼法》第117条，规定"通知纠正"方式的如《刑事诉讼法》第49条，规定"提出纠正意见"的如《刑事诉讼法》第209条，规定"提出检察建议"方式的如《行政诉讼法》第93条，仅笼统规定"实行监督"或者"予以监督纠正"的如《刑事诉讼法》第75条。

无论是哪类法律监督，都不宜采用"建议"的监督方式。因为"建议"不具有约束力，与法律监督应当具有法律效力的特征不符。在以前的法律中，法律监督是不采用"建议"这种方式的，"建议"仅用于检察机关结合办案所开展的社会综合治理和预防腐败工作，即通过办案发现有关单位在管理、制度等方面存在的漏洞，提出整改堵漏、完善制度、加强管理、预防犯罪的建议，它属于"办案的后半篇文章"，而不是办案本身。在后来的立法中，混淆了"建议"与"意见""通知"的界限，故必须正本清源。

（二）需要规定"一案双查"

"一案双查"，就是对一起违法现象或者错误决定，既要查违法行为或错误决定，也要查相关的责任人员。从检察实践来看，为了有效纠正违法行为或者错误决定，预防违法行为的发生，发现有关机关存在违法行为或者错误决定的，不仅应当要求有关机关及时予以纠正，而且应当要求其落地查人，对负有责任且应当追究责任的人员，应当严肃追究责任。以往的法律监督只对事不对人，即使违法行为和错误决定纠正了，有关责任人却无关痛痒，更无切肤之痛，难以对其产生应有的警示和震慑，更不足以促使其吸取教训。违法行为和错误决定是人实施或作出的，人是源头，只有既纠事，又落地查人，法律监督才有硬的约束力，并取得应有的警示和预防效果。因此，我们建议，法律应当规定，对发现的违法行为或者错误决定，既要纠正违法行为和错误决定，也要追查造成违法行为和错误决定人员的法律责任。

（三）需要规定监督对象落实法律监督的责任义务及异议程序

为了保证法律监督"一案双查"的落实，法律需要对监督对象的责任义务及异议程序作出明确规定。具体建议是：法律应当明确规定，检察机关发现有关机关存在违法行为或者错误决定的，应当及时提出法律监督意见或者纠正通知，有关机关接到法律监督意见或者纠正通知后，对违法行为或错误决定应当及时加以纠正，对责任人应当立即启动调查，并在一定期限内将调查和处理结果反馈给检察机关。具体可实行两次反馈制度，即对"事"的纠正，应当在一个月内予以反馈，其中时间性要求很强的，如纠正超期羁押、纠正阻碍律师会见在押犯罪嫌疑人等，应当在 7 日内予以反馈；对人的处理，一般应当在两个月内予以反馈，如果认为不需要追究责任的，也应当反馈情况并说明理由。如果有关机关对法律监督意见或者纠正通知有异议的，可以提出复议、复核。复议、复核后，检察机关仍坚持原法律监督意见或者纠正通知的，有关机关应当落实。对于有关机关对法律监督意见或者纠正通知置之不理、无正当理由拒不纠正的，检察机关可以移送纪委和监察机关，依纪依法严肃问责有关人员。

（四）检察机关应当制定诉讼监督办案程序

为了发挥法律监督的应有作用，除了在法律上赋予法律监督硬的约束力之外，检察机关应当制定相关的诉讼监督办案程序，这是使法律监督具有硬的约束力的基础，也是解决实践问题的有效措施。因为检察机关制定诉讼监督办案程序后，将诉讼监督活动作为一个案件来办理，并计入检察官的办案量，就可以调动检察官的积极性，提高诉讼监督的办理质量，这样就必然会提高有关机关落实法律监督意见或者纠正通知的比率，从而增强和体现法律监督的约束力。

所谓"诉讼监督案件化办理"，是指在诉讼监督领域内，对被监督对象的重大违法行为，按照统一的证据标准和程序要求进行法律监督的司法活动。[①] 也就是说，对于诉讼活动中较为严重的违法行为，检察官要按照一个案件的要求来进行办理，改变以往的办事模式。一般来说，

---

① 参见简洁、张艳青：《以案件化办理提升监督质效》，载《检察日报》2018 年11 月 27 日。

可以将诉讼活动中的违法行为分为三大类,即一般违法行为、重大违法行为和涉嫌构成职务犯罪需要追究刑事责任的行为。其中,一般违法行为是指在办理诉讼案件过程中发现的事实清楚、情节较轻,无须进行专门调查或核实的违法行为。对这类违法行为,通常可以采取口头监督方式即可。涉嫌职务犯罪的行为是指司法工作人员涉嫌利用职权实施的非法拘禁、刑讯逼供、非法搜查等侵犯公民权利、损害司法公正的行为。对这类违法行为,通常由检察机关采取立案侦查的方式进行监督。重大违法行为是指情节严重,或者需要启动调查、核实程序,或者需要制发法律监督文书的违法行为。对这类违法行为,可以采取办案的方式进行法律监督。具体来说,实现监督案件化办理,应当确立以下办案程序:一是线索受理。检察官在办案过程中发现存在重大违法线索的,应当交由案件管理部门集中受理,以加强违法线索管理。二是审查立案。案件管理部门受理违法线索后,应当根据检察机关的内部分案规定,将线索交由相关的检察官进行审查,检察官经过审查后,根据相关的立案标准,决定是否立案,并制作立案或者不立案决定书等法律文书。三是调查核实。检察官在审查违法线索过程中,可以进行必要的调查核实活动,收集和固定有关的证据,但调查核实活动应当严格遵守刑事诉讼法的有关规定。四是作出处理决定。检察官根据调查核查等办案活动所获取的证据,判断侦查人员和审判人员的执法或司法行为是否合规合法,以及违规违法的性质和严重程度,综合事实、证据情况,作出处理决定,或者写出审查(调查)报告,提出处理意见。除口头提出纠正意见外,检察官作出的处理决定必须制作相应的法律文书。五是依法送达。检察机关作出处理决定后,应当依法送达被监督对象,必要时可以公开宣告。如果被监督对象对处理决定有异议的,可以要求检察机关复议复核。复议复核的程序可以比照审查逮捕的复议复核程序进行等。

第三节 完善检察机关的调查核实措施

为了发挥法律监督应有的作用，提高法律监督的质量，检察机关应当具有调查核实权，对有关违法行为进行调查核实。我国法律赋予了检察机关调查核实权，但相关的调查核实措施尚不完善，需要研究如何进行完善。

一、检察机关的调查核实权

从检察实践来看，检察机关在行使法律监督特别是诉讼监督等职能时，往往需要先对发现的违法行为或者错误线索进行调查核实，发现确有违法行为或者错误的，才能对有关机关提出纠正意见或者纠正通知。为了保证法律监督的顺利进行和精准，我国法律赋予了检察机关在履行监督职能中的调查核实权。例如，我国《刑事诉讼法》第 57 条规定："人民检察院接到报案、控告、举报或者发现侦查人员以非法方法收集证据的，应当进行调查核实。对于确有以非法方法收集证据情形的，应当提出纠正意见；构成犯罪的，依法追究刑事责任。"《民事诉讼法》第 217 条规定："人民检察院因履行法律监督职责提出检察建议或者抗诉的需要，可以向当事人或者案外人调查核实有关情况。"行政诉讼法未对检察机关的调查权直接作出规定，但第 101 条规定："人民法院审理行政案件，关于期间、送达、财产保全、开庭审理、调解、中止诉讼、终结诉讼、简易程序、执行等，以及人民检察院对行政案件受理、审理、裁判、执行的监督，本法没有规定的，适用《中华人民共和国民事诉讼法》的相关规定。"因此，可以认为对检察机关的调查权作出了规定。

在反贪和反渎职能转隶后，我国修改了民事诉讼法、行政诉讼法，并制定了英雄烈士保护法，赋予了检察机关提起公益诉讼的职权，但均未规定检察机关可以对涉案事实进行调查核实。从实践情况看，目前受理的公益诉讼案件90%以上都是通过诉前程序提出督促纠正意见解决的。在诉前程序进行调查核实没有法律依据，导致实践中经常发生检察人员无法调查核实或调查核实遇阻的情况。实践证明，只有通过调查核实，把侵害国家利益、社会公共利益的侵权主体、侵权事实、责任大小、损害后果等情况都搞清楚，检察机关提起公益诉讼才具备事实证据基础和针对性、有效性。同时，检察机关对行政机关、司法机关行使职权中的相关违法行为提出纠正意见、检察建议或者抗诉，同样需要以调查核实相关违法事实为前提。正因如此，2018年《人民检察院组织法》第21条明确规定了检察院的调查核实权，即"人民检察院行使本法第二十条①规定的法律监督职权，可以进行调查核实，并依法提出抗诉、纠正意见、检察建议"。据此可以认为，检察机关在所有法律监督活动中都有调查核实权。

二、检察机关的调查核实措施

我国法律只规定检察机关有调查核实权，并没有规定具体措施。从检察实践来看，检察机关实行法律监督的对象不同，其违法行为或者错误决定也不相同，有刑事诉讼活动中的违法行为或者错误决定，也有民事和行政诉讼中的违法行为或者错误决定，还有公益诉讼活动中的违法行为或者错误决定，因而针对不同的监督对象和违法行为或者错误决定，检察机关应当采取不同的调查核实措施。虽然法律没有对检察机关

---

① 《人民检察院组织法》第20条规定："人民检察院行使下列职权：（一）依照法律规定对有关刑事案件行使侦查权；（二）对刑事案件进行审查，批准或者决定是否逮捕犯罪嫌疑人；（三）对刑事案件进行审查，决定是否提起公诉，对决定提起公诉的案件支持公诉；（四）依照法律规定提起公益诉讼；（五）对诉讼活动实行法律监督；（六）对判决、裁定等生效法律文书的执行工作实行法律监督；（七）对监狱、看守所的执法活动实行法律监督；（八）法律规定的其他职权。"

调查核实措施作出明确规定，但检察机关制定的司法解释对其作出了明确规定。

就刑事诉讼活动领域来说，针对公安机关、法院和刑罚执行机关的违法行为或者错误决定，检察机关可以采取不同的调查核实措施，对此《人民检察院刑事诉讼规则》作出了明确规定。例如，对于发现的人民检察院直接受理侦查案件线索的，该规则第169条规定，人民检察院"进行调查核实，可以采取询问、查询、勘验、检查、鉴定、调取证据材料等不限制被调查对象人身、财产权利的措施。不得对被调查对象采取强制措施，不得查封、扣押、冻结被调查对象的财产，不得采取技术侦查措施"。对于发现的涉嫌违法事实，根据该规则第551条的规定，人民检察院可以采取以下10种调查核实措施：（1）讯问、询问犯罪嫌疑人；（2）询问证人、被害人或者其他诉讼参与人；（3）询问办案人员；（4）询问在场人员或者其他可能知情的人员；（5）听取申诉人或者控告人的意见；（6）听取辩护人、值班律师意见；（7）调取、查询、复制相关登记表册、法律文书、体检记录及案卷材料等；（8）调取讯问笔录、询问笔录及相关录音、录像或其他视听资料；（9）进行伤情、病情检查或者鉴定；（10）其他调查核实方式。但是，人民检察院在调查核实过程中，不得限制被调查对象的人身、财产权利。对于监狱、看守所的违法行为，根据该规则第623条的规定，人民检察院除了可以采取上述调查核实措施外，还可以采取以下措施：（1）实地查看禁闭室、会见室、监区、监舍等有关场所；（2）列席监狱、看守所的有关会议；（3）与有关监管民警进行谈话；（4）召开座谈会；（5）开展问卷调查等。

就民事诉讼活动领域来说，针对法院的违法行为或者错误决定，根据《人民检察院民事诉讼监督规则》第63条的规定，人民检察院可以采取以下调查核实措施：（1）查询、调取、复制相关证据材料；（2）询问当事人或者案外人；（3）咨询专业人员、相关部门或者行业协会等对专门问题的意见；（4）委托鉴定、评估、审计；（5）勘验物证、现场；（6）查明案件事实所需要采取的其他措施。但是，人民检察院调查核实，不得采取限制人身自由和查封、扣押、冻结财产等强制性措施。

就公益诉讼活动领域来说，针对有关机关的违法行为或者错误决定，根据最高人民法院、最高人民检察院《关于检察公益诉讼案件适用法律若干问题的解释》第6条的规定，以及《人民检察院检察建议工作规定》第14条的规定，检察机关办理公益诉讼案件，可以采取以下调查核实措施：（1）向有关行政机关、其他组织进行调查；（2）依照民事诉讼法、行政诉讼法相关规定，采取证据保全措施；（3）查询、调取、复制相关证据材料；（4）向当事人、有关知情人员或者其他相关人员了解情况；（5）听取被建议单位意见；（6）咨询专业人员、相关部门或者行业协会等对专门问题的意见；（7）委托鉴定、评估、审计；（8）现场走访、查验；（9）查明事实所需要采取的其他措施。检察机关进行调查核实，不得采取限制人身自由和查封、扣押、冻结财产等强制性措施。

三、增加检察机关的强制性调查措施

从目前情况看，关于检察机关的调查核实权和调查核实措施，主要存在两个方面的问题：一是现行法律对检察机关的调查核实权规定得较为零散，散见于各种法律之中；二是现行法律对检察机关的调查核实措施没有明确规定，散见于检察机关的司法解释。

从实践来看，关于刑事诉讼领域的违法行为或者错误决定，检察机关采取调查核实措施，不仅有《人民检察院刑事诉讼规则》有关规定予以保障，而且2010年最高人民法院、最高人民检察院、公安部、国家安全部、司法部联合印发的《关于对司法工作人员在诉讼活动中的渎职行为加强法律监督的若干规定（试行）》也明确规定，检察机关可以采用询问有关当事人或者知情人，查阅、调取或者复制相关法律文书或者报案登记材料、案卷材料等方式调查核实违法事实。2010年"两高"办公厅联合下发的《关于调阅诉讼卷宗有关问题的通知》，也规定人民检察院可以调阅诉讼卷宗。同时，检察机关还可以借用部分职务犯罪的调查措施，因而在刑事诉讼领域检察机关的调查核实措施能够得到保障。

关于民事和行政诉讼领域的违法行为或者错误决定，由于主要涉及法院的问题，有"两高"办公厅下发的《关于调阅诉讼卷宗有关问题的通知》予以保障，检察机关进行调查核实时，也基本上不存在障碍。

关于公益诉讼领域的违法行为或者错误决定，由于这是检察机关的一项新职能，目前尚缺乏完善的法律规定，也没有详细的司法解释，因而检察机关开展公益诉讼活动还很困难，特别是向有关机关进行调查取证，往往遇到较大的阻力。为了解决公益诉讼领域的调查核实措施问题，检察机关应当尽快制定相关的司法解释，明确规定检察机关在对有关违法行为进行调查核实时，可以采取以下措施：要求有关机关或者单位说明情况、通知谈话、传唤（包括强制传唤）、调取证据、查阅有关会议记录、文件、案卷材料，责令提供相关证据、材料，检查、扣押、鉴定等。

第六章　检察职能范围问题

我国进入新时代，法治建设也应当进入一个新时代，提升到一个更高的法治水平。法治的本质是对权力的监督制约，要提高我国的法治水平，就应当加大对公权力的监督制约力度，我国检察机关作为国家的法律监督机关，在国家法治建设中理应发挥更大的作用。据此，我们认为，应当完善检察机关提请违宪审查制度、拓展检察机关的司法审查范围、拓展检察机关的行政检察领域。

第一节　完善检察机关提请违宪审查制度

在我国，行政检察是检察机关法律监督的一项重要内容，体现了检察权对行政权的监督和制约，也是保证国家依法行政的重要措施。从实践来看，我国行政执法领域十分广泛，涉及公民人身权利、财产权益的行政执法范围也较多，目前检察机关对其进行法律监督的范围还相当有限。为了提高我国人权保障和依法行政水平，应当研究如何拓展检察机关行政检察领域的问题。

一、我国提请违宪审查制度存在的主要问题

我国提请违宪审查制度，就是国家有关机关发现行政法规、地方性法规、自治条例和单行条例违反宪法和法律规定的，有权提请全国人大常委会审查的一种制度。我国《立法法》第 99 条第 1 款规定："国务

院、中央军事委员会、最高人民法院、最高人民检察院和各省、自治区、直辖市的人民代表大会常务委员会认为行政法规、地方性法规、自治条例和单行条例同宪法或者法律相抵触的，可以向全国人民代表大会常务委员会书面提出进行审查的要求，由常务委员会工作机构分送有关的专门委员会进行审查、提出意见。"可见，最高人民检察院具有提请违宪审查权。检察机关作为国家的法律监督机关，承担着维护国家法律的统一和正确实施的职责，因而当检察机关发现有关行政法规或条例与宪法和法律相冲突时，就应当提请立法机关进行违宪审查。

我国的提请违宪审查制度在维护宪法法律权威、保障我国法律统一正确实施、保障人权等方面具有重要意义。① 但是，从目前实践来看，就检察机关的违宪审查制度来说，尚存在以下几方面的问题：

（一）检察机关提请违宪审查工作尚未有效开展

检察机关作为国家的法律监督机关，维护宪法权威和国家法治统一是其职责使命，应当责无旁贷地履行提请全国人大常委会违宪审查职责。检察机关一旦发现行政法规、地方性法规、自治条例和单行条例同宪法、法律相抵触的，就应当及时提请全国人大常委会审查。但是，由于缺乏发现违宪机制等方面的原因，检察机关提请违宪审查工作尚未有效开展②，主要表现在以下几个方面：一是没有将该项工作作为一项重要的检察工作来抓，这方面的宣传报道很少；二是没有将该项工作纳入检察机关的办案业务数据统计系统，因而缺乏这方面的统计数据；三是每年的人大报告也没有这方面的工作内容，缺乏对行政机关制定行政法规和条例方面的监督。

---

① 参见邓思清：《中国检察制度概览》，中国检察出版社 2016 年版，第 157 页。
② 参见朱孝清：《国家监察体制改革后检察制度的巩固与发展》，载《法学研究》2018 年第 4 期。

（二）检察机关提请违宪审查的程序缺失

在现代法治社会，对于公民来说，"法无禁止则自由"，但对于国家机关来说，"法无规定不可为"，即国家机关的行为必须有法律的授权，只有法律的明确授权，国家机关才可以实施有关行为。从司法实践来看，要保证一项工作的有效开展，只有法律的授权尚不够，还需要有明确具体的法律程序。对于检察机关的提请违宪审查来说，要做好这项工作，除了立法法授予检察机关提请违宪审查权外，还需要有提请违宪审查的具体法律程序，但是，目前法律没有对检察机关提请违宪审查的程序作出明确规定，影响了检察机关开展提请违宪审查工作。

（三）检察机关提请违宪审查缺乏专门的机构和人员

实践表明，要做好一项检察工作，除了有完善的法律规定外，还需要有专门的组织机构和人员配置，只有这样，才能保证法律的规定得到有效落实。但是，从目前检察机关内设机构改革来看，检察机关确立了"四大检察""十大业务"的职能新格局，最高人民检察院、省级检察院和市级检察院都设立了 10 个内设业务机构，基层检察院可以根据情况适当减少内设业务机构，一般都设有 5 个以上的内设业务机构。但是，各级检察机关都没有设立负责发现行政法规、地方性法规、自治条例和单行条例与宪法、法律相抵触的专门机构，更没有专门的人员负责这项工作，因而导致这项工作没有有效的开展。

二、完善我国提请违宪审查制度的必要性

从上述情况看，我国检察机关提请违宪审查制度尚不完善，还存在缺程序、缺机构和人员等问题。我国进入新时代后，社会经济发展和稳定遇到了一些新的问题，检察机关的法律监督也面临新的挑战，因而完善提请违宪审查制度，对维护国家法律统一正确实施十分必要。

（一）维护我国宪法权威的需要

十八届四中全会《决定》指出，完善全国人大及其常委会宪法监督制度，健全宪法解释程序机制，加强备案审查制度和能力建设，把所有规范性文件纳入备案审查范围，依法撤销和纠正违宪违法的规范性文件。党的十九大报告又进一步强调，加强宪法实施和监督，推进合宪性审查工作，维护宪法权威。这是党中央为维护宪法权威和法治统一作出的重大决策部署。检察机关作为国家的法律监督机关，责无旁贷地应当承担发现行政法规或地方性法规和条例违反宪法法律、提请违宪审查、维护宪法权威的责任。在我国，宪法是国家根本大法，具有最高的权威。法律的权威不仅来源于其具有法律效力，对国家机关和人们的行为具有约束力，而且来源于其他规定不能与其相抵触，否则就应当归于无效。如果出现行政法规等与宪法相抵触而得不到及时发现、提请审查、修改或废止，就会损害宪法的权威。因此，完善我国的提请违宪审查制度，保证检察机关能够及时发现违宪立法行为并提出违宪审查建议，这是及时修改或废止违宪立法的根本保障，也是有效维护我国宪法权威的需要。

（二）保证我国法律统一正确实施的需要

在现代法治社会，法律的统一和正确实施是法治的基本要求，也是限制权力滥用和保障公民权利的重要措施。从现代社会看，为了有效管理社会，国家赋予各级行政机关制定行政法规、地方性法规、自治条例和单行条例的权力较为广泛，涉及的领域也众多。由于社会管理利益、便利效能等方面的驱动，各级机关制定的规范可能出现违反法律规定的情况，地方性法规、条例、规章同宪法、法律相抵触的并不鲜见。同时，随着地方立法权主体的扩大（设区的市都有立法权），地方立法违宪、违法的情况还会增多。如果出现行政法规等与法律相抵触而不能及时发现、提请审查、修改或废止，就会损害法律的统一和正确实施。因此，完善我国的提请违宪审查制度，保证检察机关能够及时发现违反法律的行政立法现象并提出违宪审查建议，是保证我国法律统一正确实施的现实需要。

（三）提高我国依法行政水平的需要

在我国，为了有效管理社会和服务人民，国家赋予各级行政机关制定行政法规的内容十分广泛，如治安管理法规、交通管理法规、工商管理法规、教育管理法规、医药卫生法规、食品药品安全法规、生态环境保护法规、行政管理处罚法规，等等。这些法规是各级行政机关依法行政的重要依据，是我国法制的重要组成部分，体现了我国依法行政的法治水平。但是，从目前实践来看，由于受历史传统和社会发展初级阶段的制约，我国行政机关依法行政的法治水平还不高，实践中一些地方还往往出现行政立法违反宪法、法律的现象，这不仅破坏了我国法律统一正确实施，而且损害了我国各级政府的形象，影响了我国的法治进程。因此，完善我国提请违宪审查制度，保证检察机关能够及时发现各级行政机关立法违宪、违法现象并提出违宪审查建议，是提高我国行政机关依法行政水平的需要。

三、完善我国提请违宪审查制度的建议

为了有效发挥检察机关在违宪审查方面的作用，保证我国法律统一正确实施，提高我国法治水平，针对目前提请违宪审查制度存在的问题，建议从以下三个方面完善我国提请违宪审查制度。

（一）规定提请违宪审查的具体程序

立法法赋予了检察机关提请违宪审查权，但尚没有法律对检察机关提请违宪审查的程序作出明确规定。为了保证有关国家机关能够依法开

展提请违宪审查工作，有效保证贯彻落实立法法的有关规定，建议由全国人大常委会制定《违宪审查法》，对提请违宪审查的主体、提起违宪审查的对象范围、具体条件、提请程序等作出明确规定，以完善我国的违宪审查制度。但是，在目前情况下，为了保证检察机关能够及时开展这项工作，建议最高人民检察院制定相关的司法解释，对各地检察机关发现违宪违法的行政法规等如何逐级上报、提请违宪审查的具体条件、提请违宪审查的具体程序要求等作出明确规定，以保证检察机关依法开展提请违宪审查工作。

（二）明确负责发现和提请违宪审查的内设机构

从检察实践来看，要保证各级检察机关能够参与提请违宪审查活动，有效开展提请违宪审查工作，就必须明确各级检察机关负责这项工作的内设机构，并配备相应的专职人员。目前各级检察机关已完成了内设机构改革，形成了"十大业务"检察工作新格局，因而再重新设立专门负责发现和提请违宪审查的机构不太现实。为了保证这项工作的有效开展，建议由最高人民检察院作出司法解释，由法律政策研究室承担这项工作，并配备1至2人专门负责。因为法律政策研究室不仅承担法律、政策研究工作，熟悉有关法律法规，而且参与或者了解有关机关的立法活动，因而容易发现违宪、违法的行政法规规章，便于提请违宪审查工作的有效开展。

（三）建立完善提请违宪审查的相关制度

从检察实践来看，要保证检察机关有效开展提请违宪审查工作，在明确承担此项职责的机构并配备相应的专门人员后，还应当建立完善相关的制度和机制，以推动此项工作。具体来说，应当建立和完善以下制度：一是建立专职人员的责任制度，明确其具体任务、工作要求和职责等；二是完善检察业务管理制度，将各级检察机关发现违宪、违法的行政法规情况，上报上级检察机关的情况，上级审查情况，提请违宪审查情况等，都纳入检察业务管理范围，完善检察业务系统，将上述工作量纳入统计范围；三是完善检察官绩效考核制度，将上述发现、审查和提请违宪审查工作纳入检察官的绩效考核范围。

第二节　拓展检察机关司法审查范围

司法审查作为保障人权的一项重要措施，是刑事诉讼程序法治的一项国际准则，也是世界各国通行的做法。例如，联合国《保护所有遭受任何形式拘留或监禁的人的原则》第 4 条规定："任何形式的拘留或监禁以及影响到在任何形式拘留或监禁下的人权的一切措施，均应由司法当局或其他当局以命令为之，或受其有效控制。"联合国《公民权利和政治权利国际公约》第 9 条第 3 款也规定："任何因刑事指控被逮捕或者拘禁的人，应当被迅速带见审判官或者其他经法律授权行使司法权力的官员，并有权在合理的时间内受审判或者释放。"随着经济的发展和法治的进步，为进一步提高我国的人权保障水平，有必要逐步拓展我国司法审查的范围。

一、我国司法审查制度存在的主要问题

由于司法审查是保护人权的一项措施，我国对此非常重视，并通过宪法和法律予以规定。《宪法》第 37 条规定："中华人民共和国公民的人身自由不受侵犯。任何公民，非经人民检察院批准或者决定或者人民法院决定，并由公安机关执行，不受逮捕。"《刑事诉讼法》第 87 条规定："公安机关要求逮捕犯罪嫌疑人的时候，应当写出提请批准逮捕书，连同案卷材料、证据，一并移送同级人民检察院审查批准。"第 88 条至第 92 条规定了检察机关审查批准逮捕的方式、程序和要求。可见，我

国司法审查的主体是检察机关，司法审查的对象是公安机关适用的逮捕措施，司法审查的方式是诉讼化的方式，从而建立了我国刑事侦查程序的司法审查制度。

从实践来看，我国司法审查制度在保障人权、保证侦查活动依法进行方面发挥了重要的作用，但是，随着我国法治的不断进步和民主的发展，我国司法审查制度也暴露出一些问题，主要体现在以下三个方面：

（一）司法审查的范围较窄

司法审查本质上是国家司法权对行政权的一种监督制约，即司法机关通过诉讼程序审查并纠正不合法的强制措施或者强制性行为，以保护公民的合法权益免受行政机关侵害并维护其合法权益。同时，通过对合法强制措施或者强制性行为的确认，来支持行政机关的执法活动。各国基本上都把强制措施和强制性侦查行为作为纳入司法审查的对象，由司法机关进行控制，而对损益不大或者当事人自愿配合的任意性侦查行为一般不纳入司法审查范围。具体来说，需要经过司法审查的强制措施和强制性侦查行为主要分三类：一是对人的强制，即限制人身自由的逮捕、拘留、监视居住、取保候审等措施；二是对物的强制，如搜查①、查封、扣押、冻结等措施；三是对公民信息和隐私的强制，如监听等技术侦查措施。但是，我国的司法审查只将逮捕这种强制措施纳入司法审查范围，即事先需要提请检察机关批准，其他的强制措施和强制性侦查行为都由侦查机关自行决定和执行，即没有纳入司法审查的范围。显然，我国司法审查的范围较窄。

---

① 搜查除对财产的强制外，还涉及公民的人身权利和住宅安宁，这里是就主要方面来说的。

（二）难以及时纠正侦查中的违法行为

司法审查制度是成文宪法学说的一种自然产物，其理论基础是政府有限论或控制政府论。[①] 即国家权力需要在运行中通过切实的法律约束得到制约和平衡，给国家和公民带来最大威胁的永远是权力的滥用，人们呼唤一种秩序，呼唤权力制约，而司法权习惯于依照法律程序和法律原理行使，其本质上是公民个人权利的天然保护者，司法审查的核心理念就是限制其他国家权力的侵夺扩张，同时也让自己的权力保持在适当边界之内。[②] 刑事侦查的功能决定了侦查权通常表现为一种天然带有强制性和扩张性的国家权力，如果任其自治、封闭、游离在诉讼程序之外，那么侦查机关开展的自我授权、自行执行、不受司法审查机制控制的侦查活动就会变成一种仅带有技术手续性的操作程序[③]，从而导致侦查权的滥用，出现违法行为，侵犯公民的合法权益。由于我国司法审查的范围有限，无法对公安机关所有的侦查行为进行司法审查，一旦出现违法行为或者不当行为，我国《刑事诉讼法》第117条只规定，对于公安机关"对与案件无关的财物采取查封、扣押、冻结措施的"，当事人和辩护人、诉讼代理人、利害关系人有权向该机关申诉或者控告。只向该机关申诉或控告，难以及时纠正侦查中的违法行为，有效保护当事人的合法权益。

（三）容易形成"以侦查为中心"的诉讼构造

如果对公安机关在侦查活动中所采取的强制措施或者强制性行为不进行司法审查，由于侦查活动具有一定的秘密性，公安机关对犯罪嫌

---

① 参见［美］爱德华·S. 考文：《司法审查的起源》，徐爽译，北京大学出版社2015年版，第158页。

② 参见［美］西尔维亚·斯诺维斯：《司法审查与宪法》，谌洪果译，北京大学出版社2005年版，第4页。

③ 参见陈瑞华：《程序性制裁理论》，中国法制出版社2010年版，第153页。

人的人身自由就可以自行处置，也会对涉案财物的强制处分以及对追诉证据进行封闭式采集，这样公安机关所收集的证据及据此所认定的案件事实，检察机关和法院就无法进行实质性审查并予以否定，审查起诉和审判都变成对侦查结论的审查和确认过程，本来仅仅具有公诉预备性质的侦查程序就成为刑事诉讼的中心，形成了一种"以侦查为中心"的刑事诉讼构造，有的学者称之为"侦查中心主义"。[①] 目前我国的司法审查范围较窄，如果不进行适当的拓展，加大检察机关对公安机关侦查活动的司法审查力度，就容易形成"以侦查为中心"的诉讼结构。该诉讼结构不仅容易导致法庭审判流于形式，法庭审判程序形同虚设，造成刑事错案的发生，而且也与我国"以审判为中心"的诉讼制度改革相悖。

二、拓展我国司法审查范围的建议

在我国，关于司法审查制度的重要性，学者们都有充分的认识，而且一致认为，目前我国刑事诉讼中的司法审查范围较窄，要提高我国的法治水平，有效保障人权，真正建立"以审判为中心"的诉讼制度，确保司法公正，就必须扩大我国司法审查的范围，完善我国的司法审查制度。

关于如何扩大我国的司法审查范围，目前学术界尚有不同的主张和建议，主要有以下两种观点。第一种观点认为，将所有的强制措施和强制性侦查行为都纳入司法审查范围。即主张与通行的做法保持一致，将那些损害比较大的强制措施和强制性侦查行为纳入司法审查范围，对损益不大或者当事人自愿配合的任意性侦查行为一般不作为司法审查的对象，仍由侦查机关自行审查决定。第二种观点认为，对于涉及个人人身自由的强制措施，应当纳入司法审查范围，但对于其他诸如勘验、检查、搜查、鉴定、技术侦查、通缉、扣押等涉及个人财产、行动通信自

---

① 参见陈瑞华：《论侦查中心主义》，载《政法论坛》2017 年第 2 期。

由、住宅隐私等权益的强制性侦查行为，虽然根据法律的基本原理和精神，应当纳入司法审查范围，但考虑到我国的现有情况，可以将搜查、秘密监听等高强度的强制性侦查措施，纳入司法审查范围，其他强制性侦查措施不纳入司法审查范围。①

为了提高我国的法治水平，有效保障人权，十八届四中全会《决定》明确要求"完善对限制人身自由司法措施和侦查手段的司法监督"，"规范查封、扣押、冻结、处理涉案财物的司法程序"。为此，借鉴司法审查的国际通行做法，根据我国的客观实际，应当逐步扩大我国司法审查的范围，即立法机关应当逐步对侦查中的强制措施和强制性侦查行为实行司法审查。按照先重后轻原则，不断扩大司法审查范围。具体来说，第一步，应当将拘留、指定居所监视居住、搜查、监听这四种措施纳入司法审查，待取得经验后再逐步扩大司法审查的范围。之所以要先对该四种措施进行司法审查，是因为它们都会严重损害公民人身自由权、财产权、居住安宁权和隐私权。对于情况紧急，公安机关来不及事先提请批准而需要立即拘留、搜查的，事后应当立即提请批准。

三、检察机关应当是我国的司法审查机关

司法审查的主体理应是司法机关，但由于我国的司法机关包括检察机关和法院，那么，我国司法审查的主体到底是法院还是检察机关，目前理论界存在较大的争议，主要形成了以下三种不同的观点。

第一种观点认为，法院或者法官应当是司法审查的主体。即主张理想型、彻底式改革，借鉴西方各国的做法，只有法院或者法官具有司法审查权，取消目前检察机关的逮捕批准权，将包括逮捕在内的所有强制性侦查措施统统交由法院进行司法审查，侦查机关有权向法院申请，经审查授权后方能执行，如果遇到紧急情况，可以先行采取一定的强制措

---

① 参见龙宗智：《强制侦查司法审查制度的完善》，载《中国法学》2011 年第 6 期。

施，但事后须经法院审查予以确认，方合法有效。①

第二种观点认为，检察机关应当是司法审查的主体。即主张现实型、保留式改良，考虑到我国目前的具体国情和司法传统，沿用现有逮捕措施的立法例，建议仍由人民检察院这一宪法确定的司法机关行使对侦查程序的司法审查权，只需对现有的审查机制进行改良，扩大审查范围，完善审查机制，而不需要增加人民法院的司法审查权。②

第三种观点认为，检察机关和法院都是司法审查的主体。即主张循序渐进式改革，远景目标是条件成熟之时实现理想状态下法院一元审查模式，近景目标可以定位在检察院司法审查与法院司法审查有机结合的二元审查模式，按照强制侦查的不同强度分别处理，审前偏重检察院授权性审查，属于"事前控制"，审判时偏重法院救济性审查，属于"事后控制"。③

我们认为，根据我国的司法体制和客观实际，我国的司法审查主体应当是检察机关，其主要理由如下：

第一，这是由我国司法机关职能分工决定的。我国宪法明确检察院和法院是我国的两个司法机关，分别行使检察权和审判权，但是，按照我国司法机关职能分工来看，法院负责审判工作，检察机关负责法律监督工作，而且检察机关一直以来承担着审查批捕和侦查监督职能，因而将以上强制措施和强制性侦查行为交其审查，符合我国司法机关一贯的职能分工。

第二，检察机关进行司法审查比法院更具有合理性。外国负责司法审查的法官是独立于审判法官的预审法官、侦查法官或治安法官。我国的法院都是审判法院，没有独立于审判法院的预审法官或侦查法官、治

---

① 参见孙长永：《侦查程序与人权：比较法考察》，中国方正出版社 2000 年版，第 168 页。

② 参见谢佑平：《中国检察监督的政治性与司法性研究》，中国检察出版社 2010 年版，第 386 页。

③ 参见龙宗智：《强制侦查司法审查制度的完善》，载《中国法学》2011 年第 6 期。

安法官制度。如果把司法审查权交给法院行使，不利于审判权对司法审查权的制约，如果司法审查出现了错误，也不利于审判环节对错误的司法审查决定进行纠正，加上国家刑事赔偿委员会设在法院，对错误的司法审查决定进行纠正就会更加困难。虽然检察机关在刑事诉讼中并不是完全中立的机关，由其负责司法审查并不尽善尽美，但同交给法院进行司法审查相比，则具有相对合理性，因为检察院进行司法审查如果错了，还可以通过审判加以纠正。刑事诉讼法学界有关专家也认为，在可以预见的未来，检察机关审查批捕的职能很难被移交给法院，那种要求按照西方经验赋予法院司法审查权的改革建议，很难在短期内有现实的可能性。①

第三，检察机关进行司法审查符合联合国文件的规定。联合国上述文件规定的行使司法审查权的主体，除了法官之外，还包括"其他当局"或"其他经法律授权行使司法权力的官员"。我国检察机关是司法机关，且依法独立行使职权，法律赋予其行使司法审查权，并不违反联合国有关文件的规定。同时，检察机关一直在进行的审查逮捕适度诉讼化改革，也为授予检察机关司法审查权提供了更多的合理性根据。当然，负责司法审查的职能部门应当尽可能超脱、中立，以最大限度维护司法审查程序的正当性。

第三节　拓展检察机关行政检察领域

在我国，行政检察是检察机关法律监督的一项重要内容，体现了检察权对行政权的监督和制约，也是保证国家依法行政的重要措施。从实践来看，我国行政执法领域十分广泛，涉及公民人身权利、财产权益的行政执法范围也较多，目前检察机关对其进行法律监督的范围还相当有

---

① 参见陈瑞华：《论检察机关的法律职能》，载《政法论坛》2018 年第 1 期。

限。为了提高我国人权保障和依法行政水平，应当研究如何拓展检察机关行政检察领域的问题。

一、目前检察机关行政检察存在的问题

根据行政诉讼法的规定，检察机关有权提起行政公益诉讼，这就将行政检察监督的对象从法院的审判权扩展到相关的行政权，因为检察机关提起行政公益诉讼及其进行的诉前程序，监督的对象已不是审判权，而是行政权，即有关行政机关违法行使职权或者不作为，致使国家利益或者社会公共利益受到侵害的行为。但是，从实践来看，检察机关在行政公益诉讼活动中，发现和遇到了一些实际问题，主要体现在以下三个方面：

（一）行政检察领域较窄

根据行政诉讼法的规定，检察机关开展行政公益诉讼，只能在生态环境和资源保护、食品药品安全、国有财产保护、国有土地使用权出让这四个领域，即对这四个领域负有监督管理职责的行政机关违法行使职权或者不作为，致使国家利益或者社会公共利益受到侵害的，有权进行法律监督，包括向行政机关提出检察建议，督促其依法履行职责，如果行政机关不依法履行职责的，还可以向人民法院提起诉讼，判决确定行政机关存在违法行使职权或者不作为，要求其依法履行职责或者追究有关行政人员的法律责任。但是，从司法实践来看，检察机关在开展行政公益诉讼活动或者在履职其他检察职责中，往往发现在其他领域，行政机关也存在违法行政职权或者不作为，致使国家利益或者社会公共利益受到侵害的情况，如网络虚假广告销售领域、违法开设网吧娱乐活动领域等，检察机关就难以启动行政公益诉讼活动，履行法律监督职责，无法保证及时纠正有关行政机关的违法行为，有效保护国家利益和社会公共利益。由此可见，目前检察机关开展行政公益诉讼的领域还较窄，对

行政机关违法行为的监督力度需要进一步加强。

（二）行政检察监督措施不足

依据法律规定，检察机关为了履行法律监督职责，可以对有关人员和案外人员和单位、组织进行调查。从实践来看，检察机关在开展行政公益诉讼活动时，需要对发现的行政机关违法行为线索进行调查核实，收集有关证据，以确定行政机关行政违法行为和危害后果的严重程度。目前我国法律规定了检察机关的调查核实权，并没有规定具体的措施，导致检察机关在实践中无法对有关行政机关进行必要的调查，核实有关的违法行为。因为行政机关是国家的行政执法机关，拥有较大的行政权，不同于一般的社会组织和企业，有的行政机关会利用行政权抵制检察机关的法律监督。同时，即使检察机关收集到有关证据，能够证明行政机关存在行政违法行为，也只能督促行政机关纠正错误或者依法履行职责，或者向法院提起诉讼，由法院通过判决来督促其依法履行职责，而不能建议法院对行政机关判处罚金或者其他处罚，更不能直接对行政机关的有关责任人员进行处罚。由此可见，检察机关开展行政检察监督的有关措施不足，难以有效发挥对行政机关的监督作用，无法保障及时纠正所发现的行政违法行为。

（三）不敢、不善于行政监督

在我国，法律监督工作既是一项重要的工作，也是一项非常艰难的工作，它不仅要求检察人员熟练掌握和运用法律，而且要求检察人员具有敢于碰硬、敢于监督的勇气，还要求检察人员具有运用政治智慧、法律智慧、善于监督的能力。特别是行政法律监督工作，其针对的对象是拥有广泛权力的行政机关，开展法律监督工作的难度更大。从检察实践来看，由于法律规定的行政监督措施不完善，再加上行政机关是"强势机关"，有的地方检察机关怕得罪行政机关，不敢大胆地开展行政公益诉讼检察工作，不仅对法律规定领域中的行政公益诉讼没有打开局面，更不敢探索在新的领域开展行政公益诉讼活动。同时，由于行政公益诉讼是一项新的检察工作，目前检察机关还缺乏应有的经验，运用政治智慧、法律智慧和监督智慧开展行政法律监督的能力还有待提高。这些都制约了行政公益诉讼工作的有效开展，影响了行政法律监督的效果。

二、拓展行政检察领域的必要性

我国法律赋予检察机关提起行政公益诉讼的职能，开启了检察机关对行政权进行监督的先河，这在检察制度发展史上具有重要意义。为了更好地保护国家利益和社会公共利益，对行政权进行更有效的监督，提高行政机关依法行政的法治水平，今后有必要逐步有限度地拓展行政检察的领域。

第一，行政权在诸权力中是最强大的权力。从我国的法律规定看，行政权是最广泛的权力，各级政府是行政权的行使者，手中掌握有大量权力和资源，特别是我国曾长期实行高度集中的计划经济体制，政府无所不管，是"全能型"的政府。经过40余年的改革，政府手中的权力虽然有了明显的约简，但是仍然不少，因而具有较多产生违法行为问题的条件，需要加强对其的监督力度。

第二，行政权在诸权力中最强调主动和效率的权力。在国家的诸权力中，立法权具有半被动性，强调民主；司法权具有被动性，强调公正；行政权具有主动性，强调效率。行政权的这种特性是国家管理社会的要求，也是及时服务人民群众的需要。但是，社会发展是迅速的，各种社会问题需要及时予以处理，而法律要求稳定，往往与社会发展相比具有一定的滞后性，因而行政权主动行使、强调效率的特点，决定了其比其他权力更容易产生违法现象，或者出现不作为、乱作为等问题。

第三，政府承担着维护社会稳定和经济发展的巨大压力。在我国，由于社会处在转型期，各种社会矛盾较为突出，各级政法维护社会稳定的任务较为繁重，有时需要政府采取超常规的手段和措施，这就容易出现违规违法问题。同时，各地人民群众需要快速过上富裕的美好生活，因而各级地方政府承担着一个地方经济发展、快速增加人民群众收入的重任和压力，为此有的地方政府在片面政绩观的导引和地方利益刚性的压力下，产生了许多有法不依、执法不严、违法不究、怂恿庇护违法犯罪、影响法治统一和法律正确实施的问题。

第四，行政权在诸权力中法治化程度较低。从我国法治进程来看，在诸权力中，立法权和司法权的法治化程度较高，都有法可依，且较为完备，如立法权有立法法予以规范，司法权有三大诉讼法予以规范，而行政权虽然也有许多法律法规进行规范，但在有些方面还无法可依，法治化程度相对较低，同时行政工作人员具有较大的自由裁量权，因而容易出现滥用职权或者不作为的现象。

第五，行政诉讼制约行政权的作用有限。在我国，行政诉讼作为司法权制约行政权的一种机制，目前其作用未能得到充分发挥，因为我国"民告官"还缺乏传统，公民还不习惯将官员告上法庭，再加上有关体制改革尚未完全到位，行政诉讼对行政权的制约作用有限，因而要加强对行政权的监督制约力度，提高行政机关依法行政的水平，就有必要拓展行政检察的领域，增加检察权对行政权的监督制约措施。

总之，从法律实施的方面来看，行政领域是存在问题较多的一个领域，也是需要加强监督制约的一个领域。当然，这并不否定这些年来依法行政所取得的巨大成绩，也不意味着检察权可以随意介入行政领域，因为行政领域自有其一整套管理监督机制，如行政管理、行政复议、行政监察、行政诉讼等，而且监察法也把调查处理所有行使公权力的公职人员的职务违法和职务犯罪作为其基本职能，且国家监察委员会独立于政府，因而比以前更有利于强化对行政权的监督。因而要拓展检察机关的行政公益检察，应当坚持以下原则和策略：（1）应当紧扣法律监督的定位，以现有的职能为基点向外延伸触角；（2）应当正确处理行政公益检察与行政领域已有的管理监督机制的关系，只有在行政领域已有的管理监督机制缺位或者履职不到位的情况下，检察权才能适度介入，以发挥拾遗补阙的作用；（3）应当稳扎稳打，注重质量和效果。

三、拓展行政检察领域的建议

从检察实践来看，根据上述分析，要拓展行政检察的领域，我们建议，检察机关在做好提起行政公益诉讼的同时，可以主要从以下三个方面入手①：

（一）对履行职责中发现的行政机关不作为、乱作为，特别是违法采取行政强制措施侵犯公民人身、财产权利的行为进行监督

十八届四中全会《决定》规定："完善对涉及公民人身、财产权益的行政强制措施实行司法监督制度。检察机关在履行职责中发现行政机关违法行使职权或者不行使职权的行为，应当督促其纠正。"有人对该项任务在国家监察体制改革后检察机关是否仍应当承担提出疑问。我们认为，国家监察机关负责对行使公权力的"人"进行监督，检察机关则负责对有关机关的监督。《决定》所规定的是"行政机关"违法行使职权或不行使职权，故属于检察机关的管辖。检察机关应当履行好《决定》赋予的职责，重点对行政执法，如治安管理、不负刑事责任的精神病人强制医疗、强制戒毒以及其他行政执法中存在的野蛮粗暴执法、违法限制人身自由、该救助而不救助、违法扣押冻结财物等侵犯公民人身、财产权益和失职等问题开展监督。

---

① 参见朱孝清：《国家监察体制改革后检察制度的巩固与发展》，载《法学研究》2018 年第 4 期。

（二）以立案监督为基点，通过"两法衔接"机制监督行政机关有案不移、以罚代刑

我国实行的是行政执法与刑事司法并行的双轨执法体制，对政府管理的治安、工商、税务、食品药品卫生、产品质量检验、知识产权等领域的违法行为，由行政执法机关进行查处，涉嫌犯罪的，移送公安司法机关追究刑事责任。由于地方和部门保护主义、庸懒执法、变通执法、人情干扰、行政处罚与刑事处罚证据标准差异等，在以往一些地方的行政执法中，有法不依、执法不严、违法不究、有案不移、有案难移、以罚代刑的情况非常突出。一些地方一方面假冒伪劣商品充斥，黄赌毒泛滥，偷税、侵犯知识产权活动猖獗；另一方面被司法机关起诉、判刑的此类犯罪案件却寥寥无几。为此，近十几年来，全国检察机关在建议和促进建立行政执法与刑事司法衔接机制方面做了大量工作，取得了明显成效，不仅发现了一大批刑事案件，推动了立案监督工作的开展，更重要的是初步建立了"两法衔接"机制，促进了行政执法的规范化和廉洁化。但是，也有一些地方的行政主管部门对此积极性不高、措施不力，影响了"两法衔接"机制的建立和完善。为此，十八届四中全会《决定》规定："健全行政执法和刑事司法衔接机制。完善案件移送标准和程序，建立行政执法机关、公安机关、检察机关、审判机关信息共享、案情通报、案件移送制度，坚决克服有案不移、有案难移、以罚代刑现象，实现行政处罚和刑事处罚无缝对接。"检察机关应当认真贯彻落实上述要求，扭住这项工作不放，会同有关部门着力做好建立信息共享平台、健全案件移送机制、促进执法、司法规范化廉洁化等工作，切实解决执法不严、有案不移、有案难移、以罚代刑等问题。之所以要对该项工作"扭住不放"，一是该项工作与检察机关的立案监督密切相关，以此为基点延伸监督触角理由充分；二是通过这个杠杆能够"撬动"行政执法这一大片，不仅有利于强化立案监督，而且有利于促进行政执法和刑事司法的规范化，防止

和减少有法不依、执法不严、有案不移、以罚代刑等问题。

（三）逐步拓宽行政公益诉讼范围

我国《行政诉讼法》第 25 条第 4 款对检察机关提起行政公益诉讼作了明确规定。① 细读该规定，有两点值得注意：一是检察机关在履行职责中发现法定情形，就"应当"向行政机关提出检察建议，督促其依法履行职责；行政机关不依法履行职责的，依法向法院提起诉讼。而根据相关法律规定，对于民事公益诉讼，检察院只是"可以"向法院提起诉讼。这说明法律就提起行政公益诉讼规定了检察机关"必为"的义务。也就是说，对于发现的法定情形，督促行政机关依法履行职责，并在行政机关不依法履行职责的情况下向法院提起诉讼，不仅是检察机关的权力，更是检察机关的职责和义务。二是法律采取具体列举并加"等"字概括的方式规定提起行政公益诉讼的范围，这为日后必要时逐步拓宽行政公益诉讼范围预留了空间。现在检察机关应当认真做好法律规定的生态环境和资源保护、食品药品安全、国有财产保护、国有土地使用权出让这四个领域的行政公益诉讼工作，待积累和总结经验后，可以根据形势发展的需要，报经全国人大职能部门同意，在"等"字外进行公益诉讼探索，积极稳妥拓展行政公益诉讼范围。按照十九届四中全会决定"拓展公益诉讼案件范围"的明确要求，根据目前社会现实，对法律明确赋权领域之外人民群众反映强烈的行政公益损害问题，检察机关应当积极进行探索，其范围包括安全领域（安全生产、公共安全、生物安全）；文物和文化遗迹领域；妇女儿童及残疾人权益保护领域；扶贫领域；国防军事领域；产品质量、虚假宣传、英烈设施等其他领域。

---

① 《行政诉讼法》第 25 条第 4 款规定："人民检察院在履行职责中发现生态环境和资源保护、食品药品安全、国有财产保护、国有土地使用权出让等领域负有监督管理职责的行政机关违法行使职权或者不作为，致使国家利益或者社会公共利益受到侵害的，应当向行政机关提出检察建议，督促其依法履行职责。行政机关不依法履行职责的，人民检察院依法向人民法院提起诉讼。"

第七章　检察权的行使方式

检察权行使方式是建立司法责任制的基础，也是保障检察职权依法公正行使的根本措施。我国新一轮的司法体制改革明确提出，要保证司法机关依法独立公正地行使审判权、检察权，必须建立"谁办案谁决定，谁决定谁负责"的权责明晰的司法责任制。因此，研究检察机关的办案职权行使方式，避免检察业务管理权对办案职权独立行使造成干扰，保证检察官按照司法规律行使办案职权，建立统一的检察官权力清单制度，使检察官成为真正的办案主体，对于完善人民检察院的司法办案责任制，有效推进检察改革，都具有重要的意义。

第一节　检察官办案权和主体地位的完善

从公正司法来说，检察官具有办案职权、具有办案的主体地位，都非常重要，缺一不可。同时，检察官办案权与检察官主体地位也是密切联系的，检察官主体地位是检察官具有办案职权的基础，而检察官具有办案职权又是检察官具有主体地位的保障，二者相辅相成，辩证统一。目前我国理论界和实务界对检察官主体地位的认识较为一致，即主张检察官应当具有办案的主体地位，在检察一体原则下具有相对独立性。因此，研究完善检察官办案权和主体地位，关键在于如何完善检察官的办案职权以支撑检察机关的主体地位。

一、目前检察官办案权存在的主要问题

检察官办案权，是指在新一轮司法体制改革中，进入员额制内的检察官（包括检察长、副检察长、检察委员会委员、检察员），依法或者受检察长委托所具有的司法办案职权。从检察实践来看，各地检察机关按照中央司法体制改革的部署和最高人民检察院的要求，都实行了员额制改革。为了保证员额检察官有效履行职责，真正成为司法办案的主体，终身承担办案的司法责任，有效落实"谁办案谁负责，谁决定谁负责"司法责任制，各省检察机关都制定了自己的检察官权力清单，明确了员额检察官的办案职权，一定程度上保障了员额检察官办案的主体地位。但是，通过研究分析各省检察机关的检察官权力清单，发现在规定员额检察官办案职权方面主要存在以下三方面的问题：

（一）各地检察官办案权不统一

从目前各省检察官权力清单来看，对员额检察官的授权不仅形式不统一，而且内容也不统一。就形式来说，有全列型的，即将参与办案的所有人员，包括检察长、副检察长、检察委员会委员、检察员、助理检察员，甚至检察委员会的办案职权，按照业务类别全部列出，如山东省、广东省、广西壮族自治区等检察院；也有员额型的，即只对入额的检察官（包括检察长、副检察长、检察委员会委员、检察员）的办案职权予以明确规定，未规定未入额的检察官助理的办案职权，如上海市、福建省、江苏省、湖北省、云南省、宁夏回族自治区等检察院；还有排除型的，即只列举检察长、副检察长和检察委员会的职权，其他没有列举的职权都由检察官行使，如安徽省、贵州省等检察院。① 就内容来说，

---

① 参见邓思清：《检察官权力清单制度初探》，载《国家检察官学院学报》2016年第6期。

有的将一般案件的批捕权和决定逮捕权、对不具备社会危险性的犯罪嫌疑人不批准逮捕权或者决定不予逮捕权、审查起诉权、不起诉权等赋予一般员额检察官，如山东省检察院等；有的则没有将上述职权赋予一般员额检察官，而是由检察长、副检察长行使，如上海市检察院等。

（二）检察官办案职权较少

从新一轮司法改革看，其目的是遵循司法规律，落实司法责任制，促进办案质量提升，实现"谁办案谁负责"的目标。为此，应当使检察官成为真正的办案主体，赋予检察官较大的办案职权。但是，从目前情况看，各省检察机关赋予一般员额检察官的职权都较少，大部分没有赋予员额检察官批捕权特别是不批捕权、不起诉权、抗诉权等职权，即使是赋予员额检察官较多职权的省份，也只是将一般案件的批捕权、不批捕权、起诉权和不起诉权等赋予一般员额检察官，但不包括较严重或者重大、复杂、疑难案件，更没有将部分职务犯罪案件的立案决定权、决定逮捕权、起诉权以及一般案件的抗诉权赋予一般员额检察官。由此可见，一般员额检察官的独立办案职权还比较少。

（三）检察官行使办案权的独立性不够

根据司法改革的要求和发展方向，要使检察官成为真正的办案主体，就应当保证其能够独立行使办案职权，上级领导无充分理由和根据，不能对检察官发布指令。正如有学者所言，按照权力分配的规定，凡是应当由检察官行使的权力，承办案件的检察官就没有必要向自己的直接领导请示汇报，他应当按照法定程序查明案件的事实真相，并依照有关法律的规定，自行作出处理决定，并按照程序进行办理，上级领导不能任意对检察官发号施令。① 也就是说，对于检察事务，应当贯彻法定主义，规定检察官独立行使职权的范围，严格防范上级对于下级权力

---

① 参见张智辉：《论司法职权内部配置的优化》，载《法学家》2019年第4期。

的侵分与限制。① 但是，从目前实践来看，即使赋予了员额检察官一些办案职权，员额检察官行使这些职权也要受到上级领导指令的影响，有时是口头的、不附理由的、不公开的指令，这就严重影响了检察官行使办案权的独立性。

二、完善检察官办案权和主体地位的必要性

从检察实践来看，一般员额检察官行使的办案职权还较少，其独立性也不强，因而完善检察官办案权和主体地位，不仅关系到检察机关办案主体的确立和具体的办案模式，而且关系到检察机关办案责任制的真正落实，对检察机关意义重大。

（一）有利于确立检察官的独立办案主体地位

司法独立是现实司法活动的一项重要规律和原则，它要求作为司法主体的司法机关和司法官依法独立行使职权，只忠于事实和法律，不受任何其他机关和个人的干扰和左右。在我国，检察机关作为司法机关，检察官归属于司法官，按照司法规律和原则的要求，检察官就应当具有司法主体地位，独立行使职权，因而有学者指出，"检察官在诉讼活动中具有相对的独立性，每个检察官作为一个独立的机关，都有行使检察权的权限，并非只有检察机关的首长才有这种权限，检察官在检察事务方面，不是长官的附庸，而能独立地作出诉讼判断并付诸实施"。② 这说明，我国检察官在办理案件的过程中，其职务行为的司法属性要求其应当成为独立的司法办案主体。然而，目前我国检察官的办案职权及其独立性尚不足以支撑其主体地位，因而完善检察官办案权和主体地位，

---

① 参见陈卫东、李训虎：《检察一体与检察官独立》，载《法学研究》2006 年第1 期。

② 万毅：《一个尚未完成的机关：底限正义视野下的检察制度》，中国检察出版社 2008 年版，第 83 页。

让其独立自主地处理案件，突出检察官为司法官的本质属性，无疑有利于确立检察官独立的办案主体地位。

（二）有利于落实检察机关司法办案责任制

有权必有责、用权受监督、违法要追究，这是现代公权力运行应当遵循的基本原则。检察机关的办案职权作为一种公权力，其行使也应当受到监督，违法行使时也应当受到责任追究。但是，对检察机关办案责任的追究需要具体到办案主体，需要落实到具体的人员，如果不确定检察官的办案主体地位，一旦出现错案就无法追究司法责任，导致检察机关的司法办案责任难以落实，损害检察机关的司法权威和公信力。在检察机关的办案中，要追究办案人员的责任，就必须赋予其一定的权力，因为权力是责任的基础，没有权力就谈不上责任，只有赋予检察官一定的独立权力，才能在其办错案件时追究其相应的办案责任。因此，在新一轮的司法改革中，完善检察官的办案职权和主体地位，根据权力和责任对等原则，不仅有助于增强检察官的责任意识，促使其谨慎行使权力，提高办案质量，防止错案发生，而且一旦出现错案也容易追究办案主体的相应责任，确保检察机关的司法办案责任真正得到落实。

（三）有利于推进检察官队伍的专业化建设

在现代社会，随着科技、经济、社会的发展进步和人民群众民主法治意识的增强，检察机关承办的案件越来越呈现出政治敏感性强、疑难复杂程度高、舆情关注度高、社会影响广等特点。"司法活动是一个技术化的作业，需要实现职业化和专业化，尤其是现代社会司法问题日益复杂。错综复杂的法律关系，似是而非的事实认定，如果不要求司法人员具有高度的专业能力并由其操作高素质的司法，司法的公正与公信力不可能实现。"① 高标准的司法要求和日益复杂的司法案件，对检察官的专业素质、办案经验和社会阅历等，都提出了更高的要求，检察官唯有走专业化、职业化、精英化的发展道路，才能适应形势发展的需要，才能适应司法办案的现实需要。但是，目前检察官的办案职权还不够大，行使职权还不够独立，还没有成为真正的办案主体，其职业水平和专业化程度还有待提高。因此，在新一轮司法改革中，不断完善检察官的办案职权和主体地位，可以更加激发其履职的积极性和主动性，提高其独立思维能力和专业水平，有效推进检察官队伍的专业化建设。

三、完善检察官办案权和主体地位的建议

为了增强检察官办案的司法属性，使其成为检察机关司法办案的真正主体，针对目前检察官办案权不统一、检察官的办案职权较少、检察官主体地位不强的问题，应当从以下三个方面完善检察官办案权和主体地位：

（一）统一检察官的办案权

针对目前全国检察官办案职权不统一的问题，我们认为，为了体现检察官的国家性，便于对全国检察官进行统一的管理和规范，有必要对各省检察机关的检察官权力清单进行统一，由最高人民检察院作出统一的司法解释，对员额检察官的办案职权范围作出统一明确的规定。这是因为：一方面，员额检察官制度作为我国检察改革的一项重要内容，已在全国各级检察机关普遍实施，而作为员额检察官制度重要内容的检察官权力清单尚不统一，不仅不利于各地检察官进行交流，而且使得检察官带有严重的地方性，不利于充分体现检察官的国家性和人民性，也不

---

① 龙宗智：《加强司法责任制：新一轮司法改革及检察改革的核心》，载《人民检察》2014 年第 12 期。

利于我国检察改革的深入推进。另一方面，经过几年的检察改革实践，各地检察机关的领导和检察人员对赋予员额检察官一定的办案职权都有了充分认识，也看到了赋予员额检察官一定的办案职权所产生的积极作用和效果。同时，各地检察机关也都建立起了保障员额检察官正确行使办案职权的内部监督制约机制，这对于统一规范员额检察官的办案职权提供了重要保障。由此可见，统一员额检察官的办案职权，制定全国统一的检察官权力清单的条件已经成熟。

（二）扩大检察官的办案权

为了不断提高检察官的主体地位，落实检察机关的司法办案责任，就应当不断扩大员额检察官的办案职权，使其成为检察机关的司法办案主体。针对目前各省检察机关赋予员额检察官办案职权较少的情况，我们认为，在最高人民检察院进行统一司法解释时，应当扩大员额检察官的办案职权，具体建议如下：一是除了法律明确规定由检察长、检察委员会行使的职权外，其他办案职权都可以赋予员额检察官，由员额检察官独立行使，检察长和检察委员会做好监督工作。比如《人民检察院组织法》第 31 条规定："检察委员会履行下列职能：（一）总结检察工作经验；（二）讨论决定重大、疑难、复杂案件；（三）讨论决定其他有关检察工作的重大问题。"二是法律规定由检察长行使的办案职权，也可以委托员额检察官行使。《人民检察院组织法》第 29 条明确规定："检察官在检察长领导下开展工作，重大办案事项由检察长决定。检察长可以将部分职权委托检察官行使，可以授权检察官签发法律文书。"《刑事诉讼法》第 89 条规定："人民检察院审查批准逮捕犯罪嫌疑人由检察长决定。重大案件应当提交检察委员会讨论决定。"根据该规定，我们建议，对于一般案件的批捕权可以赋予员额检察官行使，对于重大、社会关注的敏感案件的批捕权仍由检察长或者检察委员会行使。也就是说，对于重大、疑难、复杂的案件，可以由检察长、副检察长亲自办理或者由检察官办案组办理，以确保办案质量。

（三）规范上级领导的检察指令权

为了增强检察官行使办案职权的独立性，就应当对上级领导行使检察指令权进行必要的限制和规范。具体来说，可以从以下三个方面来规范上级领导对下级检察官的指令权：（1）明确检察指令权的行使主体。只有检察长、检察委员会和主管副检察长才有检察指令权，其他任何人无权发布指令。根据我国法律规定，检察长和检察委员会是检察机关的领导和最高决策机构，副检察长协助检察长工作，因而检察长、检察委员会和主管副检察长是检察官的直接领导，可以对检察官行使检察指令权。虽然上级检察院领导下级检察院，但上级检察院不直接领导下级检察院的检察官，因而上级检察院不能直接对下级检察院的检察官行使检察指令权。（2）规定行使检察指令权的底线。为了防止检察指令权的滥用而侵犯检察官行使检察职权的独立性，应当规定检察指令权在内容上的底线，即上级检察官的检察指令不得违反法律规定（法律底线）、不得造成冤假错案等错误（错误底线）。[①]（3）规范行使检察指令权的程序。为了规范检察指令权，上级检察官行使检察指令权应当遵循书面、公开、说理、入卷等程序要求，即检察指令原则上应当采取书面形式、公开并附理由，在紧急情况下，上级检察官可以先口头发出检察指令，后补发书面检察指令，或者检察官对口头检察指令进行记录，后由发出检察指令的领导签字确认。书面检察指令应当存入办案检察官的工作档案备查。

---

① 参见邓思清：《我国检察一体保障制度的完善》，载《国家检察官学院学报》2016 年第 2 期。

第二节　检察办案权与业务管理权的适当分离

根据法律规定，我国检察机关不仅拥有司法办案权，而且还有业务管理权，即对检察官行使办案职权的活动进行管理、监督的一种权力。由于业务管理权与检察办案权具有密切关系，因而其对检察官行使办案职权具有重要影响，甚至与检察办案权之间还存在一定的冲突。如何处理好检察办案权与业务管理权之间的关系，是保证检察官依法独立行使办案职权需要解决的重要问题。

一、检察办案权与业务管理权之间存在的主要问题

在我国，检察办案权和业务管理权是检察机关的两项重要权力，对于保证司法办案、实现司法公正和保障人权，都具有重要作用。由于这两种权力性质不完全相同，理论上应当分开由不同的主体行使，但是，这两种权力相辅相成、密切关联，实践中往往难以绝对分开。同时，业务管理权作为检察办案权的一种派生性权力，理论上应当起到保障和促进检察办案权依法独立行使的作用，但实践中往往起到相反的作用。从检察实践来看，检察办案权与业务管理权之间存在的主要问题体现在以下三个方面：

（一）检察办案权与业务管理权混同

根据我国法律规定，检察办案权和业务管理权都是由人民检察院来行使的，但是在新一轮司法改革中，由于实行了员额检察官制度，检察办案权已主要由员额检察官（包括入额的检察长、副检察长等）来行使，而业务管理权则由检察院的具有行政职务的领导（包括检察长、副检察长和部门负责人）来行使。这样就出现了检察办案权与业务管理权

的交叉与重叠，即一人行使两种性质不完全相同的权力。具体来说，在检察机关内部，由于不同职权之间缺乏明确的界分，不仅检察长为了统一领导检察院的工作而身兼多职，许多副检察长和中层领导也都是身兼多职。许多人既是行政管理和业务监督的领导，也是检察办案中的领导；既是行使检察办案权的主体，也是行使业务管理、监督职权的主体。在这种一人身兼多职、多人身兼多职的情况下，不同角色的混同往往是无法避免的，从而导致了检察办案权与业务管理权的混同问题。

（二）业务管理权影响检察办案权的独立性

从权力性质来看，检察办案权是一种司法权，遵循司法独立原则和司法程序，这种职权涉及人身自由和财产安全等公民重大利益，因而国家对其有明确的管辖范围、适用条件、程序规则，这些构成检察官行使检察办案权的边界，在该边界之内检察官行使该职权具有独立性。而业务管理权是一种行政权，通常是以行政管理的方式进行的，遵循上令下从、下级服从上级的原则，这种权力不涉及人身自由等重大利益，法律对该权力的边界往往没有明确的规定，更缺乏适用的范围、条件和程序性规定，因而业务管理权的行使具有很大的灵活性和自由空间。当业务管理模式与司法办案职权的行使相混同时，行使司法办案职权的过程也就自然而然地遵循了上令下从的原则。业务行政化管理模式一旦渗透到司法办案职权的行使过程中，不仅依法独立行使检察办案权成了一句空话，司法规律对司法办案职权的支配作用也难以实现，具体承办案件的职位较低的检察官的独立性都难以保障，人身依附关系就可能成为工作关系的基本形态。在这种关系下，任何一个上级领导，即使他没有司法办案职权，但由于他对业务具有管理权，可能影响检察官的福利待遇乃至升迁命运，因而他对检察官提出的要求往往会被遵照执行或者予以"充分考虑"，这就必然影响检察办案权行使的独立性。

（三）业务管理权影响检察办案权的公正性

我国实行员额制和司法责任制之后，检察办案质量的提高、司法公正的实现有赖办案人员积极性的提高和责任心的增强，但在检察办案权与业务管理权混同的情况下，业务管理权会影响检察办案权的公正行使，其主要原因：一是业务管理人员可能利用业务管理权对检察办案权的公正行使产生不利影响，特别是综合业务部门、行政部门的领导，由于没有检察办案权，其不当行使业务管理、监督职权，会对检察官行使检察办案权的独立性产生更大的影响。二是员额检察官与检察官助理之间的紧张关系也会影响检察办案权行使的公正性。在检察官助理中，有的可能是员额检察官以前的领导或者同事，由于员额制改革而成为检察官的助理，而且员额检察官与检察官助理之间是一种领导与被领导的关系，这种关系如果摆脱不了行政管理模式，必然会影响检察办案权的公正行使，即使摆脱了行政管理模式，其工资待遇上的明显差别，也可能使他们在心理上不服气、不舒心而在办案上不积极配合，进而影响检察办案权的公正行使。三是案件分配权的不合理也会影响检察办案权的公正行使。案件的分配是为办案服务的，这种服务往往变成了一种管理权力。实行员额制改革后，案件分配原则上采取自动轮转分案，但是院领导也可以指定分案，指定分案具有很大的随意性，如果这种分案权行使不当，将一些容易办的案件分给自己或者特定检察官，就会造成分案不公，影响其他检察官办案的积极性，进而影响检察办案权的公正行使。

二、检察办案权与业务管理权适当分离的重要依据

在推进司法改革过程中，为了保证检察官能够独立行使检察办案权，使检察官真正成为司法办案的主体，实现司法公正，针对实践中的问题，应当对检察办案权与业务管理权进行适当的分离，其主要依据是权力性质的必然要求、限制权力扩张的必要措施、防止权力滥用的客观

需要等。

（一）权力性质的必然要求

从权力的本质属性来看，检察办案权与业务管理权是两种不同性质的权力。检察办案权是一种司法权，业务管理权本质是一种行政权。司法权应当按照司法规律运行，需要具有独立性、亲历性和严格的程序性，以公正为追求的价值目标；行政权应当按照行政管理规律运行，需要具有服从性、高效性和一定的程序性，以效率为追求的价值目标。检察办案权与业务管理权的不同性质，决定了这两种权力的行使方式截然不同，一个要求独立，一个强调上命下从，为了保证这两种权力的有效行使，实现各自追求的价值目标，就应当将这两种权力分离，由不同的主体来行使，以防止二者互相干扰和影响。但是，业务管理权又不同于一般的行政权，它是一种与检察办案业务有关的行政管理权，也是保障检察办案业务工作有效开展的重要措施，因而将业务管理权与检察办案权截然分离较为困难，只能进行适当的分离。

（二）限制权力扩张的必要措施

从权力的本质上来看，任何一种权力都容易向外扩张，即权力具有扩张的特性。法国伟大的启蒙思想家、法学家孟德斯鸠在其《论法的精神》中就明确指出："一切有权力的人都容易滥用权力，它是万古不易的一条经验。有权力的人们使用权力一直到遇到界限的地方才休止。"[①]英国哲学家、思想家罗素也指出，"权力从它产生的那一天起，就掺杂着私欲的成分"，"动物只要能够生存和生殖就感到满足，而人类希望扩张"。[②] 可见，权力具有自然的扩张性特征，权力的行使者为实现其集

---

① ［法］孟德斯鸠：《论法的精神》（上），张雁深译，商务印书馆1959年版，第184页。

② ［英］伯特兰·罗素：《权力论》，吴友三译，商务印书馆2011年版，第3页。

团利益甚至私人利益的最大化，必然要积极扩张权力，突破权力边界，破坏或者干扰其他权力的正常运行。可以说，一部权力史，也就是一部权力扩张和权力制约的历史。就检察机关办案来说，如果检察办案权与业务管理权混同，由于检察办案权有明确的管辖范围、适用条件、法定程序等予以约束，其对业务管理权的影响或者干扰较弱，而业务管理权缺乏明确的管理条件和约束程序等限制，该权力的扩张性就容易影响和干扰检察办案权的公正行使。为了限制业务管理权的扩张性，就有必要对这两种权力进行适当分离。

（三）防止权力滥用的客观需要

任何权力都具有两面性，即"善性"与"恶性"。"善性"是权力产生的初衷和本质属性，即权力具有谋求社会公平和公共利益，使社会秩序和谐稳定，促进社会和谐与人的自由发展的特性；"恶性"是权力行使者私欲所产生的负面效果，即权力具有被滥用，损害社会公平、公共利益和个人自由及利益的特性。法国伟大的启蒙思想家、法学家孟德斯鸠在其《论法的精神》中就指出："如果由同一个人或者由重要人物、贵族或平民组成的同一个机关行使这三种权力——立法、行政和司法，那么所有的自由可能将失去。"① 德国历史学家费里德里希的话更经典："腐败是附着在权力上的咒语，哪里有权力，哪里就有腐败的存在。"② 可见，权力具有被滥用的特点，权力一旦被滥用就会出现腐败。防止权力腐败最有效的办法是分权与制约，就是对权力进行适当的分离和制约，以防止权力变异腐败，保障权力的公共性和廉洁性。因此，在检察办案权与业务管理权混同的情况下，要防止权力的滥用而影响其他权力的公正行使，就应当对这两种权力进行适当的分离。

---

① ［法］孟德斯鸠：《论法的精神》（上），张雁深译，商务印书馆 1959 年版，第 186 页。

② 参见刘星、蒋江：《腐败概念的泛化与界定》，载《法制与社会》2010 年第 12 期。

三、检察办案权与业务管理权适当分离的建议

针对上述实践问题，为防止业务管理权对检察官办案权的不利影响，保证检察官依法独立行使司法办案职权，维护检察官的主体独立地位，检察机关可以从以下几个方面对检察办案权与业务管理权进行适当分离：

（一）明确员额检察官与检察辅助人员之间的关系

目前，检察机关实行员额制改革后，检察办案权主要由进入员额制的检察官来行使（部分检察办案权由检察委员会来行使），检察辅助人员则是协助检察官办案的司法人员，包括检察官助理和书记员。关于检察官与检察官助理、书记员之间的关系，检察官助理和书记员的职责，我国法律都有明确的规定。例如《人民检察院组织法》第43条规定："人民检察院的检察官助理在检察官指导下负责审查案件材料、草拟法律文书等检察辅助事务。"第44条规定："人民检察院的书记员负责案件记录等检察辅助事务。"可见，检察官与检察官助理、书记员之间是一种业务领导或者指导关系，检察官助理和书记员负责检察办案中的辅助事务性工作，辅助检察官来办案，但不享有对案件的处理权即实质上的检察办案决定权。检察办案权与业务管理权之间的关系，直接通过行使检察办案权的检察官与办理具体检察事务的检察辅助人员之间的关系表现出来。由于检察官在办理具体案件的过程中离不开检察辅助人员的协助，所以，如何处理检察官与检察辅助人员之间的关系，就会直接影响到检察办案权的依法正确有效行使。

为了防止检察官将业务领导或者指导关系变为一种行政领导关系，将检察办案权完全交给检察官助理来行使，由检察官助理来办案，出现"挂名办案"的现象，影响检察办案权的正确行使，应当从以下三个方面处理检察官与检察辅助人员之间的关系：一是明确各自的角色定位。

应当明确检察官是行使检察办案权的主体，在具体办理案件过程中，只有检察官有权对案件的处理作出决定。检察辅助人员是协助检察官处理案件中具体事务的人员，不具有对案件的处理决定权，不是行使检察办案权的主体。因而检察官助理在协助检察官办案过程中遇到要决定的问题，应当及时向检察官汇报，由检察官作出决定，而不能代行检察官对案件作出实质性的处理。二是明确各自的职责范围。检察辅助人员既然是辅助检察官办理案件的人员，就应当听从检察官的指挥，处理案件办理过程中的一些具体事务。如果检察辅助人员不听从检察官的指挥，或者消极怠工、玩忽职守，影响案件的办理进度或者导致案件出现瑕疵，就应当由检察辅助人员承担责任。如果在案件处理上出现问题，则应当由检察官承担责任。三是明确各自的评价体系。对检察官和检察辅助人员的工作，应当由不同的评价主体按照不同的评价标准进行评价。对检察官的办案工作应当由检察官遴选（惩戒）委员会进行评价，评价结果作为检察官晋升、奖励的依据。评价标准应当根据行使检察权的具体要求来设置。对检察辅助人员的工作应当由检察辅助人员的管理机构组织评价，但应当参考并尊重其所服务的检察官的意见。评价标准应当根据办案中具体事务性工作的质量要求设置。

（二）在自动分案的前提下规范领导的指定分案权

实行员额制改革后，检察机关案件分配原则上都采取自动轮转分案的做法，以体现公平原则。但是，对于一些特殊的案件，比如上级交办的案件、社会普遍关注的重大敏感案件等，院领导则有指定分案的权力。由于指定分案具有很大的随意性，如果这种分案权行使不当，就会造成分案的不公，影响其他检察官办案的积极性，从而影响检察办案权的公正行使，因而应当对领导的指定分案权进行必要的规范。

关于领导的指定分案权，应当从以下几方面进行规范：一是明确具有指定分案权的领导范围。在检察院内部哪些领导有指定分案的权力，应当予以明确规定。一般来说，只有院领导才有指定分案权，主要包括主管副检察长、检察长和检察委员会，案件管理部门的领导没有该项权力。二是明确指定分案的案件范围。哪些案件可以由院领导进行指定分案，应当予以明确规定。一般来说，上级交办的案件、人大或者政协等监督或关注的案件、社会普遍关注的重大敏感案件、检察官认为疑难复杂的案件等，应当由院领导进行指定分案。三是明确指定分案的具体程序。应当明确规定指定分案采取请示汇报、院领导审查、书面审批等程序。一般来说，如果案件管理部门负责人或者其他检察官认为某一案件需要指定分配时，应当书面向主管副检察长请示，并说明理由，由主管副检察长审查决定是否需要指定分案。如果主管副检察长认为需要指定分案，自己可以直接指定，也可以提请检察长或者由检察长提交检察委员会讨论，并作出是否指定分案的决定。如果决定指定分案的，可以将案件指定某个检察官或者检察官办案组来办理。

（三）明确检察办案权与办案监管权之间的关系

我国实行员额检察官制度后，员额检察官具有承办案件的职权，但为了防止员额检察官滥用检察办案权，保证案件质量，员额检察官办理案件应当接受案件监管部门的监督管理，这样就必然会遇到员额检察官行使检察办案权与检察院内部的案件监管部门和其他业务部门行使办案监管权之间发生关系。如何理顺这种关系，直接关系到员额检察官能否依法独立行使检察办案权的问题。

应当从以下几方面明确二者之间的关系：一是将检察办案权与办案监管权进行分离。实行员额制改革后，一些检察院的研究室、案件管理部门都配置了员额检察官，该员额检察官不但行使检察办案权，而且行使办案监管权，这种现象不符合权力分离原则，建议该员额检察官不再行使检察办案权，只行使办案监管权。二是将办案监管由"全覆盖"改为以事后监管为主。案件监管部门为了加强对案件的监管，提出事前监督、事中监督、事后监督的工作思路，要求对案件检察官办案的过程进行"全覆盖"。这样的监管模式可能影响检察官办案的积极性和主动性，不符合检察官独立办案的要求。建议案件监管部门改变监管模式，即改为以事后监督为主、事中监督为辅。具体来说，在检察官的办案过程中，其他业务部门都不应当主动过问案件的进度和办理情况，需要其他业务部门配合的，应当由承办案件的检察官向本部门的负责人提出申请，由本部门的负责人与有关业务部门的负责人联系，或者报请主管检察长决定，并安排有关人员配合。对于检察官在办案中作出的处理决定，案件监管部门不应当过问，更不能在办案过程中对其进行审查。但是，对于检察官在办案过程中，可能超过法定期限等程序问题，案件监管部门可以及时督促或者提醒。对于检察官所办理的案件，案件监管部门可以组织质量评查；对于正在办理案件的投诉，案件监管部门应当将投诉转交承办案件的检察官，由其自行处理，待案件办结之后，案件监管部门应当及时审查检察官对投诉的处理是否得当。三是严格对违法办案的责任追究。对违法办案的责任追究是案件监管权的重要内容，也是落实司法责任的重要措施。但是，对检察官办案违法的责任追究应当严格标准，即追究检察官司法责任必须具备"违法"和"严重后果"两个条件。检察官在独立行使职权的过程中，如果严格遵守了法律的规定，就应当获得制度上的保护；只有在明显违反了法律规定并且造成严重后果的情况下，才能被追究司法责任。

第八章　检察保障措施

检察保障是做好检察工作的基础和条件，也是检察机关行使各项检察职权、履行法律监督、维护司法公正的重要保证。① 进入新时代后，随着我国司法改革的不断推进，检察机关进行了员额检察官制度、捕诉一体办案机制、"四大检察"和"十大业务"等一系列改革。为了充分发挥各项检察改革的优势，就应当不断强化检察保障。新时代的检察工作要不断发展，就需要进一步加强检察队伍建设、智慧检务保障、检察经费保障等检察保障工作。

第一节　加强检察队伍建设

加强检察队伍建设是做好各项检察工作的前提和保证，也是新时代党和人民群众对检察机关的要求。进入新时代，随着社会主要矛盾的变化，人民群众对民主、法治、公平、正义、安全、环境等方面有了新的更高需求，也对国家治理体系和治理能力现代化提出了新的要求。检察队伍作为国家治理体系中的一支重要力量，检察队伍的政治素质和业务能力高低直接体现国家治理能力的水平。但是，目前检察队伍的素质和能力还不能完全适应新时代的要求，还不能满足人民群众的新期盼，因而不断加强检察队伍建设是新时代检察机关的一项艰巨任务。

---

① 参见朱孝清、张智辉主编：《检察学》，中国检察出版社 2010 年版，第 682 页。

一、目前检察队伍建设中存在的主要问题

从目前情况看，各级检察机关按照法律法规、干部人事政策和司法体制改革的相关规定要求，以及中央政法工作会议和全国检察长会议的精神，在地方党委和最高人民检察院的领导下，持续践行"讲政治、顾大局、谋发展、重自强"的检察工作总体要求，统筹推进检察队伍建设，特别是针对当前基层检察队伍面临的难题和困境，坚持在政治引领、结构优化、能力培养、纪律作风提升等方面聚焦用力，取得了较好的效果。但是，从调研和各地反映的情况来看，目前检察队伍建设中还存在一些问题和困难，主要体现在以下方面：

（一）领导班子结构不合理

在检察队伍建设中，领导干部队伍建设是重要内容，领导干部的素质和能力决定了检察人员的素质和能力，因而必须加强领导干部队伍建设。但是，目前领导干部队伍建设还存在以下主要问题：一是领导班子平均年龄偏大，没有形成老中青相结合的合理梯队。调查中我们发现，一些基层检察院存在领导班子平均年龄偏大，中青年领导干部较少，领导班子结构不合理的现象。例如，昆明市寻甸县检察院领导班子成员中，年龄最大的54岁，最小的52岁，领导班子结构十分不合理。二是领导班子成员任职时间过长问题突出。调查发现，一些基层检察院和市级检察院的领导班子成员在一个岗位任职时间过长，影响了其工作的积极性。例如，广西市级检察院的领导班子成员任职5年以上的占70%，其中任职10年以上的占25%；县级检察院的领导班子成员任职5年以上的占65%，其中任职10年以上的占22%。三是领导班子成员的学历层次水平不高。调查中发现，一些基层检察院领导班子成员的学历表面上看，本科以上学历占比以及法律专业占比都比较高，但大多数为在职、函授、自考学历，全日制本科学历占比很少。例如，昆明市14个

基层检察院领导班子成员中，具有全日制本科学历的仅占17%，有2个检察院领导班子成员中无1人为全日制本科学历。

（二）检察队伍结构失衡

从目前检察队伍结构看，检察队伍建设与新时代要求不相适应，存在以下问题：一是年龄结构失衡。根据检察改革的要求，检察人员分为员额检察官、检察官助理和司法行政人员三大类，但在基层检察院这三类人员均存在严重老化的问题。例如，汉中市南郑区检察院的员额检察官平均年龄47岁，50岁以上的11人，35岁以下的仅3人；检察官助理平均年龄42岁，50岁以上的5人，35岁以下的7人；司法行政人员平均年龄48岁，50岁以上的10人，40岁以下的6人。宁夏检察队伍结构也不够均衡，多数检察院队伍年龄结构呈现"哑铃型"，老中青梯次不合理，部分检察院队伍年龄结构出现断层现象。二是学历失衡。从检察队伍的学历看，西部地区检察院检察队伍的学历普遍偏低，影响和制约了检察队伍能力的提高。例如，陕西省第一学历为法学本科以上的1732人，占总人数的33%，其中法学硕士研究生以上学历的305人，仅占总人数的6%。三是地区失衡。受地方经济社会发展影响，不同地区检察队伍整体结构也存在很大差异。东部地区检察队伍无论在年龄、人员比例、学历教育等方面，都普遍好于西部地区检察队伍，即使在西部地区，省会和较大城市的检察队伍结构也好于边远地区的检察队伍结构。

（三）员额检察官配备和办案组织建设存在困难

在检察机关实行员额检察官办案机制改革后，最高人民检察院要求各级检察院要配备一定比例的员额检察官，并且应当向基层最高人民检察院倾斜。根据《人民检察院刑事诉讼规则》的规定，员额检察官办理案件，可以根据需要配备检察官助理、书记员、司法警察、检察技术人员等检察辅助人员。从全国各地情况看，各级检察院都配备了一定数量的员额检察官，而且员额检察官办案也组建了较为固定的小组，员额检察官与检察辅助人员的比例一般为 1 比 2 或者 1 比 3。但是，在西部地区检察院，员额检察官配备和办案组织建设存在以下困难：一是基层检察院员额检察官配备少。基层检察院是办案的主要阵地，但配备的员额检察官（除领导外）数量较少，存在案多人少的现象。二是难以形成固定的办案小组。从调研的情况看，许多基层检察院的检察官助理多为未能入额的检察员，普遍存在年龄偏大、工作动力不足的问题，再加上驻村扶贫（每个检察院基本都有 1 至 2 人）、病休、抽调等，导致能够辅助检察官办案的人员较少，难以按照最高人民检察院的要求形成固定的办案小组。例如，宁夏银川市金凤区检察院现有员额检察官 20 人，助理只有 9 人；宁夏吴忠市利通区检察院现有员额检察官 22 人，助理只有 8 人等。三是聘用制书记员流失严重。由于聘用制书记员的待遇较低、晋升渠道不畅，导致一些书记员感到职业发展前景黯淡，工作没有成就感和归属感，很多书记员边工作边准备公考、司考、研究生考试，一旦有了更好的去处，就会选择辞职，流失率较高。例如，宁夏固原市检察院 2018 年招录 24 名聘用制书记员，目前仅剩下 14 名。

（四）检察队伍的专业能力有待提高

实行员额制检察官制度、捕诉一体办案机制改革后，虽然员额检察官整体能力有所提高，但整个检察队伍的专业能力还有待提高，具体表现在以下几方面：一是员额检察官的专业化分工不细。从检察系统来看，基层检察院设置的刑事检察部门较少，一般只有一个刑事检察部门，并且员额检察官是随机轮流分案，每个员额检察官都要办理所有类别的刑事案件，包括普通犯罪案件、经济犯罪案件、网络犯罪案件等，缺乏更细化的专业分工。二是员额检察官的科技化能力不强。随着科技的发展，社会已进入互联网时代，科技网络已渗透到各个领域。在检察领域，人工智能、大数据、网络证据等已经广泛运用于司法实践，但是，员额检察官特别是基层员额检察官往往跟不上时代发展的要求，不能熟练掌握和运用高科技手段办案，存在科技化能力不强的问题。三是检察辅助队伍整体水平有待提高。员额制改革后，未入额的检察官大部分转为检察辅助人员，有的人员年龄较大、专业素质不高、学习动力不足，工作上存在得过且过的现象。四是公益诉讼检察人才短缺。检察机关开展公益诉讼检察工作，不仅要对法院的公益审判活动进行法律监督，而且要对行政机关和相关组织有关公益损害的行为进行法律监督，涉及的领域和专业较为广泛。但从目前实践来看，检察机关的公益诉讼检察人才严重短缺，难以适应公益诉讼检察工作的客观需要。一方面，有的市级检察院和基层检察院未设立公益诉讼检察部门，从事公益诉讼检察工作的检察人员较少。另一方面，检察机关缺乏行政专业方面的人才，导致从事公益诉讼检察的检察人员综合能力不高。

（五）司法行政队伍出现空心化

司法行政队伍是检察机关正常运转的根本保证，也是开展各项检察业务的基础，因而配足配强司法行政队伍是新时代检察事业发展的必然要求。但是，从目前各地的情况来看，基层检察院的司法行政队伍空心化比较突出，主要表现在以下几个方面：一是检察人员不愿意成为司法行政人员。调查发现，不少检察院存在检察人员不愿意到办公室、政治部工作的情况，司法行政队伍建设面临困境，即使是新招录的人员，也都希望到办案一线锻炼，为将来入额做准备。二是司法行政事多人少突出。在目前党政工作的大格局中，检察机关的司法行政工作任务日益繁重，而司法行政人员编制较少，难以有专人从事检察宣传、统计、信息、调研、技术等方面的工作，存在司法行政事多人少的突出问题。三是司法行政队伍存在老弱现象。由于检察人员一般不愿意做司法行政人员，导致从事司法行政工作的人员要么是业务能力不强的人员，要么是一些快退休的人员，出现司法行政队伍老弱的现象。例如，某基层检察院综合部门的司法行政人员大部分年近退休，且均为司法体制改革以前的老书记员，既缺乏从事司法行政工作的能力，也缺乏干好司法行政工作的热情；该院政治部的司法行政人员大多数年龄在55岁以上，面对大量的思想政治、机关党建、教育培训、信息宣传、检察调研、文明单位创建等工作，难以胜任。

二、检察队伍建设问题原因分析

上述问题是由多种原因造成的，既有客观原因，也有主观原因，而且原因之间还存在相互交叉重叠的现象。

（一）领导班子结构存在问题的原因

目前，一些基层检察院和市级检察院的领导班子结构不合理，主要有以下几方面的原因：一是历史原因。即西部地区整体人员受教育的程度较低，40岁以上人员多数未接受过正规的高层次法律院校教育，只能通过自考、电大、函授等形式获得大学文凭，这就导致基层检察院领导班子成员学历层次普遍不高的问题。二是领导干部交流困难。随着检察官法的修订实施，检察长、副检察长的任职条件相应提升，而党政机关法学专业人才比较匮乏，组织部门在统筹领导干部交流时，一般按照"进一出一"的原则把握，导致检察机关领导干部往往只能内部交流或者与法院互相交流，难以纳入党政干部交流大盘子进行考虑。同时，由于各地经济发展水平不均衡，即使在同一州市，城区院与远郊院在工作生活环境、财政保障水平上也存在较大差距，导致跨地区交流工作很难开展。此外，领导干部异地交流任职涉及住房、交通、配偶随迁工作安排、子女入学等诸多问题，调查中许多地方反映，即使是检察长异地交流，这些问题有时也难以落实，如果对副职进行异地交流，协调解决的难度更大。三是领导干部选任程序过于烦琐。一般来说，基层检察院选任一名副检察长，需要请示县委、市委、市院三家单位，提请市委书记办公会、市委常委会、县委常委会三次会议研究，审批层级多，时间周期长。有的地方政法委也要参与检察机关领导干部选任，使得干部选任程序更加复杂烦琐。

（二）检察队伍结构存在问题的原因

对于目前一些检察院检察队伍结构方面存在的问题，我们调研分析发现，主要有以下几方面的原因：一是反贪转隶的影响。随着我国监察体制的改革，检察机关的反贪反渎职能及其人员一并转隶到监察机关，造成了检察机关的人员大幅度减少，也带来了检察队伍的结构性变化。二是检察官准入门槛的提高。随着新修订的检察官法颁布实施，对检察机关招录检察官助理有了学历和资格上的硬性规定，加上西部地区毕业的大学生较少，因而报名到基层检察院的人员很少，影响了检察队伍的整体学历层次。三是检察人员的出口不畅。目前检察人员的出口有两个方面，即向上级检察院流动和向其他单位调动。从向上级检察院流动来看，目前基层检察院的检察人员向上级检察院流动基本上以公开遴选为主，调动为辅，但总体来看，选拔的基层人员数量有限，如广西加大遴选力度，自 2018 年以来共从基层检察院遴选 84 人，但平均到 117 个基层检察院，每个院不到 1 人。从向其他单位调动来看，由于检察人员与其他单位业务交往较少，很难得到其他单位领导的认可而被调动，很多检察人员进入检察系统就不再流动，例如陕西渭南市县两级检察院除转隶到纪委监委的干部外，近两年来只有 1 名同志交流到其他单位任职。检察人员出口不畅加剧了检察队伍年龄老化的问题。

（三）员额检察官配备存在问题的原因

检察机关实行员额制改革后，基层检察院面临案多人少的问题。这是因为：（1）刑事案件数量不断上升。据统计，检察机关每年要办理审查批捕案件大约200 万件，审查起诉案件大约17 万件。从实践来看，刑事案件80%在基层，对刑事检察来说，办案压力主要在基层，并且刑事案件仍在逐年上升。（2）实际办案检察官数量减少。根据有关规定，检察机关实行员额检察官制度后，员额检察官占比不得超过39%，只有进入员额的检察官才有办案的资格，因而检察机关办案检察官的数量减少。同时，分配给基层检察院的员额数量有限，而基层检察院的院领导基本上都是员额检察官，其办案数量有限，从而导致基层检察院实际办案的检察官数量不足。（3）办案程序复杂难度增加。根据刑事诉讼法规定，检察机关办理某些特殊案件增加了一些程序，且要求更高，这无疑增加了检察官的办案难度。例如，办理未成年人犯罪案件，检察官需要走访学校、家庭成员、社区街道或者居委会人员，拟定社会调查报告；办理认罪认罚案件，检察机关需要联系值班律师，与当事人进行认罪、认罚协商，与被害人沟通赔偿问题等，这大大增加了检察官的办案工作量。上述原因综合作用，导致基层检察院的办案力量不足，出现案多员额少的问题。

（四）检察队伍专业能力存在问题的原因

通过调研分析，我们认为，目前一些基层检察院和市级检察院的检察队伍专业能力有待提高。一是新时代对检察人员的专业能力提出了更高要求。进入新时代，我国社会主要矛盾已经转化为人民日益增长的美好生活需要和不平衡不充分的发展之间的矛盾，人民群众在民主、法治、公平、正义、安全、环境等方面有了更高水平、更丰富内涵的需求，这就对检察人员的专业能力提出了更高要求。二是检察改革对检察人员的专业能力提出了新要求。随着我国司法改革深入推进，检察机关进行了员额制、捕诉一体办案机制、认罪认罚案件检察主导责任等改革，这些改革要求检察人员办案更加规范化、精细化，要追求极致，做到案结事了，实现"三个效果"的有机统一，检察人员的工作量比过去大幅增加，专业化要求更高，这就导致一些检察人员思想跟不上、能力不适应等问题。三是检察人员专业化能力方面存在短板。随着我国科技的迅猛发展，互联网、金融、生态环境等领域案件不断发生，出现许多新型和复杂案件。面对新型案件或者重大疑难案件，部分检察人员学习能力不足、法律专业知识储备不够，在案件研判、大数据证据运用、准确指控、正确适用法律等方面均表现出能力不足。

（五）司法行政队伍出现空心化的原因

通过调研分析，我们认为，目前一些基层检察院司法行政队伍出现空心化现象，主要有以下几方面的原因：一是晋升空间较小。一些基层检察院受编制和组织、人事部门规定的限制，司法行政人员职数配备较少，职级设置较低，司法行政人员晋升空间有限，导致检察人员不愿意去做司法行政工作。二是司法行政人员配比少且工作任务繁重。根据有关规定，大部分基层检察院的中央政法专项编制都在 50 人以下，按照司法行政人员占比不能超过政法专项编制人数 15% 计算，其司法行政人员最多只能配备 7 人（包括政治部主任）。而司法行政工作包括党建、人事、工资、宣传、财务、机要、后勤、考核、督察、主体责任监督以及扶贫、双拥、综合治理等一系列工作，仅宣传一项，就需要管理运营官方网站、微信公众号、微博、今日头条、抖音等 5 个账号，司法行政人员"一人多岗"现象普遍，造成司法人员不堪重负。三是待遇差距拉大。检察机关实行检察人员分类管理改革后，员额检察官在身份、地位、待遇等方面都有所提高，而司法行政人员的待遇与员额检察官的待遇差距拉大，职业荣誉感相对降低，这也加剧了司法行政队伍空心化现象。

三、加强检察队伍建设的具体建议

进入新时代，建设一支素质过硬、专业能力强的检察队伍，是检察工作全面充分协调发展的根本保证，也是完成新时代检察使命和重要职责的重要措施。而打造一支政治素质高、综合能力强、有担当精神的基层检察队伍是当前检察队伍建设的重中之重。针对目前检察队伍建设中存在的问题，建议从以下方面进一步加强检察队伍建设。

（一）着力推进"三个交流"工作

从目前的情况来看，要解决基层检察院领导班子结构不合理问题，就应当加大领导干部交流力度，切实落实领导干部交流有关制度。根据当前干部管理政策的要求，建议着力推进以下"三个交流"工作：一是领导干部交流工作。各级党委政法委和检察机关应当切实做好检察机关的领导干部异地交流制度，不断丰富提高领导干部的工作经验和能力，合理配置各级检察院的领导班子。二是互派挂职交流工作。各级检察机关应当进一步落实好张军检察长关于加强与行政机关互派挂职交流，全面推开跨省、省内检察干部交流的要求，不囿于传统的干部挂职形式，积极探索丰富多样的检察干部挂职交流形式，让检察干部在交流中拓宽视野，提升综合能力。三是与党政机关交流工作。各级检察机关应当积极从党政机关、行政执法机关和专家学者中引进优秀干部。同时，应当加大推荐检察人员、司法行政人员到党政机关工作的力度，着力培养和打造一批复合型领导干部队伍。

（二）优化基层检察队伍人员结构

针对目前基层检察队伍结构失衡的问题，建议采取以下措施：一是加大人才引进力度。各级检察院应当加强与当地编制部门沟通，争取增加基层检察院的编制配备，同时要用足用活公务员招考、遴选等多种方式，积极为检察院引进各类人才，优化检察队伍人员结构。二是大胆选拔任用中青年检察人员。各级检察机关应当积极为年轻检察人员发展搭建平台，大胆选拔任用中青年检察人员，让他们在工作中体现自己的价值、展示能力、发挥才智、锻炼成长。三是畅通检察各类人员的发展渠道。各级检察机关应当按照最高人民检察院的要求，建立健全检察官员额动态管理和退出机制，对于不适应办案要求的员额检察官，应当及时按照程序予以退出，空出的员额应当及时予以补充，把有限的员额用足用活。同时，各省检察院应当完善检察官、检察辅助人员权力清单，清晰界定检察官与检察官助理的工作职责，及时选拔优秀的检察官助理进入员额；完善司法行政人员的管理制度，为其争取更多的编制和职位，拓展司法行政人员的发展空间。

（三）落实员额检察官名额向基层检察院倾斜

实行员额制检察官制度后，基层检察院有资格办案的人数大幅度减少，而基层检察院却承担着绝大多数案件的办理工作，目前突出的问题是案多员额检察官少，办案压力大。在新形势下，应当解决基层检察院案多人少的现实问题，为其配备足够的人力资源。虽然在员额制改革中，最高人民检察院要求各地检察机关在员额配置上，应当尽量向基层检察院倾斜，但是，各地检察机关仍将较多的员额配置到上级检察院。应当采取以下措施落实最高人民检察院的要求：（1）要用足39%的员额检察官比例限度。地方检察院应当以全省检察机关的政法编制人员总数，按照39%的比例来确定全省员额检察官的数量，以保证全省员额检察官的总数。（2）应当按照案件数量来配置员额数量。各省级检察院在全省范围内不再按照检察人员多少来配置员额，而应当按照各地基层检察院的案件数量多少来配置检察官员额，案件多的多配，案件少的则少配。（3）及时调整各基层检察院的员额检察官数量。各基层检察院的员额检察官由于退休、调出检察院、考核不符合条件等原因，会存在动态变化。因此，各省级检察院应当及时进行员额检察官选拔，及时补充基层检察院的员额空缺，以保证各基层检察院有充足的员额检察官。

（四）不断提高检察官队伍的专业化水平

针对实践中检察队伍素质不高的现状，为了做好新时代各项检察工作，适用新形势发展的要求，各级检察机关应当不断提高检察官队伍的专业化水平，建议采取以下措施：（1）加强专业培训工作和调查研究工作。为了扩大员额检察官的专业知识范围，保证其熟练掌握审查批捕、审查起诉、诉讼监督等方面的专业知识，检察机关应当加强相关专业的培训工作，全面提升员额检察官的专业知识。同时，要提升员额检察官的专业办案水平，还应当加强调研工作，及时对各项检察业务工作中出现的新情况新问题开展调查研究，特别是要深入研究如何在办案中运用政治智慧和法律智慧，以有效推进新时期各项检察工作开展。（2）建立员额检察官办案专业化分工。在案件办理上，要实行员额检察官专业办案组，根据案件的不同类型，适用不同的专业化办案程序。具体来说，检察机关应当探索建立案件分类化办理机制，建立案件类案指引制度，统一不同类型案件的办案标准，探索制定不同类型案件业务管理指标体系等。其中，对于重大疑难复杂案件，检察机关应当建立健全侦查机关听取检察机关意见建议制度、重大敏感案件快报制度、复杂疑难案件下级检察院请示报告制度等。对于认罪认罚的简单案件，检察机关应当建立相应的标准、简化相应的办案程序等，以有效提升员额检察官办案的专业化程度。（3）提高员额检察官办案的科技化水平。从检察实践来看，检察机关要提升检察工作水平，除了应当提高员额检察官的业务水平外，还应当提高其办案的科技化水平，以有效落实"科技强检"，推动人工智能、大数据等与检察办案工作深度融合，提高案件办理的科技化信息化水平，以提高案件的办案质量和效率。

（五）切实减轻司法行政人员的负担

为了充分调动司法行政人员的积极性，提高检察工作的保障水平，各级检察院应当采取以下措施，切实减轻司法行政人员的负担，提高其待遇：一是适当提高司法行政人员的比例。从调查中反映的情况看，目前基层检察院司法行政人员力量不足问题较为普遍，15%的比例难以适应当前司法行政工作的需要，有必要适当提高司法行政人员的比例。二是适当增加司法行政人员的领导职数。各级检察院应当积极与编制部门沟通，争取适当增加基层检察院综合部门的领导职数，进一步拓展司法行政人员晋升空间。三是适当提高司法行政人员的待遇。各级检察院应当考虑职业待遇的普惠性，将检察改革的红利惠及所有检察人员。应适当提高司法行政人员的待遇，同时可以将司法行政人员的20%绩效考核奖金纳入工资收入，提高司法行政人员退休后的工资待遇。四是大胆向社会购买服务。各级检察机关应当积极推进检察院政务标准化改革，向社会购买服务，通过事务外包等形式，减轻基层检察院司法行政人员的工作负担。五是尽量减少地方性事务。各级检察机关应当加强与地方党委、政府部门的沟通协调，力争减少检察机关的地方性事务安排，减少地方党委、政府对基层检察院的考核项目。六是尽量减少不必要的会议和文字材料。最高人民检察院、省级检察院和市级检察院要带头反对形式主义、官僚主义作风，尽量减少不必要的会议、发文及向基层检察院要数据和各种材料等，切实为基层司法行政人员减轻负担。

第二节　提高智慧检务保障水平

智慧检务保障是做好检察工作的基础和条件，也是检察机关履行法律监督职能、维护社会公平正义的重要保证。进入新时代，随着互联网技术的快速发展，人民群众对检察机关办案中的信息公开、便民服务、信息安全等智慧检务保障水平提出了新的更高要求。同时，网络技术涉及检察秘密、国家安全等重大安全问题，这对检察机关智慧检务保障也提出了新的要求。智慧检务保障直接关系到公民人权保障、国家信息安全等重大问题。但是，目前智慧检务保障水平还不能完全适应新时代的要求，还不能满足人民群众的新期盼，因而不断提高智慧检务保障水平是新时代检察机关的一项艰巨任务。

一、目前智慧检务保障存在的主要问题

按照最高人民检察院"科技强检"的总体要求，各级检察机关以服务检察业务为中心，以"科学化、智能化、人性化"检察科技理念为引领，积极主动适应改革的新形势，大力推动检务保障建设，为检察工作全面充分协调发展提供有力的科技支撑和有效保障。但是，从调研和各地反映的情况来看，目前各级检察机关在智慧检务保障建设中还存在一些问题和困难，主要体现在以下方面：

（一）检察办案智慧检务保障不充分

进入新时代，为了满足人民群众对民主、法治、公平、正义、安全、环境等方面新的更高的需求，我国不断推进司法改革，以提高司法公正水平。检察机关也推行了员额制、捕诉一体办案机制等改革，以有效提高检察办案质量。同时，检察机关在认罪认罚案件办理中发挥主导作用，积极办理公益诉讼案件，以满足人民群众对美好生活的新要求。要完成新时代各项检察办案工作的新任务，必须有适应检察工作新要求的检察智慧检务保障。但是，从目前实践来看，智慧检务保障在办案方面主要存在以下问题：一方面，检察办案的智能化保障尚不充分。各级检察机关实行员额制改革后，员额检察官的办案任务和责任加重，特别是在全面实行认罪认罚从宽制度后，员额检察官在办理认罪认罚案件时，不仅要负责认罪认罚案件的批捕、起诉审查工作，而且要负责监督公安机关积极适用认罪认罚，并负责组织与辩护方进行认罪认罚量刑协商活动等工作，工作量明显加大。要保证检察官的办案质量，提高办案效率，则有赖于智慧检务的保障。但是，目前智慧检务在案件电子证据审查、法律文书制作、案件信息填录等方面的保障尚不充分。另一方面，检察办案线索发现的智慧保障尚不完善。从目前实践看，检察机关

要查办司法工作人员有关职务犯罪、对公安机关的侦查活动和法院的审判活动进行法律监督、办理有关公益诉讼案件等，就必须发现有关案件线索和违法线索，就需要智慧检务予以支撑和保障。但目前政法机关之间的信息共享平台尚未完全建立，检察机关与行政执法部门和有关机关也缺乏信息共享平台等，这些都影响了检察机关发现办案线索的能力。

（二）检察服务智慧检务保障不到位

在新时代，检察工作要得到人民群众的满意和支持，提高检察公信力和权威，就应当让人民群众更多地了解并理解检察工作。为此，检察机关应当树立以人民为中心的理念，将人民是否满意作为检察工作的最高追求，尽最大力量做好检察办案过程中的释法说理、案件信息公开、诉讼便民等工作，同时应当加大检察宣传力度，扩大检察工作的影响力。这些都需要智慧检务提供有力保障。从检察实践来看，智慧检务保障在服务人民群众方面还存在以下问题：一是案件信息公开尚不及时。检察机关在办案过程中，案件当事人往往最想了解案件的进展情况，但有些检察院未能及时更新案件信息，影响了案件当事人的知情权，造成当事人对检察机关的不信任等问题。二是12309检察服务大厅服务内容较为简单。根据最高人民检察院的要求，各地检察机关都建立了12309检察服务大厅，但是目前各地12309检察服务大厅只有律师接待、接受有关材料等服务，缺乏有关智能化服务设施和网络，没有发挥好其检察窗口的作用。三是检察信息平台尚未形成体系。从目前各地的情况来看，虽然检察机关建立了许多检察信息平台，如门户网站、客户端、微信等，但这些信息平台都各自独立运行，缺乏整体性和统一性，不便于人民群众全面了解检察工作信息，影响了检察机关检务公开和检察宣传的力度和效果。

（三）检察监管智慧检务保障不完善

目前，随着员额制、捕诉一体办案机制等改革措施的实施，各级检察机关扩大了员额检察官相对独立的办案职权，提高员额检察官办案的积极性，增强员额检察官的办案责任，有利于检察机关司法责任制的落实。但同时，员额检察官办案的风险增加，出现滥用职权违法违规的可能性增大。为了有效防止这种现象的发生，各级检察机关就应当完善有关内部监督制约机制，加大内部监督制约的力度，确保司法公正。① 要提高检察机关内部监督的有效性和及时性，就需要智慧检务系统提供有力的保障。但是，从检察实践来看，智慧检务保障在内部监督制约方面主要存在以下两方面的问题：一方面，检察业务管理技术系统尚不完善。各地检察机关设立了案件管理部门，上线检察业务管理系统，但相关系统尚不完善，还不能适应新时期检察内设机构改革后检察业务管理工作的需要。另一方面，缺乏检察办案质量智慧评判技术。检察工作要满足人民群众的新要求，就应当不断提高办案质量和司法公正的水平，但评判检察官办案的质量和水平需要投入一定的人力和物力，在一些检察机关案多人少的情况下，往往难以做到做好，这就需要智慧检务的支持。但是，目前有关案件质量研判、自动发现办案质量瑕疵等智能化技术尚不完善，难以及时有效发现检察官办案中的问题。

二、智慧检务保障问题原因分析

（一）信息科技发展较快

从实践来看，检察机关的智慧检务保障与信息科学技术的发展密切联系的，科学技术的进步不断推动智慧检务保障水平的晋级提升。近些年来，我国的信息技术迅猛发展，互联网技术由几年前的3G快速发展到今天的5G，不仅传输信息的速度提升几十倍，而且传输容量也呈几何倍增大。这就带来了各方面的信息量激增，出现各种大数据需要收集、分析和运用等。同时，语音识别技术、扫码技术、人脸识别技术等

---

① 参见邓思清：《捕诉一体的实践与发展》，载《环球法律评论》2019 年第 5 期。

不断涌现。这些科学技术要运用到检察工作中，就需要不断升级或者改造已有的检察技术体系。由于检察工作信息涉及国家秘密，在升级改造检察技术系统时不仅不能泄露有关秘密，而且要建立有关的保密系统，因而升级改造的难度较大，往往不能及时跟上新形势发展的要求，从而出现智慧检务保障系统不能满足检察工作需要的现象。

（二）检察官运用智慧检务系统困难

在检察实践中，各级检察机关建立的智慧检务保障系统要运用到检察工作中，就需要检察人员了解各种智慧检务系统的功能并能够熟练运用。但是，目前各级检察院的检察官都不太懂计算机技术，学习和掌握智慧检务体系运用技术具有一定的困难，特别是目前入额的检察官一般年龄较大，学习智慧检务系统操作程序的能力较差，会感觉到困难甚至不愿意使用的问题，出现先进的智能技术不会使用的现象。即使通过一段时间的学习和运用，检察官掌握了有关的智慧检务系统操作程序，如果对该系统进行改造升级后，又会遇到操作上的问题，还需要一段时间的熟悉过程。在这种过程中，就会出现智慧检务保障系统不能有效发挥作用的现象，影响检察工作的效率和服务水平。

（三）智慧检务保障建设需要经费较大

从检察实践来看，各级检察机关要建设智慧检务保障系统，需要大量的资金投入，不仅需要购买计算机、投影仪、识别仪器、扫描仪、信息储存器等一系列的电子技术信息设备，而且需要购买各种网络信息技术、风险防控技术、设备维护技术等。随着科技的发展，如果出现了新的网络信息技术，还需要对原有的智慧检务系统进行升级改造，甚至需要更换有关电子设备，需要不断投入资金。网络信息技术发展较快，需要升级改造的资金投入较大。但是，由于我国检察经费保障尚不充足，特别是边远及西部地区，检察经费较为紧张，这就会影响和制约一些地方智慧检务保障系统的及时升级改造，导致智慧检务保障不能适应新时代检察工作需要的问题。

三、完善智慧检务保障的建议

为了提升我国智慧检务保障水平，满足新时代检察工作的需求和人民群众对检察工作的新期盼和新要求，针对目前智慧检务保障建设中存在的问题，建议从以下几方面进一步加强智慧检务保障建设。

（一）提升检察办案的智慧检务保障水平

针对目前检察办案智慧检务保障中的问题，应当从以下两个方面加强检察办案的智慧检务保障建设：一方面，加强检察智能辅助办案系统的建设。应当做好检察业务应用系统的完善升级工作，不断提升检察辅助办案系统的智能化服务水平。要坚持以人为本、服务办案的设计理念，完成系统架构重构、平台框架和流程办案的研发工作，实现电子证据自动审查、案卡回填、法律文书编写等辅助办案功能。另一方面，提升检察办案线索智能化发现能力。根据当前检察内设机构和办案机制改革后的实践需要，检察机关应当进一步加强和完善与其他政法机关、有关行政执法机关之间的信息共享平台建设。加快推进跨部门大数据办案平台建设，完善政法跨部门数据汇集共享机制，加快制定数据共享负面清单和权限清单，强化数据共享责任，细化数据使用权限，推动政法各机关打破"数据壁垒"，以数据共享拓宽监督管理途径、拓展监督线索来源。制定共享数据中心建设标准规范，建立信息资源目录，解决信息共享问题。此外，检察机关应当强化智享数据机制建设，重点推动有关案件、监管场所等信息、数据与同级检察机关实时共享，推进大数据技术与办案深度融合，提升从海量数据中自动发现立案、侦查、审判、执行等工作中常见违规违法问题的能力。

（二）健全检察服务的智慧检务保障体系

在新时代，检察机关要不断提高检察公信力，就应当在不断提高检察办案质量的基础上，进一步提高检察服务案件当事人和社会公众的水平。针对当前检察服务中智慧检务保障不到位的问题，应当从以下几方面健全检察服务的智慧检务保障体系：一是提高检察官运用智慧检务系统的能力。检察机关应当通过培训等方式，提高检察官运用智慧检务系统的能力，并在办案过程中，应当及时告知案件当事人有关案件进展的信息，以保证案件当事人的知情权。二是不断丰富 12309 检察服务大厅的服务事项。在目前各地检察机关 12309 检察服务大厅律师接待、接受有关材料等服务的基础上，应当增设有关智能化服务设施和网络，方便案件当事人和社会公众查阅有关检察信息，扩大检察工作的影响力。三是加强检察信息平台一体化建设。最高人民检察院应当统一整合本级和地方各级检察院现有对外服务窗口，加强集门户网站、微博、微信、微视频、客户端等于一体的智慧服务体系建设，推动功能升级，形成融检察服务、检务公开、检察宣传、监督评议等于一体的检察服务中心网络平台，不断提升各级检察机关检务公开和服务能力。

（三）完善智能化的检察监督管理机制

为了有效防范和控制检察官办案中的风险点，保证检察办案质量，各级检察机关应当进一步完善智能化的检察监督管理机制。针对当前检察监管智慧检务保障存在的问题，应当从以下几方面完善智能化的检察监督管理机制：一是完善检察业务管理技术系统。最高人民检察院应当组织做好检察业务应用系统适应内设机构、办案机制改革的工作，调整配置和完善有关应用系统，确保改革后检察办案工作正常开展。按照单个项目"短平快"提高质效，整体工程"迭代推进"优化完善的原则，部署归档模块、流程监控子系统，优化完善系统现有功能，保证应用系统安全稳定运行。二是完善智能化的管理机制。检察机关应当建立以办案节点为依托的检察信息化全流程监管模式，推动监督管理由人盯人、层层审批向全院、全员、全过程的实时动态监督转变。探索运用区块链不可篡改和不可伪造的技术特性，对电子卷宗实施数据保全，破解电子卷宗互信难、卷宗制作不规范等瓶颈。加强技术集成应用，优化智能辅助系统建设，加快证据审查辅助、法律法规辅助、量刑量罚辅助等智能化软件研发应用和推广，提升智能监管水平。三是强化智能化的检察监测机制。检察机关应当完善线上司法流程规则，优化节点监控、风险提示、瑕疵错误预警等功能，全力打造监督闭环。加快大数据核心算法升级，优化对案件数据进行自动分析、深度学习、综合应用的功能，推动裁判尺度自主分析提示、异常情况及时预警。开展执法司法数据量化分析研判，实现对执法司法质效的整体把控和常态管理。总结推广执法司法人员承办案件与特定律师代理案件结果大数据分析等做法，强化对利益输送等问题的动态监测。

第三节　完善检察经费保障制度

在我国，检察经费保障是做好各项检察工作的经济基础，也是检察机关履行法律监督职能、维护社会公平正义的重要保证。从目前各地的情况看，检察机关的经费保障尚不充足，地区差异性较大，还不能完全适应新时代检察工作发展的需要，不能满足人民群众的新期盼和新要求，因而不断完善我国检察经费保障制度，提高我国检察经费保障水平，就成为新时代检察机关的一项重要任务。

一、目前检察经费保障存在的主要问题

关于检察经费保障问题，目前推进省以下地方检察院财物统一管

理，是贯彻落实中央司法体制改革重大部署的重要内容，也是满足新时期检察职能调整经费需求的制度保障。按照最高人民检察院的部署和要求，各省级检察院以保障服务检察业务为中心，采取有效措施，积极落实本省检察院的检察经费统一管理改革，切实保障各项检察工作顺利开展。但是，从调研和各地反映的情况来看，目前各省检察机关在检察经费保障建设中还存在一些问题和困难，主要体现在以下几个方面：

（一）涉案财物管理层级不明确

检察机关在办案过程中，无论是检察机关自行侦查司法人员的有关职务犯罪案件，还是审查起诉由公安机关、监察机关移送的案件，往往都涉及涉案财物的管理、处置等问题。涉案财物管理和处置是否科学合理，不仅关系到案件能否得到公正处理的问题，而且关系到案件当事人财产权利的保护问题，因而各办案机关应当予以高度重视。从调研的情况看，实行省以下地方检察院财物统一管理后，涉案财物管理存在两方面的问题：一方面，有关文件对涉案财物管理的层级没有明确规定，导致实践中司法机关之间移交、处置、上缴涉案财物等环节缺乏统一规范，各地的做法各不相同，影响了司法公正，而且容易造成涉案财物的损耗，侵害案件当事人的合法权益。另一方面，涉案财物一旦出现损耗、丢失等问题，案件当事人不知向哪个办案机关提出损害赔偿，难以及时有效保护当事人的申诉权和财产权利。

（二）资产采购管理机制尚不完善

在我国，检察机关要办好案件，不仅需要一定的人力、财力方面的保障，而且需要先进的现代化装备予以保障，这是实现司法公正、高效的要求。从调查的情况看，实行省以下地方检察院财物统一管理后，一些地方检察院的项目审批、追加装备采购预算及零星固定资产的采购审批等环节要求更高，且等待省级批复的周期更长，客观上影响了检察办案工作的效率。例如在甘肃省、青海省等地的一些基层检察院，检察项目建设审批时间长、可研性费用高，影响了预算资金的执行；而且凡是采购1000元以上固定资产都需要报请省级审批，且批复的时间较长，致使一些基层检察院临时急需的检察设备不能及时采购到位，影响到检察工作。同时，检察机关的固定资产报废流程不明确，导致有的检察院固定资产的处置工作处于停滞状态，老旧的固定资产不能核销，就不能采购新的固定资产，影响检察机关办案的工作效率。

（三）基础设施建设和维修维护经费不足

办案用房和专业技术用房是检察工作的基础保障，也是检察机关办案工作的硬件。"两房"建设水平不仅关系到检察机关办案的水平，而且影响和决定了检察机关的办案效率。从调查的情况看，目前一些地方检察院在基础设施建设上主要存在以下两方面的问题：一方面，检察机关的"两房"建设的标准较低，不能适应新时代检察事业发展的需要。检察机关的"两房"建设的标准是2002年最高人民检察院、建设部、国家发展计划委员会制定的《人民检察院办案用房和专业技术用房建设标准》（2002年6月1日），该标准较低，不能满足目前检察工作的需要。另一方面，检察机关的基础设施维修维护经费不足。我国地域辽阔，在一些自然环境恶劣的高原地区，检察机关的"两房"容易受到侵损，需要更多的资金投入维修和维护，但目前这方面的经费缺口较大，难以满足实践的需要。

二、检察经费保障问题原因分析

（一）检察经费管理制度不完善

从检察实践来看，实行省以下地方检察院财物统一管理是中央的一项重大改革措施，其目的在于规范管理，防止司法腐败，提高司法公信力。但是，司法改革涉及许多问题，往往需要一个过程。由于全国各地检察机关的差异较大，国家难以制定统一的财物管理标准，因而导致在检察经费管理方面尚没有统一的制度，例如涉案财物管理的层级、资产采购管理机制等，尚没有明确统一的规定，导致各地检察机关的做法不统一。有的检察院在涉案财物管理上，还按照以前的做法，随着办案的程序进程而移送和管理；有的检察院按照省级统管的精神，逐级移送到省级来管理和处置。在资产采购管理方面，有的检察院采取大额固定资产采购由省级审批，小额固定资产采购由本地财政解决；有的检察院按照省级统管的要求，所有固定资产的采购都报请省级审批。

（二）人员管理与财物统管的矛盾

在我国，实行省以下地方检察院财物统一改革后，检察人员统管尚未到位，导致人员管理与财物统管之间的矛盾。一方面，根据"财随人走"的管理体制，不仅检察人员的经费依据人员数来核定，而且检察机关的公用经费也依据人员数来确定。由于检察人员统管没有全部完成，当前统管中只对政法专项编制人员的基本工资和公用经费进行保障，而对地方事业编人员、工勤人员、聘用人员等没有明确的保障政策，省级财政无法核拨这些人员的经费、配置相应的固定资产和基础设施经费，导致一些基层检察院基础设施建设、维修维护经费不足等问题。另一方面，财务人员需求与行政人员比例控制存在矛盾。在反贪转隶后，一些基层检察院编制普遍不足50人，个别基层检察院不到20人，按照有关规定，这些基层检察院只能设置一个综合行政部门，往往没有专门的财务人员，而由行政人员兼做财务工作，这不仅不符合财经纪律，而且行政人员由于不太懂财务规定，无法制定合理的财务经费预算，影响了检察经费的保障。

（三）新时期过紧日子压减经费与检察履职新需求的矛盾

在我国，原先财政收入持续增长的情况下，检察机关通过追加预算、非税收入返还等方式，可以基本解决检察经费缺口问题。但是，近年来，国家财政收入增速放缓，中央提出过紧日子、压减一般性支出的统一要求。在这种大的背景下，检察机关既面临非税收入返还大幅度减少，又面临新增检察职能需要履职的新需求。在这种双重影响下，检察机关的收支矛盾更加突出，省级财政也面临较大压力，市级财政无法按照改革方案发放地方性津贴的问题也就随之而来，特别是在一些边远地区，财政状况本来就不太好，再加上上述问题，更加影响了一些基层检察院的检察经费保障。在全国各个机关都在持续压减经费的情况下，要想提高检察机关的经费保障水平，则显得更加困难。在这种大的国情背景下，一些检察机关在检察经费保障方面存在上述问题，则是完全可以理解的。

三、完善检察经费保障制度的建议

为了满足新时代检察工作的需要，不断提高检察机关办案的质量和效率，国家应当不断提高检察机关的经费保障水平。针对目前检察经费保障中存在的问题，建议从以下几方面进一步完善检察经费的保障制度。

（一）积极推进省级检察财物统管改革措施

司法权是中央事权，地方司法机关人财物理应由中央保障。从长远发展来看，检察财物省级统管是促进司法公正的有效措施，也是司法机关人财物逐步由中央保障的中间过渡环节，为未来中央统一管理提供改革经验。因此，省级以下地方法检两院财物统一管理，是中央明确的司法体制改革重要内容之一，不存在改不改的问题，而是如何改得更好的问题。我们一定要坚定决心，正确把握改革的方向，把推进检察财物省级统管改革作为完善检察经费保障体制的有力措施予以推进和落实。具体来说，一方面，要坚定改革的方向，督促各省级检察院以高度的政治自觉、法治自觉、检察自觉，积极推动检察财物省级统管改革落实到位。另一方面，各省级检察院也要结合各地区的实际情况，借鉴典型地区的经验，因地制宜地制定本省检察财物保障改革实施方案，确保大方向不变、总目标不偏的情况下，切实合理地解决本省检察经费保障问题。

（二）注重顶层设计和检务保障制度建设

我国进入新时期，检察工作发展对检察经费保障提出了新的更高要求。要有效落实中央对司法改革的要求，就应当注重顶层设计，协调各项司法改革措施，以增强司法改革的总体效果。具体来说，一方面，要协调推进"人"的统管与"财物"的统管、经费保障体制改革与财政预算管理改革，理顺各项改革之间的关系。一些地方检察机关"财物"统管先于"人"统管带来了一些财物管理方面的问题，要从根本上解决这些问题，还需要完善对"人"统管的顶层设计。另一方面，要重视目前存在的问题，从完善有关检务保障制度方面下功夫，以促进并实现检务保障法治化、规范化。一是要协调财政部进一步完善中央政法转移支付制度，实现保障范围全覆盖。同时，应当赋予省级一定的专项经费自主权，以满足检察机关开展临时性检察专项工作的需要。二是要抓紧修订人民检察院财务管理办法，扩展检察经费开支范围。适应政府会计制度改革的要求，完善符合检察经费管理特点的财务核算制度。三是要抓紧修订完善检察机关的"两房"建设标准制度，为加强"十四五"时期检察机关的基础设施建设，提供有力的制度保障。四是要修订完善基层检察院的业务装备配备标准、检察服装管理规定、枪支管理规定等相关管理办法，以提高检务保障水平。

（三）加强基层检察院的检察经费保障力度

在我国，基层检察院是检察工作的基础，也是检察事业发展的支撑。进入新时代后，检察机关的各项检察工作要全面充分协调发展，就应当切实解决基层检察院面临的实际问题，不断加强基层检察院检察经费的保障力度。具体来说，一方面，在省级统管改革的过程中，根据政法经费保障原则，应当逐步理顺检察人员的隶属关系，全额保障检察人员经费、公用经费，做到应保尽保，并建立与经济发展及检察职能相适应的检察经费保障制度机制。另一方面，应当结合当前检察工作的实际，将"四大检察"专项经费保障制度化。同时，应当加强检察办案经费分类保障的力度，完善中央政法机关交办案件的经费保障制度，加大省级检察院办案经费的统筹力度，以保障重大、临时案件及时有效办理。此外，还应当加大对贫困地区的支持力度，进一步提高中央负担中西部地区基层检察院检察经费的保障比例。

后 记

　　经过近 3 年的写作和修改，这部探索新时代检察制度发展的著作终于同广大读者见面了。本书是最高人民检察院原副检察长朱孝清承担的中国法学会重大课题"国家监察体制改革后检察制度发展研究"［课题编号：CLS（2019）ZDWT10］的主要成果。

　　随着国家监察体制改革的实行，检察机关不仅面临重大的职权调整，而且面临工作任务和工作方式的巨大挑战。最高人民检察院党组审时度势，提出了"讲政治、顾大局、谋发展、重自强"的总体要求，提出了客观公正、双赢多赢共赢、"在办案中监督、在监督中办案"、能动履职等新理念，引领检察工作创新发展，创造了检察工作和检察制度发展的大好局面。

　　在朱孝清同志的领导下，课题组自 2019 年初成立以来，在挫折中制订研究提纲，在奋起中探索新时代检察制度的发展思路，在转机初现时完成初稿，在"十四五"规划和中央 28 号文件出台之际进行修订。我们在研究检察制度发展的同时，也强烈地感受到被检察制度的发展所推动、鼓舞。譬如，公益诉讼"等"外探索、涉案企业合规改革试点、行政争议实质性化解等重大改革正在发生，它们将给检察制度发展带来什么样的动力？开拓出何等广阔的空间？课题组一再修订书稿，希望对这些问题作出自己的回答。

本书由朱孝清主持拟定提纲和组织统稿，谢鹏程撰写第一章至第三章，邓思清撰写第四章至第八章。

本书能够在中国检察出版社出版，得到了朱建华社长、王守泉总编辑和马力珍主任的大力支持，在本课题研究成果即将付梓之际，课题组谨向他们表示诚挚的感谢！

古人说，虽不能及，心向往之。通过这本书的写作，我们深切地感受到，以检察理论研究工作服务检察制度发展是一个宏大愿景，虽然我们做了、努力了，但是我们没做到、没做好。在敬请读者谅解之时，还望批评指正。

著　者

2022 年 1 月